广视角·全方位·多品种

权威·前沿·原创

宏观经济蓝皮书

BLUE BOOK
OF MACRO-ECONOMY

中国经济增长报告
（2010~2011）

ANNUAL REPORT ON CHINA'S
ECONOMIC GROWTH(2010-2011)

面向"十二五"的经济增长

Economic Growth towards the
Twelfth Five-Year Plan

中国社会科学院经济研究所

主　编／张　平　刘霞辉

副主编／袁富华　张自然

社会科学文献出版社

SOCIAL SCIENCES ACADEMIC PRESS (CHINA)

法 律 声 明

“皮书系列”（含蓝皮书、绿皮书、黄皮书）为社会科学文献出版社按年份出版的品牌图书。社会科学文献出版社拥有该系列图书的专有出版权和网络传播权，其 LOGO（ ▉ ）与“经济蓝皮书”、“社会蓝皮书”等皮书名称已在中华人民共和国工商行政管理总局商标局登记注册，社会科学文献出版社合法拥有其商标专用权，任何复制、模仿或以其他方式侵害（ ▉ ）和“经济蓝皮书”、“社会蓝皮书”等皮书名称商标专有权及其外观设计的行为均属于侵权行为，社会科学文献出版社将采取法律手段追究其法律责任，维护合法权益。

欢迎社会各界人士对侵犯社会科学文献出版社上述权利的违法行为进行举报。电话：010-59367121。

社会科学文献出版社

法律顾问：北京市大成律师事务所

宏观经济蓝皮书编委会

主要编撰者简介

张　平　中国社会科学院经济研究所副所长、研究员，中国社会科学院研究生院教授、博士生导师。参与和主持了与世界银行、亚洲开发银行、世界劳工组织等多项国际合作、社科基金重点课题和国家交办的课题。负责了中国社会科学院重大课题"中国经济增长的前沿"及国家社会科学基金重大招标课题"我国经济结构战略性调整和增长方式转变"等。1995 年、2005 年分别获孙冶方经济科学奖。出版专著若干本，在《经济研究》和其他核心期刊上发表或合作发表了几十篇论文，共计百余万字。

刘霞辉　中国社会科学院经济研究所经济增长理论研究室主任、研究员，中国社会科学院研究生院教授、博士生导师。曾承担和主持多项国家社会科学基金重大招标课题及中国社会科学院、经济所重大课题。在《经济研究》等核心期刊上发表论文多篇。主要专著有《改革年代的经济增长与结构变迁》、《中国经济增长前沿》（合著）。

中文摘要

2011 年度的"宏观经济蓝皮书"《中国经济增长报告（2010～2011）》，主题是面向"十二五"的经济增长。

本报告主要有三方面内容：第一，对 2010 年全球与中国经济进行回顾并对 2011 年及"十二五"的经济增长进行展望。中国经济 2010 年在全球经济缓慢复苏的情况下保持了稳定增长的态势，增速相对较快；世界经济在后危机时代的大背景下已经进入了缓慢复苏的发展阶段。中国经济的主要问题是通货膨胀压力的持续上升，房地产市场泡沫的积累。预计 2011 年中国经济总体仍较稳定，结构调整稳步推进。当前的世界经济格局属于后危机时代，处于全球经济诸多特点发生变化和转型的时期。相较于美欧日等发达经济体的持续疲软，包括中国在内的新兴市场经济体已经成为全球经济增长的主要动力源，世界经济格局进行着空前的大调整。第二，为了更好地评估中国各省区市的发展情况，本书提出了一套中国各省区市发展前景评价体系（完善和替代了 2010 年度的可持续发展评价体系）。该发展前景评价体系通过产出效率、经济结构、经济稳定、产出消耗、增长潜力、环境质量、政府效率、人民生活、社会保障和消费结构等方面的近 60 个指标，运用主成分分析法对各省区市发展前景进行客观评价，本评价体系的特征是综合了各地区社会经济发展、人民生活、政府效率及人与环境等因素，突出了区域协调发展的理念。同时，分析了影响各省区市发展前景的主要因素，并分别将各省区市 1990 年后、2000 年后、2008 年和 2009 年的发展前景分为 5 个级别，发现 1990 年和 2000 年以来，上海、北京和广东处于发展前景的第一级，而 2008 年、2009 年浙江也开始进入第一级。第三，就"十二五"时期中国经济面临的几个主要问题进行分析，如结构调整、内外部平衡、碳排放等，这些问题都需要引起重视。

关键词："十二五"　经济增长　发展前景评价

Abstract

The "Blue Book of Macro-economy" *Annual Report on China's Economic Growth* aims to the economic growth during the Twelfth Five-Year Plan.

This report has three sections. The first section reviews the global and Chinese economy in 2010 and outlooks China's economic growth in 2011 and the Twelfth Five-Year Plan period. China's economy maintained a stable and fast growth in 2010 while the global economy was in a slow recovery since the economic crisis. Increasing inflation pressure and accumulating real estate bubbles are the major issues in China's economy. In 2011, China's economy will remain stable and continuously in a process to improve economic structure. Currently the world economy is in the post-crisis era filled with lots of economic changes and transitions. Compared to economic sluggishness in the United States, Europe and Japan, the emerging markets including China have become main driver of global economic growth, and the global economy is experiencing unprecedented restructuring. The second section, in order to better evaluate development prospects of China's provinces and autonomous regions, we propose a development prospects evaluation system (which replaces previous sustainable development evaluation system used in 2010). The prospects evaluation system focuses on regional development, and integrates social and economic development, people's life, government efficiency, people and environment aspects. We divide development prospects into five categories, and analyze nearly 60 indexes regarding economic output efficiency, economic structure, economic stability, production consumption, growth potential, environmental quality, government efficiency, people's life, social security and consumption structure. All provinces and autonomous regions are investigated in four time zones (years from 1990 to 2009, years from 2000 to 2009, year of 2008 and year of 2009). We find that Beijing, Shanghai and Guangdong have been in the group of the most promising prospect since 1990, and Zhejiang joins the group in 2008 and 2009. In the last section, discusses several important concerns during the Twelfth Five-Year Plan such as economic structure adjustments, balance between import and export trades, and carbon emissions.

Key Words: Twelfth Five-Year Plan   Economic Growth   Development Prospects Evaluation

目 录

BⅠ 总报告

B.1 **2010 年全球与中国经济增长** ·············· 马 岩 刘霞辉 林跃勤 / 001

　一　2010 年中国经济增长回顾与 2011 年增长展望 ················· 002

　二　2010 年全球经济增长回顾与 2011 年增长展望 ················· 019

　三　金砖国家的经济增长 ························· 041

　四　转变增长方式的路径选择 ························· 050

　五　未来中国增长展望 ························· 054

BⅡ 中国经济发展前景评价

B.2 **1990～2009 年中国各省区市发展前景评价**

　············· 张自然 刘霞辉 张 平 袁富华 王宏淼 黄志钢 / 061

　一　概述 ························· 062

　二　指标设计及数据处理 ························· 065

　三　中国各省区市发展前景评价结果 ················· 074

　四　各省区市发展前景分级情况 ················· 133

　五　各省区市发展前景的影响因素分析 ················· 149

　六　结论 ························· 157

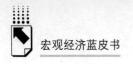

ⅢⅢ 面向"十二五"的经济增长

Ⅲ.3 工业增长的碳足迹及"十二五"时期面临的减排压力 …… 袁富华 / 162

一 工业增长的碳足迹标定方法 ……………………………… 163

二 工业增长的碳排放 ……………………………………… 165

三 工业增长的碳产出 ……………………………………… 170

四 工业增长的碳排放因子 ………………………………… 174

五 碳足迹 …………………………………………………… 178

六 前景 ……………………………………………………… 179

Ⅲ.4 城市化与内外再平衡 …………………………………… 陈昌兵 / 187

一 中国内外失衡及关系 …………………………………… 188

二 影响贸易余额理论分析及长期影响计量分析 ………… 192

三 经常项目影响因素理论分析及长期影响实证 ………… 197

四 贸易余额的结构 VAR 分析 …………………………… 203

五 再平衡的政策分析 ……………………………………… 209

Ⅲ.5 面向"十二五"规划的产业结构调整 ………………… 黄志钢 / 212

一 前言 ……………………………………………………… 212

二 产业结构调整的难点与亮点之判别 …………………… 213

三 产业结构调整的难点与亮点之辨析 …………………… 217

四 产业结构调整的难点与亮点之对策性评析 …………… 224

Ⅲ.6 金砖国家经济稳定增长 ………………………………… 马 岩 / 237

一 2010 年金砖国家经济总体良好 ……………………… 237

二 2011 年金砖国家增长潜力巨大 …………………………… 241

三 金砖国家 2011 年的发展 ……………………………………… 242

四 其他金砖国家对我国经济的影响及我国对策………………… 243

B.7 反思增长政策 …………………………………………… 付敏杰 / 244

一 经济增长模型演化的政策含义 ……………………………… 245

二 经济增长事实与政策演化…………………………………… 248

三 经济增长的政策选择………………………………………… 252

四 反思增长政策………………………………………………… 257

B.8 参考文献…………………………………………………………… 262

皮书数据库阅读 **使用指南**

CONTENTS

B I   Main Report

B.1   **Global and China's Economic Growth in 2010**

Ma Yan, Liu Xiahui and Lin Yueqin / 001

1   China's Economic Growth Review in 2010 and Outlook in 2011   / 002

2   Global Economic Growth Review in 2010 and Outlook in 2011   / 019

3   BRIC Countries' Economic Growth   / 041

4   Path Choice of the Mode of Economic Development   / 050

5   China's Economic Growth in the Future   / 054

B II   Evaluation of China's Development Prospects

B.2   **Evaluation of Development Prospects of China's Provinces and Autonomous Regions from 1990 to 2009**

Zhang Ziran, Liu Xiahui, Zhang Ping, Yuan Fuhua, Wang Hongmiao and Huang Zhigang / 061

1   Introduction   / 062

2   Index Design and Data   / 065

3   Development Prospects Evaluation Results   / 074

4   Development Prospects Categories   / 133

5   Development Prospects Factor Analysis   / 149

6   Conclusion   / 157

B III   Economic Growth towards the Twelfth Five-Year Plan

B.3   Carbon Footprints of Industrial Growth and Emission Reduction Pressure during the Twelfth Five-Year Plan   *Yuan Fuhua* / 162

1   Carbon Footprints Measurement Methods in Industrial Growth   / 163

2   Carbon Emission in Industrial Growth   / 165

3   Carbon Output in Industrial Growth   / 170

4   Carbon Emission Factors in Industrial Growth   / 174

5   Carbon Footprints   / 178

6   The Future   / 179

B.4   Urbanization and Rebalance between Import and Export

Chen Changbing / 187

1   Imbalance between Import and Export   / 188

2   Trade Balance Factor Theory and Long-term Impact
    Emprical Study   / 192

3   Current Account Factor Theoryand Long-term Impact
    Empirical Study   / 197

4   Trade Balance Structural VAR Model   / 203

5   Policy Implication of Rebalance between Import and Export   / 209

B.5   Industrial Restructuring Towards theTwelfth Five-Year Plan

Huang Zhigang / 212

1   Introduction   / 212

2   Difficiculty and Highlights in Industrial Restructing   / 213

3   Criterion of the Difficiculty and Highlights

in Industrial Restructing   / 217

4   Strategy for the Difficiculty and Highlights

in Industrial Restructing   / 224

B.6   Economic Growth Keeping Steady In Brics Countries   *Ma Yan* / 237

1   Economic Situation Generally Good for 2010   / 237

2   Potential Growth Promising for 2011   / 241

3   Great Development for Brics Countries   / 242

4   Impact on China's Economy and Policy Suggestion   / 243

B.7   Rethink Economic Growth Policy   *Fu Minjie* / 244

1   Policy Implications of Economic Growth Models Development   / 245

2   Economic Growth Facts and Policy History   / 248

3   Policy Choice of Ecnomic Growth   / 252

4   Rethink Economic Growth Policy   / 257

B.8   References   / 262

总 报 告

Main Report

B . 1

2010 年全球与中国经济增长

——回顾与展望

马 岩　刘霞辉　林跃勤*

摘　要：中国经济 2010 年在全球经济缓慢复苏中保持了稳定增长的态势，增速相对较快；2010 年世界经济在后危机时代的大背景下已经进入了缓慢复苏的发展阶段，全球经济沿着复苏轨道进行艰难的再平衡过程。主要问题是通货膨胀压力的持续上升、房地产市场泡沫的积累。2011 年是中国经济"十二五"规划的开局之年，预计 2011 年总体仍较稳定，结构调整稳步推进。当前，世界经济已经进入后危机时代，处于全球经济诸多特点发生变化和转型的时期。在这一过程中，发达国家与新兴市场国家的经济表现大相径庭，相较于美欧日等发达经济体的持续疲软，包括中国在内的新兴市场

* 马岩，国家统计局国际统计中心副处长，经济学博士，副研究员，研究方向为经济增长与世界经济、国际金融与国际贸易；刘霞辉，中国社会科学院经济研究所经济增长理论研究室主任、研究员，中国社会科学院研究生院教授、博士生导师，研究专长为经济增长；林跃勤，经济学博士，副研究员，中国社会科学杂志社经济室主任，研究方向为宏观经济、转型经济。

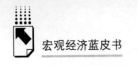

经济体已经成为全球经济增长的主要动力源，世界经济格局进行着空前的大调整。

关键词： 中国经济　世界经济　经济增长　经济展望

一　2010 年中国经济增长回顾与 2011 年增长展望

（一）基本态势

初步测算，2010 年前三季度国内生产总值为 268660 亿元，按可比价格计算，同比增长 10.6%，比上年同期加快 2.5 个百分点。分季度看，一季度增长 11.9%，二季度增长 10.3%，三季度增长 9.6%。分产业看，第一产业增加值为 25600 亿元，增长 4.0%；第二产业增加值为 129325 亿元，增长 12.6%；第三产业增加值为 113735 亿元，增长 9.5%。预计四季度经济增长在 8.9% 左右，全年经济增长将达到 10.1%。

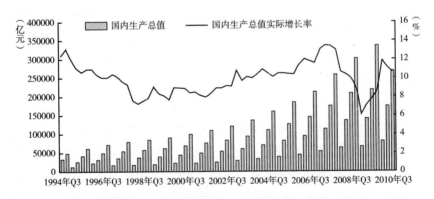

图 1　1994 年第三季度到 2010 年第三季度中国 GDP 增速

1. 农业生产在自然灾害影响下保持稳定

2010 年全国夏粮总产量为 12310 万吨（2462 亿斤），比上年减少 39 万吨（8 亿斤），减少 0.3%。夏粮主产区继续保持稳产增产态势。分地区看，华北、黄淮地区的河北、山西、江苏、安徽、河南、山东和湖北等夏粮主产区增产 111 万吨（22 亿斤）。西南地区的云南、贵州两省因灾减产 169 万吨（34 亿斤）。小麦产量超过上年，连续七年增产。占全国夏粮产量 90% 以上的小麦产量仍保持继续增加势头，全国夏收小麦产量超过上年。其中冬小麦产量 10879 万吨（2176 亿斤），比上年增加近 100 万吨（20 亿斤），春小麦和夏杂粮减产 140 万吨（28 亿斤）。同时，夏粮播种面积稳步扩大，2010 年全国夏粮播种面积继续稳步提高。调查结果显示：2010 年全国夏粮播种面积 27421 千公顷（4.11 亿亩），比上年增加 38.4 千公顷（58 万亩），增长 0.1%。其中冬小麦播种面积增加 173 千公顷（260 万亩），增长 0.8%，西北地区春小麦播种面积有所减少，因面积扩大增产粮食 17 万吨（3 亿斤）。但是，夏粮单产有所下降，2010 年全国夏粮单产每公顷 4489.3 公斤，比上年减少 20.4 公斤，减少 0.4%，其中云南、贵州等受灾较重的省夏粮单产下降较多，因单产下降减产粮食 56 万吨（11 亿斤）。总体来看，目前农业生产形势较好，秋粮预计增产较多，全年粮食产量有望再获丰收。另外，前三季度，猪牛羊禽肉产量 5439 万吨，同比增长 2.6%，其中猪肉产量 3589 万吨，增长 2.7%。2010 年秋冬种生产继续保持平稳发展态势，小麦、油菜以及其他作物面积稳中略增。

2. 工业生产平稳增长，企业利润状况良好

2010 年前三季度，全国规模以上工业增加值同比增长 16.3%，增速比上年同期加快 7.6 个百分点。分季度看，一季度增长 19.6%，二季度增长 15.9%，三季度增长 13.5%。前三季度，分登记注册类型看，国有及国有控股企业增长 15.1%，集体企业增长 9.4%，股份制企业增长 17.3%，外商及港澳台商投资企业增长 15.8%。分轻重工业看，重工业增长 17.5%，轻工业增长 13.6%。分行业看，39 个大类行业中 38 个行业实现同比增长。分地区看，东部地区增长 15.6%，中部地区增长 18.9%，西部地区增长 15.6%。工业产销衔接状况良好，前三季度工业产品销售率为 97.8%，比上年同期提高 0.4 个百分点。

10 月，规模以上工业增加值同比增长 13.1%，比 9 月回落 0.2 个百分点；1~10 月，规模以上工业增加值同比增长 16.1%，比 1~9 月回落 0.2 个百分点。分经济类型看，10 月，国有及国有控股企业增长 10.6%，集体企业增长 7.9%，股份制企业增长 14.3%，外商及港澳台投资企业增长 11.2%。分轻重工业看，10 月，重工业增长 13.2%，轻工业增长 12.9%。分行业看，10 月，39 个大类行业全部保持同比增长。其中，纺织业增长 10.5%，化学原料及化学制品制造业增长 13.3%，非金属矿物制品业增长 17.0%，通用设备制造业增长 18.8%，交通运输设备制造业增长 16.4%，电气机械及器材制造业增长 16.3%，通信设备、计算机及其他电子设备制造业增长 13.3%，电力、热力的生产和供应业增长 6.8%，黑色金属冶炼及压延加工业增长 4.6%。分产品看，10 月，503 种产品中有 398 种产品同比增长。其中，天然原油 1776 万吨，增长 8.8%；发电量 3329 亿千瓦时，增长 5.9%；粗钢 5030 万吨，下降 3.8%；水泥 17030 万吨，增长 10.5%；汽车 159.3 万辆，增长 23.0%，其中轿车 83.7 万辆，增长 20.4%。10 月，工业企业产品销售率为 97.8%，比上年同月下降 0.3 个百分点。工业企业实现出口交货值 8124 亿元，同比增长 21.6%。11 月，规模以上工业增加值同比增长 13.3%，比 10 月加快 0.2 个百分点；1～11 月，规模以上工业增加值同比增长 15.8%，比 1～10 月回落 0.3 个百分点。分经济类型看，11 月，国有及国有控股企业同比增长 10.9%，集体企业增长 10.8%，股份制企业增长 14.4%，外商及港澳台投资企业增长 11.7%。分轻重工业看，11 月，重工业增长 13.6%，轻工业增长 12.7%。分行业看，11 月，39 个大类行业全部保持同比增长。其中，纺织业增长 8.9%，化学原料及化学制品制造业增长 11.0%，非金属矿物制品业增长 18.0%，通用设备制造业增长 19.0%，交通运输设备制造业增长 18.1%，电气机械及器材制造业增长 17.4%，通信设备、计算机及其他电子设备制造业增长 14.0%，电力、热力的生产和供应业增长 7.1%，黑色金属冶炼及压延加工业增长 4.9%。分产品看，11 月，503 种产品中有 407 种产品同比增长。其中，天然原油 1752 万吨，增长 11.8%；发电量 3453 亿千瓦时，增长 5.6%；粗钢 5017 万吨，增长 4.8%；水泥 17658 万吨，增长 17.3%；汽车 182.1 万辆，增长 27.6%，其中轿车 96.9 万辆，增长 28.2%。11 月，工业企业产品销售率为 97.5%，比上年同月下降 0.4 个百分点。工业企业实现出口交货值 8287 亿元，同比增长 20.8%。

1～10 月，全国 24 个地区规模以上工业企业实现利润 28380 亿元，同比增长 51.6%，增幅比 1～9 月回落 1.9 个百分点。在 39 个工业大类行业中，37 个行业利润同比增长，1 个行业扭亏，1 个行业利润下降。与 1～9 月相比，24 个行业利润同比增幅回落，13 个行业增幅提高。主要行业利润增长情况为：石油和天然气开采业利润同比增长 69.7%，黑色金属矿采选业增长 1.23 倍，化学原料及化学制品制造业增长 56.9%，化学纤维制造业增长 1.28 倍，黑色金属冶炼及压延加工业增长 60.1%，有色金属冶炼及压延加工业增长 95.5%，交通运输设备制造业增长 67.4%，通信设备、计算机及其他电子设备制造业增长 74.7%，电力、热力的生产和供应业增长 1.37 倍；石油加工、炼焦及核燃料加工业下降 8.2%。24 个地区规模以上工业企业实现主营业务收入 453039 亿元，同比增长 32.1%，增幅比 1~9 月回落 0.5 个百分点。10 月末，24 个地区规模以上工业企业应收账款 48356 亿元，同比增长 22%，增幅比 9 月末下降 0.6 个百分点。产成品资金 18985 亿元，同比增长 9.3%，增幅比 9 月末上升 1.5 个百分点。

3. 固定资产投资增长较快，投资结构有所改善

2010 年前三季度，全社会固定资产投资 192228 亿元，同比增长 24.0%。其中，城镇固定资产投资 165870 亿元，增长 24.5%；农村固定资产投资 26358 亿元，增长 20.5%。在城镇固定资产投资中，第一产业投资增长 17.7%，第二产业投资增长 22.0%，第三产业投资增长 26.7%。分地区看，东部地区投资增长 21.5%，中部地区增长 27.1%，西部地区增长 26.5%。前三季度，房地产开发投资 33511 亿元，增长 36.4%。

1~11 月，城镇固定资产投资 210698 亿元，同比增长 24.9%，比 1~10 月快 0.5 个百分点。其中，国有及国有控股投资 87520 亿元，增长 19.0%；房地产开发投资 42697 亿元，增长 36.5%。从项目隶属关系看，1~11 月，中央项目投资 16837 亿元，同比增长 10.2%；地方项目投资 193861 亿元，增长 26.4%。在注册类型中，1~11 月，内资企业投资 195826 亿元，同比增长 26.2%；港澳台商投资 6717 亿元，增长 17.9%；外商投资 7229 亿元，增长 5.3%。分产业看，1~11 月，第一产业投资同比增长 16.6%，第二产业投资增长 22.7%，第三产业投资增长 26.9%。在行业中，1~11 月，电力、热力的生产与供应业投资 10191 亿元，增长 7.9%；石油和天然气开采业投资 2194 亿元，增长 5.8%；铁路运输业投资 5822 亿元，增长 25.3%。从施工和新开工项目情况看，1~11 月，累计施工项目 439758 个，同比增加 10288 个；施工项目计划总投资 498297 亿元，同比增长 26.8%；新开工项目 301937 个，同比减少 15075 个；新开工项目计划总投资 172345 亿元，同比增长 25.9%。从到位资金情况看，1~11 月，到位资金 238441 亿元，同比增长 25.8%。其中，国家预算内资金增长 14.2%，国内贷款增长 24.8%，自筹资金增长 29.6%，利用外资增长 6.7%。

4. 社会消费品零售总额持续上升，消费比例逐步扩大

2010 年前三季度，社会消费品零售总额 111029 亿元，同比增长 18.3%。按经营单位所在地分，城镇消费品零售额 95987 亿元，增长 18.7%；乡村消费品零售额 15041 亿元，增长 15.8%。按消费形态分，餐饮收入 12632 亿元，增长 17.6%；商品零售 98397 亿元，增长 18.4%。其中，限额以上企业（单位）商品零售额 40945 亿元，增长 29.3%。热点消费快速增长。其中，汽车类增长 34.9%，家具类增长 38.4%，家用电器和音像器材类增长 28.1%。

10 月，社会消费品零售总额 14285 亿元，同比增长 18.6%，比 9 月回落 0.2 个百分点。1～10 月，社会消费品零售总额 125313 亿元，同比增长 18.3%，与 1～9 月持平。按经营单位所在地分，10 月，城镇消费品零售额 12396 亿元，同比增长 18.9%；乡村消费品零售额 1889 亿元，增长 16.8%。按消费形态分，10 月，餐饮收入 1681 亿元，同比增长 19.4%；商品零售 12604 亿元，增长 18.5%。在商品零售中，限额以上企业（单位）商品零售额 5382 亿元，增长 29.6%。11 月，社会消费品零售总额 13911 亿元，同比增长 18.7%，比 10 月加快 0.1 个百分点。1～11 月，社会消费品零售总额 139224 亿元，同比增长 18.4%，比 1～10 月加快 0.1 个百分点。按经营单位所在地分，11 月，城镇消费品零售额 12046 亿元，同比增长 19.0%；乡村消费品零售额 1865 亿元，增长 17.0%。按消费形态分，11 月，餐饮收入 1601 亿元，同比增长 19.6%；商品零售 12310 亿元，增长 18.6%。在商品零售中，限额以上企业（单位）商品零售额 5400 亿元，增长 30.7%。

5. 对外贸易增长迅速反弹，但贸易顺差略有减少

2010 年前三季度，进出口总额 21486 亿美元，同比增长 37.9%。其中，出口 11346 亿美元，增长 34.0%；进口 10140 亿美元，增长 42.4%。进出口相抵，顺差 1206 亿美元，同比减少 149 亿美元。10 月当月，全国进出口总值为 2448.1 亿美元，同比增长 24%，其中：出口 1359.8 亿美元，增长 22.9%；进口 1088.3 亿美元，增长 25.3%。11 月，我国进出口值 2837.6 亿美元，同比增长 36.2%，环比增长 15.9%，刷新 2010 年 9 月创下的 2730.9 亿美元的纪录，月度进出口规模首次超过 2800 亿美元关口。其中出口、进口值同时创历史最高纪录：11 月出口 1533.3 亿美元，增长 34.9%；在进口量和价格上涨的推动下，11 月进口 1304.3 亿美元，增长 37.7%，进口增速比 10 月快速提升 12.4 个百分点。1～11 月，我国一般贸易进出口 13345.7 亿美元，增长 40.9%，高于同期全国进出口增速 4.6 个百分点。其中出口 6483.7 亿美元，增长 37.3%；进口 6862 亿美元，增长 44.5%，高于同期全国进口总体增速 4.2 个百分点。一般贸易项下出现贸易逆差 378.3 亿美元，较 2009 年同期增长 13.3 倍。同期，我国加工贸易进出口 10494.7 亿美元，增长 29.5%。其中出口 6702.9 亿美元，增长 28%；进口 3791.8 亿美元，增长 32.3%。加工贸易项下贸易顺差 2911.1 亿美元，增长 22.8%，相当于同期总体顺差规模的 1.7 倍。在与主要贸易伙伴的双边贸易中，1～11 月中欧双边贸易总值 4338.8 亿美元，增长 33.1%。同期中美双边贸易总值为 3468.9 亿美元，增长 30.2%。1～11 月，我国与日本双边贸易总值为 2677.9 亿美元，增长 31.7%。其中，我国对日本出口 1091.1 亿美元，增长 24.9%；自日本进口 1586.8 亿美元，增长 36.9%；对日本贸易逆差 495.7 亿美元，增加 73.6%。同期，我国与东盟双边贸易总值达 2630.1 亿美元，增长 40.6%。其中，我国对东盟出口 1244.5 亿美元，增长 33.6%；自东盟进口 1385.6 亿美元，增长 47.5%；对东盟贸易逆差 141.1 亿美元，增加 17 倍。

6. 居民消费价格和工业品出厂价格上涨幅度较大

2010 年前三季度，居民消费价格同比上涨 2.9%。其中，城市上涨 2.8%，农村上涨 3.1%。分类别看，八大类商品五涨三落：食品上涨 6.1%，烟酒及用品上涨 1.6%，医疗保健和个人用品上涨 2.9%，娱乐教育文化用品及服务上涨 0.6%，居住上涨 4.1%，衣着下降 1.1%，家庭设备用品及维修服务下降 0.3%，交通和通信下降 0.3%。9 月居民消费价格同比上涨 3.6%，环比上涨 0.6%。前三季度，工业品出厂价格同比上涨 5.5%。9 月工业品出厂价格同比上涨 4.3%，环比上涨 0.6%。前三季度，原材料、燃料、动力购进价格同比上涨 9.8%。

11 月，居民消费价格同比上涨 5.1%。其中，城市上涨 4.9%，农村上涨 5.6%；食品价格上涨 11.7%，非食品价格上涨 1.9%；消费品价格上涨 5.9%，服务项目价格上涨 2.6%。分类别看，八大类商品价格六涨二降，其中食品价格同比上涨 11.7%，烟酒及用品类价格同比上涨 1.6%，衣着类价格同比下降 0.7%，家庭设备用品及维修服务价格同比上涨 0.7%，医疗保健及个人用品类价格同比上涨 4.0%，交通和通信类价格同比下降 0.7%，娱乐教育文化用品及服务类价格同比上涨 0.6%，居住价格同比上涨 5.8%。1～11 月，居民消费价格同比上涨 3.2%，比 1～10 月扩大 0.2 个百分点。11 月，居民消费价格环比上涨 1.1%。其中，城市上涨 1.0%，农村上涨 1.3%；食品价格上涨 2.0%，非食品价格上涨 0.6%；消费品价格上涨 1.5%，服务项目价格下降 0.2%。分类别看，食品价格环比上涨 2.0%，其中鲜菜环比下降 1.9%；烟酒及用品类价格环比上涨 0.2%；衣着类价格环比上涨 1.6%；家庭设备用品及维修服务价格环比上涨 0.4%；医疗保健及个人用品类价格环比上涨 0.7%；交通和通信类价格环比持平；娱乐教育文化用品及服务类价格环比下降 1.0%；居住价格环比上涨 1.8%。

2010 年 11 月，工业品出厂价格同比上涨 6.1%。分类别看，生产资料出厂价格上涨 6.9%，其中采掘工业上涨 14.6%，原料工业上涨 9.8%，加工工业上涨 4.7%；生活资料出厂价格上涨 3.3%，其中食品类上涨 6.2%，衣着类上涨 2.7%，一般日用品类上涨 3.1%，耐用消费品类下降 0.7%。11 月，工业品出厂价格环比上涨 1.4%。1～11 月，工业品出厂价格上涨 5.5%，涨幅与 1～10 月持平。11 月，原材料、燃料、动力购进价格同比上涨 9.7%。其中，有色金属材料类购进价格上涨 16.5%，燃料动力类上涨 9.8%，化工原料类上涨 9.8%，黑色金属材料类上涨 10.7%。1～11 月，原材料、燃料、动力购进价格上涨 9.6%，涨幅与 1～10 月持平。

7. 农村居民收入增速快于城镇，财政收入平稳增长

2010 年前三季度，城镇居民家庭人均总收入 15756 元。其中，城镇居民人均可支配收入 14334 元，同比增长 10.5%，扣除价格因素，实际增长 7.5%。在城镇居民家庭人均总收入中，工资性收入增长 10.1%，转移性收入增长 12.5%，经营净收入增长 9.9%，财产性收入增长 18.5%。农村居民人均现金收入 4869 元，增长 13.1%，扣除价格因素，实际增长 9.7%。其中，工资性收入增长 18.7%，家庭经营收入增长 8.7%，财产性收入增长 19.4%，转移性收入增长 17.2%。前三季度，扣除价格因素，城镇居民人均消费性支出实际增长 6.3%，农村居民人均生活消费现金支出实际增长 7.3%。

1～11 月累计，全国财政收入 76740.51 亿元，比 2009 年同期增加 13347.41 亿元，增长 21.1%。其中，中央本级收入 40240.46 亿元，增长 18.1%；地方本级收入 36500.05 亿元，增长 24.5%。全国财政收入中的税收收入 68332.36 亿元，增长 22.7%；非税收入 8408.15 亿元，增长 9.1%。全国财政支出 71592.9 亿元，比 2009 年同期增加 15356.93 亿元，增长 27.3%。其中，中央本级支出 14266.54 亿元，增长 19.8%；地方本级支出 57326.36 亿元，增长 29.3%。

8. 货币供应量增长过快，信贷增量仍然过猛

2010 年三季度末广义货币供应量（M2）余额 69.6 万亿元，同比增长

19.0%；狭义货币供应量（M1）余额 24.4 万亿元，增长 20.9%；流通中货币（M0）余额 4.2 万亿元，增长 13.8%。金融机构人民币各项贷款余额 46.3 万亿元，比年初增加 6.3 万亿元，同比少增 2.4 万亿元；人民币各项存款余额比年初增加 10.3 万亿元，同比少增 1.4 万亿元。

11 月末，广义货币（M2）余额 71.03 万亿元，同比增长 19.5%，增幅比上月高 0.2 个百分点，比上年同期低 10.2 个百分点；狭义货币（M1）余额 25.94 万亿元，同比增长 22.1%，增幅与上月持平，比上年同期低 12.5 个百分点；流通中货币（M0）余额 4.23 万亿元，同比增长 16.3%。当月净投放现金 607 亿元，同比少投放 7 亿元。本外币贷款增加 6142 亿元，其中，人民币贷款增加 5640 亿元，外币贷款增加 85 亿美元。11 月末，本外币贷款余额 50.35 万亿元，同比增长 19.4%，当月本外币贷款增加 6142 亿元，同比多增 2067 亿元。人民币贷款余额 47.43 万亿元，同比增长 19.8%，比上月末高 0.5 个百分点，比上年同期低 14.1 个百分点。当月人民币贷款增加 5640 亿元，同比多增 2692 亿元。分部门看，住户贷款增加 1896 亿元，其中，短期贷款增加 525 亿元，中长期贷款增加 1371 亿元；企业及其他部门贷款增加 3742 亿元，其中，短期贷款增加 1670 亿元，中长期贷款增加 1930 亿元，票据融资减少 156 亿元。外币贷款余额 4370 亿美元，同比增长 16.2%，当月外币贷款增加 85 亿美元。本外币存款增加 5822 亿元，其中，人民币存款增加 5924 亿元，外币存款净减少 10 亿美元。11 月末，本外币存款余额 72.42 万亿元，同比增长 19.4%；当月本外币存款增加 5822 亿元，同比少增 100 亿元。人民币存款余额 70.87 万亿元，同比增长 19.6%，分别比上月和上年同期低 0.2 和 8.6 个百分点。当月人民币存款增加 5924 亿元，同比多增 88 亿元。其中，住户存款增加 1332 亿元，企业存款增加 5737 亿元，财政存款净减少 2119 亿元。外币存款余额 2321 亿美元，同比增长 13.3%，当月外币存款净减少 10 亿美元。

（二）面临的困难

当前国民经济面临着许多问题和挑战，主要包括：经济增长平稳减速；通货膨胀压力突然加大；房地产存在严重泡沫，调控难度加大；宏观经济政策组合面临考验；投资驱动型增长已达到峰值；经济结构调整是重中之重；对外贸易发展受到保护主义的挑战；推动产业创新的措施仍需进一步细化。正确认识和分析这

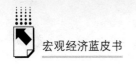

些问题和挑战，有助于我们制定相应的政策，在未来的经济发展中逐步解决问题，在中长期内保证国民经济健康稳步发展。

1. 经济增长平稳减速

2008年11月宣布的4万亿元人民币（5860亿美元）财政刺激措施，以及2008年11月到2009年12月10.8万亿元人民币（1.6万亿美元）的新增银行放贷，使得中国固定资本形成占GDP的比例从2007年的41.7%增加到2009年的47.5%。但是目前这些刺激经济的政策正在退出，使得中国经济增长平稳减速。中国投资占GDP的比例在未来的10年内不可能再超过50%，除了全社会固定资产投资中的房地产投资不断呈现增长趋势外，目前中国投资增长正呈现周期性放慢趋势。虽然增长中的结构性因素目前才刚刚显现，但工资增长不久将超过劳动生产率的增长，并且随着2014年中国劳动力供给达到顶峰，资本积累将必然放慢。结构性的改变将会导致较高的资金成本和边际回报率的降低，进一步影响固定资本形成总额，这一趋势在2009年已经有所体现。所以我国经济增速在经历了30年的高速增长之后必将放缓，这对我国经济如何在增长速度和结构调整方面进行平衡提出了挑战，把握好中国经济增长中的这一对矛盾，对于我国经济未来的稳定发展至关重要。

2. 通货膨胀压力加大

2010年，进入8月后，控物价成为宏观经济政策的主要任务。在国内外各种因素影响下，以农产品为主的居民生活必需品价格上涨较快，增加了居民的生活和国民经济的成本。特别是10月，CPI同比上涨5.1%，创下26个月新高。这次物价上涨是国际金融危机以后经济复苏过程的一个现象，主要原因中流动性过剩、输入型通胀的特征比较明显。为保障群众基本生活，政府迅速出台了16条稳定消费价格总水平的具体措施。此举传递出中央严控物价、控制通胀的坚定决心。调控立竿见影，尤其是前期游资介入炒作的部分品种，价格回落幅度相当明显。国家财力和经济实力不断增强，各级政府有能力通过提供补贴等手段，帮助低收入群体应对生活必需品价格上涨的压力。刚刚结束的中央经济工作会议，传递了政府稳定物价的坚定决心和信心。会议提出，2011年的重点是更加积极稳妥地处理好保持经济平稳较快发展、调整经济结构、管理通胀预期的关系，把稳定价格总水平放在更加突出的位置。具体讲，就是以经济和法律手段为主，辅之以必要的行政手段，全面加强价格调控监管工作，保持物价总水平基本稳定。但是目前消费价格水平上涨的压力并没有完全缓解，仍需密切加以关注。

3. 房地产存在泡沫，调控难度加大

2010 年我国针对房地产市场过热问题接连出台了一系列措施，进行了强有力的调控，但效果并不十分明显，房地产投资和住房价格依然呈现上涨趋势。1～11月，全国房地产开发投资 42697 亿元，同比增长 36.5%，其中，商品住宅投资30022 亿元，增长 34.2%，占房地产开发投资的比重为 70.3%。11 月当月，房地产开发投资 4628 亿元，增长 36.7%。全国房地产开发企业房屋施工面积38.43 亿平方米，同比增长 28.6%；房屋新开工面积 14.51 亿平方米，增长48.7%；房屋竣工面积 4.85 亿平方米，增长 9.6%，其中，住宅竣工面积 3.93亿平方米，增长 7.1%。11 月，全国 70 个大中城市房屋销售价格同比上涨7.7%，涨幅比 10 月缩小 0.9 个百分点；环比上涨 0.3%。11 月，新建住宅销售价格同比上涨 9.3%，涨幅比 10 月缩小 1.3 个百分点；环比上涨 0.4%。其中，商品住宅销售价格上涨 10.4%，其中普通住宅销售价格上涨 9.4%，高档住宅销售价格上涨 14.1%；经济适用房销售价格上涨 1.0%。从世界范围内来看，目前的高房价是我国经济发展过程中出现的正常现象，关键是要在当前经济增长机制转向内需的大环境下，认清房地产市场进一步发展的方向，完成房地产市场发展的机制转变、政策转换以及增长转型，构造一个大体上与整体国民经济相适应的、和谐统一的、对我国经济增长有益的房地产市场体系。

4. 宏观经济政策组合面临考验

2010 年复杂的国内外局势，对我国宏观经济政策提出了更高的要求。中央经济工作会议提出，财政政策要在"稳定增长、改善结构、调节分配、促进和谐"等方面发挥更大作用。从理论上看，货币政策侧重于调整总量，财政政策侧重于调整结构。为了预防通胀，需要管好流动性，让货币条件向常态回归；而为了维持经济的平稳发展、解决结构性失衡问题，则需要在财政政策上保持相应的力度，这样张弛有度的宏观经济政策调控搭配符合当前的实际。从实际上看，2011 年货币政策取向由适度宽松转向稳健，是对当前流动性过于宽松、物价屡创新高等复杂形势的积极应对。2011 年货币增长与信贷投放都将较 2010 年有所收紧，除货币政策基调发生变化外，财政政策则继续延续 2010 年"积极财政政策"的取向。财政政策要发挥其承担供给的政策职责，因此还需要维持一定的

扩张力度。在推进医改、教育、住房、养老等民生建设方面，在调整经济结构方面，在保障中低收入群体生活水平等方面，还需要财政政策保持一定支出和供给。但宏观经济政策工具也存在两难，要满足所有不同利益群体的要求是很困难的。有些政策短期看好，但是对中长期不见得有利。而另外一些对中长期有利，短期内可能还要产生一定的代价。这些都需要宏观经济政策工具进行权衡，也是两难关系的体现。所以应把近期和中长期结合起来，综合考虑作出正确的选择。

5. 投资驱动型增长已近峰值

2010 年国内投资仍然保持快速增长，尤其是基础设施投资，但相对来讲工业投资速度要低于基建投资的速度，特别值得注意的是房地产投资反弹的速度非常快。然而，我国投资的流量正在到达峰值。经验表明，没有任何一个经济体具有如此强大的生产能力或者足够富有生产效益，以至于可以连续多年拿出 GDP 的 50% 来进行固定资产投资，并取得丰厚的回报。虽然 2010～2011 年我国的固定资本形成占 GDP 的比例将接近 50%，但这并不意味着我国投资将突然停止，而是随着私人消费开始明显启动，投资增长将持续放慢。然而我国的基础设施建设并没有过度发展，我国的资本存量相对其整体经济规模还远远不够。正是由于我国资本存量相对较低，相对于许多发达经济体来说，我国目前还有大量的生产性投资机会，可以继续产生相对较高回报的产业。按照购买力平价粗略计算，我国的人均资本存量不到美国的 1/4。显而易见，我国仍然需要大量的资本投入，并且这些投入的大部分将进入生产性领域。但是即便如此，投资驱动型的经济增长在我国将会逐步减少，其减少的部分应该由消费拉动进行填补。

6. 对外经济发展受到贸易保护主义的挑战

当前欧、美、日等世界主要经济体经济增长速度较为缓慢，国内经济矛盾凸显，政治压力加大，这使得它们倾向于选择贸易保护主义的政策，将国内矛盾转嫁到国外。9 月美国国会众议院筹款委员会投票通过了旨在对低估本币汇率的国家征收特别关税的法案。这项"人民币汇率法案"的通过，将 2010 年以来的中美汇率之争推上了顶峰。继美国之后，欧盟也显现出跟风施压的苗头。此后，一些新兴经济体国家纷纷开始采取"弱势货币"策略，压低本国币值。全球经济增长的放缓极大地催化了贸易保护主义情绪的释放，从 2010 年初就频频发起的各种贸易救济措施贯穿全年始终，案件数量和涉案金额都翻番增长。据统计，2010 年 6 月和 9 月，欧盟委员会对中国反倾销、反补贴调查，涉案金额约 41 亿美元，不仅成为迄今为止中国遭遇涉案金额最大的贸易救济调查，也是欧盟首次对中国同一产品同时进行三种贸易救济调查。2010 年 1 ~ 11 月，欧盟已对中国发起 10 起贸易救济调查，超过 2009 年全年欧盟对中国产品发起案件数，为 2009 年全年涉案金额的 6 倍。

（三）走势预测

1. 国民经济在结构调整中进入常态减速

2011 年国民经济增速将呈现小幅回落的趋势，GDP 同比增速呈现"前低后高"走势，全年经济增长估计达到 9.1%，比 2010 年回落 1 个百分点左右。根据包括国际组织在内的全球 200 多家预测机构的综合结果，中国经济增长的预期值呈现逐步走低的倾向（见图 2）。2010 年 12 月的最新预计表明，中国经济在 2011 年四个季度同比增长将分别为 8.9%、9.2%、9.3% 和 9.4%，呈现逐步小幅上升的趋势。

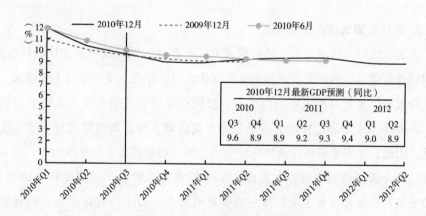

图 2 中国经济 GDP 季度预测值预期变化

2. 工业生产在调整中保持较稳定的增长

全国工业生产将在产业振兴计划的推动下呈现平稳增长的格局。2011 年上半年，有关战略性新兴产业的规划可能出台，未来战略性新兴产业将分"三步走"。第一阶段，到 2015 年，战略性新兴产业形成健康发展、协调推进的基本格局，对产业升级的作用显著增强，增加值占国内生产总值的比重达到 8% 左右；第二阶段，到 2020 年，战略性新兴产业的增加值占国内生产总值的比重达到 15% 左右；第三阶段，到 2030 年，战略性新兴产业的整体创新能力和产业发展水平达到世界先进水平，为经济社会可持续发展提供强有力的支撑。预计 2011 年全年工业生产增速将出现进一步回落，全年工业生产增长 13.5%，较 2010 年回落 1.7 个百分点。2011 年四个季度同比增长预计分别为 13.3%、13.8%、14.5% 和 14.5%，增长较为稳定。

表 1 中国增长指标季度预测

	2010 年				2011 年			
	第一季度	第二季度	第三季度	第四季度	第一季度	第二季度	第三季度	第四季度
GDP（%）	11.9	10.3	9.6	8.9	8.9	9.2	9.3	9.4
工业生产（%）	20.1	16.0	13.5	13.5	13.3	13.8	14.5	14.5
消费者价格（%）	2.2	2.9	3.5	4.4	4.2	4.2	4.0	3.5
贸易差额（10 亿美元）	14.6	40.4	65.6	70.0	27.5	44.7	66.1	66.8

资料来源：根据全球综合预测机构结果进行计算。

3. 全社会固定资产投资放缓

金融危机后，我国加大了政府投资力度，新开工项目投资呈加快增长态势，表明财政资金驱动的固定资产投资不断深化，投资存在一定程度的主观迹象。但在信贷政策趋紧等多重因素的作用下，投资将呈现放缓的走势。从资金来源来看，2010 年末中国固定资产的投资资金来源出现下滑，而投资应付款项却快速上涨。因此，在未来货币政策转向、信贷收紧、利率提高等因素作用下，进一步投资的资金紧张局面将加剧。因此，2011 年将出现投资下滑幅度较大的态势。从投资项目数量和新开工项目计划投资规模来看，2011 年在建项目和投资金额将比 2010 年同期大幅下滑。2011 年由于出口面临一定的挑战，中国出口导向型企业的投资和制造业投资也将出现持续回落的情况。预计 2011 年全社会固定资产投资将增长 20.6%，比 2010 年回落 3.6 个百分点。

4. 消费刺激政策要保持连续性

考虑增长和人民币升值的因素，2011 年全国人均 GDP 超过 4000 美元，意味着消费结构将全面进入工业化消费时代，消费升级将快速展开。"十二五"规划的出台将带来各项民生工程建设的加速、收入分配改革的提速、社会福利和公共服务体系改革的全面推进，这些因素都将对消费的启动产生持续而又强烈的效应。很多消费刺激政策、收入刺激政策将会延续，同时很多政策将进一步扩大实施范围，为保证政策性刺激效应的延续提供了基础。这些政策包括家电下乡政策的扩大、高端消费回流工程的启动、电子产品下乡的启动等。由于收入持续上涨、消费性政策的进一步出台以及其他社会改革的全面推进，预计 2011 年消费依然保持高位运行的状态，全社会消费品零售增速将为 18.2%，与 2010 年相比波动幅度不大。当前，要促进消费结构不断优化，消费刺激政策和收入增加政策要保持一定的连续性。

5. 进出口在保持增长中改善平衡结构

展望 2010 年的外贸形势，虽然我国对外贸易发展具备不少有利条件，但外部不确定因素仍然较多。受国际金融危机和全球经济衰退的影响，以及日益加重的贸易保护主义倾向，我国出口增长将受到一定抑制。现阶段，无论是从平衡贸易、减少外汇储备风险的角度，还是从调整经济结构、实现节能减排目标的角度，重视进口都无疑是外贸领域一项重要的战略布局。虽然长期外贸顺差对改善我国国际收支、拉动经济增长和吸纳大量农民工就业具有很大的历史意义，但是也容易造成经济增长对外需的过分依赖，造成国内资源以较低收益净流出和国民收入的损失，同时也加剧了人民币升值压力及与主要贸易伙伴的贸易摩擦。中国经常项目顺差正在逐年增加，这实际上意味着中国资源实际长期净流出，流出的规模逐年增大，造成资源紧张，使得改善老百姓福利困难，这也成为制约进一步发展的重要因素。预计 2011 年我国商品出口和进口分别为 17819 亿和 15828 亿美元，比 2010 年都将有一定幅度的上升，商品贸易顺差为 1991 亿美元，其中四个季度贸易顺差分别为 275 亿、447 亿、600 亿和 668 亿美元，呈现前低后高的走势。

6. 居民消费价格水平压力加大

根据中央经济工作会议精神，2011 年将把稳定价格总水平放在更加突出的位置。2011 年，要增强金融调控的针对性、灵活性、有效性，加快推进经济结构战略性调整，实施稳健的货币政策，按照总体稳健、调节有度、结构优化的要求，把好流动性这个总闸门，把信贷资金更多投向实体经济特别是"三农"和中小企业，保持经济平稳较快发展；进一步完善人民币汇率形成机制，保持人民币汇率在合理均衡水平上基本稳定；加强跨境资金流动监管，积极应对和打击"热钱"等异常跨境资金流动。虽然存在美元走强、资本回流、中国需求因素下降等逆转因素，但当前国际大宗商品和石油价格持续攀升的概率很大，所以输入性价格上涨因素依然存在，尤其是食品价格依然会处于高位运行状态，同比增幅依然会达到5%左右的水平，这主要是由于农业生产成本的上涨，特别是农民工工资水平的上涨对于农业生产的机会成本上涨冲击较大。另外，如果2011年M2增速在17%、信贷投放在7万亿元的相对常规的水平上，未来流动性的存量依然庞大。预计2011年全年消费者价格指数将继续上升，全年消费者价格指数增长4.0%，较2010年扩大0.6~0.8个百分点，2011年四个季度同比增长分别为4.2%、4.2%、4.0%和3.5%，全年呈现前高后低的走势。

展望2011年，中国的经济前景较好，但上行和下行风险同时存在。受食品价格上涨推动，通货膨胀率在一段时间内可能保持高于3%这一控制目标的水平。尤其是大宗原材料产品价格可能继续上涨，工资持续大幅增长的可能性虽然不大，但也不能完全排除。根据当前的发展趋势和政策，从2011年以及中期增长来看，外部盈余势必上升，资产价格也将上升，地方财政紧张和银行呆坏账压力较大，这就要求政策的制定具备灵活性。央行正在收紧宏观货币政策，并开始提高利率，但还需要进一步加息。国际流动性对货币政策也构成挑战，但与其他一些新兴市场国家相比，中国管理这些挑战的能力更强。但即便如此，还应采取措施进一步防范有害资本流动和热钱进入。从国际环境看，2011年世界经济增长将比先前的预期慢，国际权威预测组织预测2011年全球经济增长又开始放缓，在高收入国家尤为明显。这有几方面因素：一是由于存货调整已经结束；二是各国的经济刺激政策逐渐退出；三是欧元区周边国家的主权债务危机依然严峻。由于美国和日本2011年的增长前景不明朗，所以两个国家会进一步放松其货币政策，推出第二轮的量化宽松政策。相较而言，大多数新兴市场大国的内需前景都比较好，相对健康的宏观经济基本面使其增长较具可持续性。综合各方面因素，虽然2010年全球增长前景的预测比预期要高，但2011年的预测有所下调。随着全球增长预期减速以及国内宏观政策正常化，中国的增长速度可能会进一步放缓。然而，传统的增长动力以及强劲的劳动力市场仍会支撑经济的扩张。

表2　中国主要经济指标预测

主要经济指标	2006 年	2007 年	2008 年	2009 年	2010 年	2011 年
GDP 增速(%)	11.6	13.0	9.0	9.1	10.1	9.1
国内需求(%)	9.7	12.3	9.6	13.8	8.1	8.8
消费	8.4	10.8	8.5	8.5	7.6	8.7
固定资本形成	11.1	14.2	11.0	19.8	8.7	8.6
经常账户余额(10 亿美元)	250.0	372.0	426.0	297.0	291.4	315.0
出口	968.9	1217.8	1430.7	1201.7	1542.8	1781.9
进口	791.5	956.0	1132.6	1005.6	1350.1	1582.8
CPI 上涨率(%)	1.5	4.8	5.9	-0.7	3.3	4.0
GDP 平减指数	3.6	7.6	7.8	-0.9	4.7	4.5
财政账户(GDP 占比,%)预算盈余	-0.8	0.6	-0.4	-2.8	-1.8	-1.6
收入	18.3	19.3	19.5	20.3	20.3	20.5
支出	19.1	18.7	19.9	23.0	22.1	22.1
M2 增速(%)	15.7	16.7	17.8	27.7	18.4	16.0

资料来源：根据相关模型以及国际预测组织综合计算。

（四）政策建议

1. 积极实行和把握宏观经济政策转向的重点

2011 年宏观经济政策的基本取向要积极稳健、审慎灵活。"积极稳健、审慎灵活"这一提法意味深长。由于世界经济增长进入了缓慢的常态爬升阶段，我国又面对快速经济增长放缓以及大量国际资本流入所带来的通货膨胀压力，从宏观层面积极实行经济政策的转型至关重要，这是全年经济工作的核心所在。

2. 利用经济减速的有利时机进行经济结构变迁

中国经济已经进入一个增速较以前有所放缓的发展周期，这是由许多因素共同决定的，包括结构性因素，例如资金成本上升；周期性因素，例如以基础设施为主要对象的刺激政策的逐步退出。目前，中国经济增长正呈现常态式的放慢趋势，随着劳动力供给达到顶峰，中国的人口红利将会逐渐消失，结构性升级也会导致较高的资金成本和边际回报率的降低，进一步影响经济增速。但经济增速放缓有利于我们进行结构调整，提高经济增长质量。第一，高耗能、高排放和产能过剩行业是重点。必须校正价格扭曲，取消土地、税费优惠，将污染排放成本内部化，压缩这些行业不合理的利润空间。第二，要实现经济的再平衡，使增长更多来自内需，把重点更多放在消费和服务业的发展上，而不是投资和第二产业。

3. 贸易平衡战略在地区和产品方面的差异化政策

世界经济复苏的不一致以及中国出口结构的多元化，使得中国与新兴市场国家以及其他发展中国家的贸易规模保持较高的增速。但外向型企业工资水平的上调，将对出口产生不利的影响。低端劳动力市场供求关系的逆转、劳资摩擦加剧，使许多外资企业加薪，地方政府大幅度提高最低工资标准，直接对中国劳动力密集型出口产业产生冲击。另外，自2009年1季度到2010年11月初以来，由于美元的升值和欧元的贬值等多重因素，人民币实际有效汇率和名义有效汇率分别提升了7.1%和6.7%。自2010年6月下旬以来，人民币汇率制度重启改革，人民币在2010年内可能会出现3%左右的升值，这些都是对我国外贸发展的挑战。所以，加大对新兴市场和发展中国家的出口，规避对美国和欧盟等发达国家和地区出口减少所带来的风险，积极推进贸易多元化战略等措施，是2011年对外贸易政策的主要着力点。因此，我国应逐步实现贸易顺差有序逐步减少，结构性贸易差额在不同地区和产品方面形成有利于我国经济长期增长的格局。

4. 更重视民生问题

目前，我国核心消费者价格水平并不高，CPI上涨带来的宏观总量问题并不十分严重。严重的是低收入群体的民生问题，所以我们要防止将通货膨胀的民生问题宏观化和扩大化，应当通过社会体系的建设、低收入补贴通货膨胀指数化、最低工资通货膨胀指数化等措施，加强低收入人群抵御通货膨胀冲击的能力。另外，中国宏观经济正处于劳动力结构、产业结构、需求结构重大变化的阶段，结构调整、深层次改革带来的价格上涨具有合理性和必然性，但应对这些变化要把民生问题纳入考虑范围之内。

5. 坚决抑制房价进一步上涨

2010年，针对房地产市场泡沫的问题，我国出台了强有力的调控措施，但效果还没有得到完全巩固，因此应坚持房地产调控，以进一步收紧房地产行业的资金。我国房地产市场为国民经济快速增长作出了巨大的贡献，未来将继续是我国经济稳定可持续发展的重要支撑。从世界范围来看，目前的高房价是中国经济发展过程中出现的正常现象，关键是要在当前中国经济增长机制转向内需的大环境下，完善房地产市场发展的机制转变，构造一个大体上与整体国民经济相适应的、和谐统一的、对中国经济增长有益的房地产市场体系，抑制房价过度上涨的态势。

二 2010 年全球经济增长回顾与 2011 年增长展望

（一）基本态势

2010 年全球经济表现超出先前的预期。目前全球经济产值已增长近 5 个百分点，并且危机后的复苏速度也比一年前预测的快得多。多数令金融市场担心的风险并没有造成大的影响，比如中国经济没有发生硬着陆，有关美国年中的经济放缓会演变为二次探底的衰退的担心基本已经过去。虽然欧元区周边国家的困境又重新显现，但总体上来说，欧元区目前的增长态势仍然较好，这要归功于德国经济的强劲增长。后危机时代一个重要的典型化特征就是拉大了发达经济体和新兴国家的增长差距。中国和印度的增速分别为 10%、9%，而美国和欧洲则分别为 3%、2%。许多欧洲国家的失业率即便是按照本国官方的统计方式也很高，比如西班牙年轻人的失业率竟高达 41%。庞大的美国就业驱动力萎靡不振，平均每 10 个人中就有 1 个失业，100 多万人已退出劳动力市场。

在 2008 年金融危机以前，全球经济一直保持增长，直到 2009 年才出现了下滑。2004~2007 年，世界 GDP 的增长速度非常快，增长率连续几年都维持在 4% 左右。2007 年底，美国经济开始衰退，全球经济增长率开始下降。2009 年衰退现象十分严重，全球 GDP 呈现负增长。虽然 2010 年世界经济重新进入增长轨道，但从全年走势来看，增速呈现不断放慢的态势。工业生产和贸易量有所下降，三大经济体失业率有所反弹、CPI 有所回升。欧债危机再掀波澜，国际游资加速流动，货币政策分化加剧，初级产品价格持续上涨，贸易摩擦没有缓解，世界经济复苏面临更多挑战。

1. 全球经济增长呈现前高后低的态势

2010 年第三季度，美国 GDP 环比折年率修正后增长 2.6%，比此前预测的 2.5% 上调了 0.1 个百分点，虽略高于第二季度的 1.7%，但比第一季度回落 1.1 个百分点。日本 GDP 环比增长 0.9%，比第二季度快 0.5 个百分点，但比第一季度放缓 0.7 个百分点。欧元区 GDP 环比增长 0.4%，比第二季度放慢 0.6 个百分点。法国 GDP 环比增长 0.4%，比第二季度放缓 0.3 个百分点。德国 GDP 环比增长 0.7%，比第二季度放缓 1.6 个百分点。意大利 GDP 环比增长 0.2%，比第二季度放缓 0.3 个百分点。英国 GDP 环比增长 0.8%，比第二季度放缓 0.4 个百分点。韩国 GDP 同比增长 4.5%，比第二季度放缓 2.7 个百分点。印度尼西亚 GDP 同比增长 5.8%，比第二季度放缓 0.4 个百分点。马来西亚 GDP 同比增长 5.3%，比第二季度放缓 3.6 个百分点。

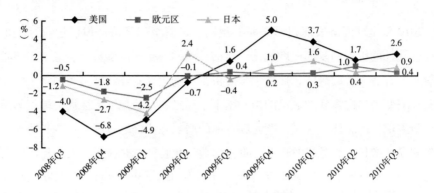

图 3　三大经济体 GDP 环比增长率

注：美国 GDP 为环比折年率。

表 3　发达国家或地区 GDP 环比增长率

单位：%

发达国家或地区		2009 年				2010 年		
		第一季度	第二季度	第三季度	第四季度	第一季度	第二季度	第三季度
OECD	环　比	-2.2	0.3	0.5	0.9	0.8	0.9	0.6
	同　比	-2.5	-5.0	-4.6	-3.4	-0.6	2.5	3.1
美　国	环比折年率	-4.9	-0.7	1.6	5.0	3.7	1.7	2.6
	同　比	-3.8	-4.1	-2.7	0.2	2.4	3.0	3.2
日　本	环　比	-4.2	2.4	-0.4	1.0	1.6	0.4	0.9
	同　比	-9.0	-5.8	-5.1	-0.9	5.0	2.7	4.4
欧元区	环　比	-2.5	-0.1	0.4	0.2	0.4	1.0	0.4
	同　比	-5.2	-4.9	-4.0	-2.0	0.8	2.0	1.9
德　国	环　比	-3.4	0.5	0.7	0.3	0.6	2.3	0.7
	同　比	-6.6	-5.5	-4.4	-2.0	2.1	3.9	3.9
法　国	环　比	-1.5	0.1	0.2	0.6	0.2	0.7	0.4
	同　比	-3.8	-3.1	-2.7	-0.5	1.1	1.6	1.8
意大利	环　比	-2.9	-0.3	0.4	-0.1	0.4	0.5	0.2
	同　比	-6.5	-6.2	-4.7	-2.8	0.5	1.3	1.0
英　国	环　比	-2.3	-0.8	-0.3	0.4	0.4	1.2	0.8
	同　比	-5.5	-6.0	-5.4	-3.0	-0.3	1.7	2.8
加拿大	环　比	-1.8	-0.7	0.2	1.2	1.4	0.6	0.3
	同　比	-2.5	-3.2	-3.1	-1.1	2.1	3.4	3.4

表4 主要发展中国家或地区 GDP 同比增长率

单位：%

主要发展中国家或地区	2009 年				2010 年		
	第一季度	第二季度	第三季度	第四季度	第一季度	第二季度	第三季度
巴　西	-2.1	-1.6	-1.2	4.3	9.0	8.8	5.8
印　度	5.8	6.3	8.7	6.5	8.6	8.9	8.9
俄罗斯	-9.4	-10.8	-7.7	-3.8	2.9	5.2	—
南　非	-0.7	-2.2	-2.2	-1.4	1.6	3.0	2.6
墨西哥	-7.9	-10.0	-6.1	-2.3	4.3	7.6	5.3
印度尼西亚	4.4	4.0	4.2	5.4	5.7	6.2	5.8
中国香港	-7.7	-3.8	-2.4	2.5	8.0	6.5	6.8
中国台湾	-8.6	-7.2	-1.2	4.4	10.1	8.9	5.3

资料来源：主要经济体官方统计网站。

2. 全球工业生产呈放缓趋势

三大经济体工业生产增长均有所回落。其他主要经济体有升有降。9月，世界工业生产指数环比由正转负，下降0.2%；同比增长7.9%，比上月回落1.5个百分点。三大经济体工业生产停滞或下降。10月，美国工业生产环比为零增长，上月为下降0.2%；同比增长5.3%，比上月放缓0.3个百分点；日本环比下降1.8%，降幅比上月扩大0.2个百分点；同比增长4.5%，比上月回落7.0个百分点；巴西工业生产明显放缓，同比增长3.9%，比上月大幅回落了2.4个百分点；英国同比增长3.3%，放缓0.5个百分点。俄罗斯、韩国和中国台湾工业生产同比增长6.6%、13.5%和14.4%，涨幅分别比上月扩大了0.4、9.6和2.2个百分点。9月，欧元区环比下降0.7%，上月为增长1.1%；同比增长5.5%，比上月放缓2.9个百分点。印度和墨西哥工业生产同比增长4.4%和6.3%，分别比上月回落了1.2和1.8个百分点；而马来西亚工业生产指数同比增长5.6%，比上月加快了1.6个百分点。

3. 发达国家个人消费支出低迷

在经过了金融危机和全球衰退之后，以美国为主的发达国家充当世界主要消费者的情形有所改变，整体消费一蹶不振，虽然在全年不同时期增速有所变化，但一直保持在低迷的状态中。这种消费减少、储蓄增加的变化还将持续相当长一段时期。最新数据表明，美国零售额增速加快，日本继续下降；欧元区零售量增

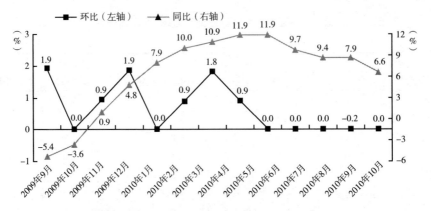

图 4　世界工业生产指数环比和同比增长速度

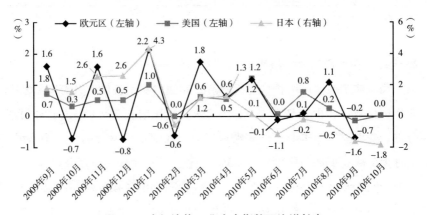

图 5　三大经济体工业生产指数环比增长率

表 5　其他经济体工业生产指数同比增长率

单位：%

国家和地区	巴　西	印　度	俄罗斯	韩　国	墨西哥	马来西亚	英　国	中国台湾
2009 年 1 月	-15.2	1.1	-16.5	-25.5	-10.5	-17.9	-12.1	-44.9
2 月	-13.2	-0.7	-16.3	-10.0	-12.7	-12.7	-12.8	-27.2
3 月	-12.7	-0.8	-13.3	-10.5	-6.0	-13.0	-12.5	-25.8
4 月	-12.0	1.2	-14.2	-8.2	-12.7	-11.8	-12.3	-20.0
5 月	-9.6	2.2	-14.7	-9.0	-11.5	-11.0	-12.2	-18.4
6 月	-12.2	8.2	-12.0	-1.1	-10.2	-9.7	-10.7	-11.3
7 月	-10.3	7.2	-10.1	0.7	-6.4	-7.8	-9.6	-7.9
8 月	-7.9	10.6	-10.6	1.0	-7.4	-6.9	-11.8	-9.5
9 月	-7.8	9.3	-8.1	11.1	-5.5	-6.1	-10.6	2.8

续表5

国家和地区	巴 西	印 度	俄罗斯	韩 国	墨西哥	马来西亚	英 国	中国台湾
10 月	-2.7	10.2	-5.4	0.2	-5.4	0.8	-11.0	7.4
11 月	4.5	12.0	4.6	18.1	-1.5	-0.8	5.7	32.0
12 月	19.1	17.7	6.8	34.2	1.6	7.5	-4.0	47.8
2010 年 1 月	17.0	16.3	9.9	37.0	3.6	13.8	-1.7	70.1
2 月	15.8	14.7	8.4	18.9	4.9	4.9	-0.1	35.5
3 月	18.9	14.5	10.2	22.7	7.7	14.2	2.6	39.5
4 月	16.6	15.2	10.6	20.1	6.5	10.6	1.0	32.0
5 月	14.5	11.3	12.6	21.7	8.4	12.4	2.5	31.0
6 月	11.7	5.8	9.6	17.2	8.6	9.3	1.3	24.7
7 月	9.9	13.8	5.8	15.5	5.4	3.2	1.8	20.9
8 月	8.5	5.6	6.8	17.1	8.1	4.0	4.2	23.4
9 月	6.3	4.4	6.2	3.9	6.3	5.6	3.8	12.2
10 月	3.9	—	6.6	13.5	—	—	3.3	14.4

加：10 月，美国零售额环比增长 1.2%，比上月加快 0.5 个百分点；10 月，欧元区零售量由降转增，环比增长 0.5%，上月为下降 0.1%；10 月，日本零售额环比下降 2.1%，上月为下降 2.8%。10 月，美国个人消费支出小幅增长，日本家庭消费支出继续下降：美国个人消费支出环比增长 0.3%，比上月加快 0.1 个百分点。日本家庭消费支出环比下降 0.2%，上月为下降 0.5%。

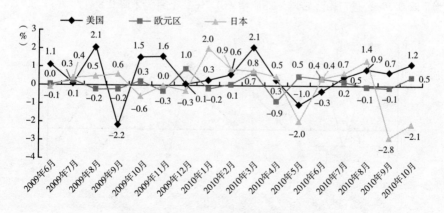

图 6　三大经济体零售额环比增长速度

注：欧元区为零售量增长速度。

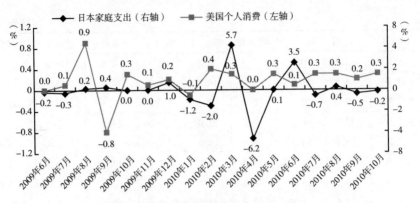

图7 美国和日本居民消费支出环比增长率

4. 全球贸易增速逐步回落

全球贸易量由增转降,波罗的海干散货运指数(BDI)持续低迷。9月,全球贸易量由增转降,环比下降0.6%,上月为增长1.4%;同比增长13.8%,比上月放缓5.1个百分点。9月10日至12月2日,BDI指数由2995点下降到2133点,累计降幅为28.8%。美国出口增长、进口下降;欧元区出口增幅持平、进口下降;日本出口持平,进口由降转增。9月,美国出口环比增长0.3%,比上月扩大0.3个百分点;进口由增转降,环比下降1.0%,上月为增长2.0%;包括货物和服务在内的贸易逆差440亿美元,环比下降5.3%。9月,欧元区出口环比增长0.6%,增幅与上月持平;进口由增转降,环比下降2.5%,上月为增长1.8%。10月,日本出口环比为零增长,上月为下降0.2%;进口由降转增,环比增长0.7%,上月为下降0.8%。

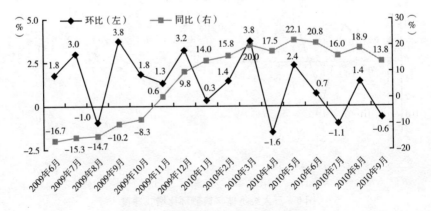

图8 全球贸易量环比和同比增长率

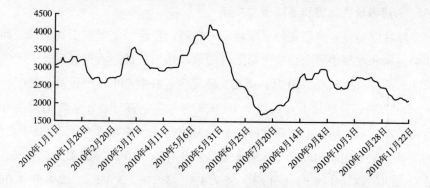

图 9　波罗的海干散货运指数持续低迷

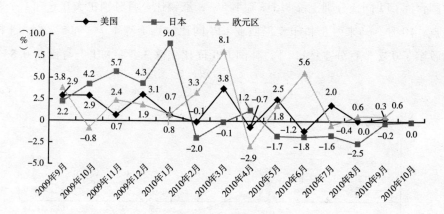

图 10　三大经济体出口额环比增长率

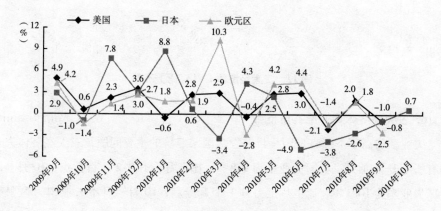

图 11　三大经济体进口额环比增长率

5. 消费者价格通缩和通胀压力并存

全球目前消费者价格走势呈现相反的趋势，发达国家普遍出现通缩，而新兴市场国家和发展中国家面临价格上升的通胀压力。最新数据显示，三大经济体CPI从低位有所回升，10月，美国、欧元区、日本CPI环比分别上涨0.2%、0.4%和0.5%，分别比上月加快0.1、0.2和0.2个百分点，主要为食品和能源价格上涨所致；核心CPI环比涨幅分别为0%、0.4%和0.4%，仍处于低位。同时，其他主要国家和地区CPI同比涨幅有升有降：10月，加拿大、英国、南非、巴西和墨西哥CPI同比分别上涨2.4%、3.2%、3.4%、5.2%和4.0%，涨幅分别比上月扩大0.5、0.2、0.2、0.5和0.3个百分点；11月，俄罗斯和中国台湾CPI同比分别上涨8.1%和1.5%，涨幅比上月分别扩大0.6和1个百分点；10月，马来西亚和印度尼西亚CPI同比分别上涨1.7%和5.7%，涨幅均收窄了0.1个百分点；11月，韩国CPI同比上涨3.3%，比上月回落0.8个百分点。

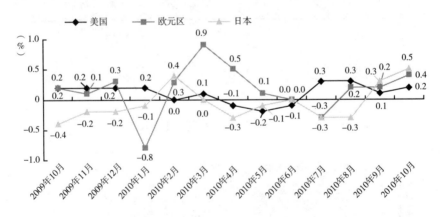

图12 三大经济体CPI环比上涨率

6. 三大经济体失业率有所反弹

失业率居高不下一直是困扰目前发达国家经济的主要问题，三大经济体失业率有所上升。11月，美国失业率为9.8%，比上月上升0.2个百分点；10月，欧元区失业率为10.1%，比上月上升0.1个百分点；10月，日本失业率为5.1%，比上月上升0.1个百分点。其他主要经济体失业率未有明显改善。10月，巴西和韩国的失业率分别为6.1%和3.6%，均比上月下降了0.1个百分点；英国、墨

表6　其他主要国家和地区 CPI 同比上涨率

单位：%

国家和地区	加拿大	英国	南非	巴西	印度	俄罗斯	韩国	墨西哥	马来西亚	印度尼西亚	中国台湾
2009 年 1 月	1.1	3.0	8.1	5.8	10.5	13.4	3.8	6.3	3.9	9.2	1.5
2 月	1.4	3.2	8.6	5.9	9.6	13.9	4.1	6.2	3.7	8.6	−1.3
3 月	1.2	2.9	8.5	5.6	8.0	14.0	3.9	6.0	3.5	7.9	−0.1
4 月	0.4	2.3	8.4	5.5	8.7	13.2	3.6	6.2	3.0	7.0	−0.5
5 月	0.1	2.2	8.0	5.2	8.6	12.3	2.7	6.0	2.4	6.0	−0.1
6 月	−0.3	1.8	6.9	4.8	9.3	11.9	2.0	5.7	−1.4	3.7	−2.0
7 月	−0.9	1.8	6.7	4.5	11.9	12.0	1.6	5.4	−2.4	2.7	−2.3
8 月	−0.8	1.6	6.4	4.4	11.7	11.6	2.2	5.1	−2.4	2.8	−0.8
9 月	−0.9	1.1	6.1	4.3	11.6	10.7	2.2	4.9	−2.0	2.8	−0.9
10 月	0.1	1.5	5.9	4.2	11.5	9.7	2.0	4.5	−1.5	2.6	−1.9
11 月	1.0	1.9	5.8	4.2	13.5	9.1	2.4	3.9	−0.1	2.4	−1.6
12 月	1.3	2.9	6.3	4.3	15.0	8.8	2.8	3.6	1.1	2.8	−0.2
2010 年 1 月	1.9	3.4	6.2	4.6	16.2	8.0	3.1	4.5	1.3	3.7	0.3
2 月	1.6	3.0	5.7	4.8	14.9	7.2	2.7	4.8	1.2	3.8	2.4
3 月	1.4	3.4	5.1	5.2	14.9	6.5	2.3	5.0	1.3	3.4	1.3
4 月	1.8	3.7	4.8	5.3	13.3	6.0	2.6	4.3	1.5	3.9	1.3
5 月	1.4	3.3	4.6	5.2	13.9	6.0	2.7	3.9	1.6	4.2	0.7
6 月	1.0	3.2	4.2	4.8	13.7	5.8	2.6	3.7	1.7	5.1	1.2
7 月	1.8	3.1	3.7	4.6	11.3	5.5	2.6	3.6	1.9	6.2	1.3
8 月	1.7	3.1	3.5	4.5	9.9	6.1	2.6	3.7	1.5	6.4	−0.5
9 月	1.9	3.0	3.2	4.7	9.8	7.0	3.6	3.7	1.8	5.8	0.3
10 月	2.4	3.2	3.4	5.2	—	7.5	4.1	4.0	1.7	5.7	0.5
11 月	—	—	—	—	8.1	3.3	—	—	—	1.5	—

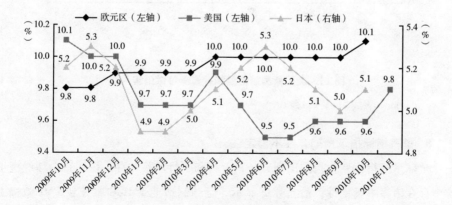

图 13　三大经济体失业率

西哥和中国香港的失业率分别为 7.7%、5.7% 和 4.2%，与上月持平；俄罗斯的失业率为 6.8%，比上月上升了 0.2 个百分点。11 月，加拿大失业率为 7.6%，比上月下降了 0.3 个百分点。

7. 美国房地产市场依然低迷

建筑市场并不乐观，美国房地产市场没有根本好转的迹象。11 月，建筑商信心指数比上月小幅上升 1 点。10 月，建筑业支出环比增长 0.7%；10 月，新房开工量环比下降 11.7%，同比下降 1.9%；单户型住宅新房开工量环比下降 1.1%。销售市场量价齐跌。10 月，美国现房销售量由增转降，环比下降 2.2%；待售现房可供销售月数由 10.6 个月降至 10.5 个月。新房销售量环比大幅下降 8.1%；待售新房可供销售月数由 7.9 个月升至 8.6 个月。10 月，美国现房中位数价格由上月的 17.17 万美元/套降至 17.05 万美元/套，同比下降 0.9%；新房价格中位数由 22.63 万美元/套降至 19.5 万美元/套，同比下降 9.4%。

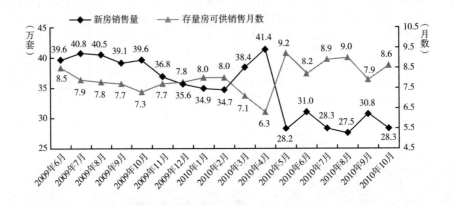

图 14　美国新房销售量和存量房可供销售月数

注：销售量为折年率数据。

8. 景气指标指示预期存在不确定性

全球景气指标变化指向出现分歧，上行和下行风险并存，说明在全球经济增长中存在诸多不确定性。最新数据显示，全球制造业 PMI 和服务业 PMI 微幅上升，11 月，全球制造业 PMI 为 53.9，服务业 PMI 为 54.8，均比上月上升 0.2 个点。三大经济体消费者信心指数有升有降，但仍处于低位。日本企业家信心指数

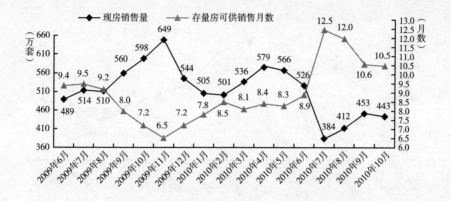

图 15　美国现房销售量和存量房可供销售月数

注：销售量为折年率数据。

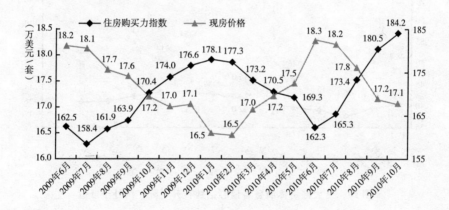

图 16　美国现房价格和住房购买力指数（2005 年 = 100）

连续三个月下滑，欧元区则首次回到基点以上。11 月，美国消费者信心指数为
54.1，比上月上升 4.2 个点；欧元区消费者信心指数为 - 9.4，比上月回升 1.5
个点。10 月，日本消费者信心指数为 40.9，环比下降 0.3 个点。11 月，日本企
业家信心指数为 45.8，比上月下降 0.6 个点；欧元区企业家信心指数为 0.9，金
融危机以来首次处于基点以上。

（二）面临困难

1. 欧债危机再次出现波动

11 月底推出的 850 亿欧元援助爱尔兰的资金来源：约 627 亿欧元出自 7500

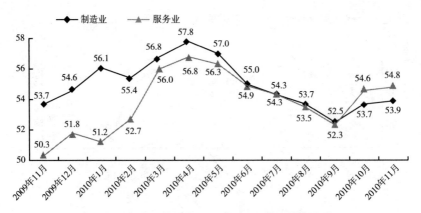

图17 全球制造业 PMI 和服务业 PMI 微幅上升

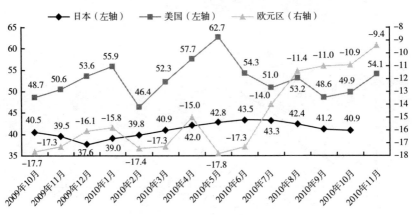

图18 三大经济体消费者信心指数有升有降，仍处于低位

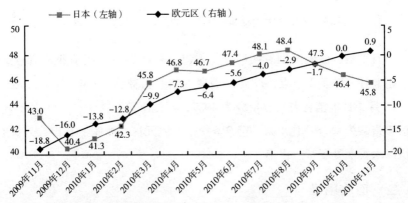

图19 日本企业家信心指数连续三个月下滑，欧元区则首次回到基点以上

注：日本为以 50 为基点的百分点差值；欧元区为以 0 为基点的百分点差值。

亿欧元稳定基金，其中国际货币基金组织出资 225 亿欧元；爱尔兰自筹 175 亿欧元，用于救助银行业，这些资金一部分将来自养老金。根据方案，500 亿欧元将用于满足爱尔兰政府的财政开支；350 亿欧元用于支持银行业，其中 100 亿欧元将立即注入银行，其余 250 亿欧元作为备用救助基金。爱尔兰 11 月 24 日公布 4 年内削减 150 亿欧元财政赤字的计划，内容包括削减公共部门大约 2.4 万个工作岗位、降低最低工资标准、减少社会福利、提高增值税税率等，这些计划实行起来具有相当难度。12 月 7 日议会通过了 2011 年度削减财政支出 60 亿欧元的计划，但实际执行难度极大。

葡萄牙债务恶化的可能性增大。2009 财政年度，葡萄牙财政赤字占国内生产总值的比例为 9.4%，大大超出欧盟规定的 3% 上限。该国政府设定的目标是在 2010 年把这一比例降到 7.3%，2011 年降到 4.6%。11 月 30 日，爱尔兰 10 年期国债收益率上升至 9.36 个百分点，与德国国债的利差飙升至 6.69 个百分点，两个数字均为 1999 年 1 月以来的创纪录高位。11 月 29 日，葡萄牙国债收益率及利差分别为 7.03% 和 4.27 个百分点，两个数字均接近 1999 年 1 月以来的创纪录高位。11 月 30 日，西班牙 10 年期国债收益率跃升至 5.5%。12 月 6 日，希腊 10 年期国债收益率及其与同期限德国国债利差分别为 11.62% 和 8.87 个百分点。

2. 国际资本大量涌入发展中新兴经济体

流入发展中国家特别是亚洲发展中国家的国际资本大幅上升。1~9 月初，新兴市场共流入资本 393 亿美元。其中，7~9 月，新兴经济体债券市场累计流入资本 87 亿美元。据国际金融协会估计，2010 年流入新兴市场资金将达 8250 亿美元，同比增长 30%。亚洲依然是最主要的资本流入地区，2010 年上半年进入新兴经济体的国际游资有 78.6% 都流向亚洲国家，导致亚洲多国货币大幅升值。国际资本异常流动的一个重要表现是，许多国家的主权债务收益率在上升。无论是身处困境的欧元区周边经济体，还是发达国家，都呈现相同的趋势。12 月，西班牙的十年期借款利率达到 5.5%，处于十多年来的最高水平。美国十年期国债收益率走高超过 0.5%，升至 3.5%，位居半年来的顶点。而德国这一数字上升到 3%，这是自 5 月以来的第一次。无论是富裕世界核心区还是萎靡不振的欧元区外围国家，政府债券收益率都出现了上升。这一同时发生的转变有可能说明未来债券市场面临很大压力。

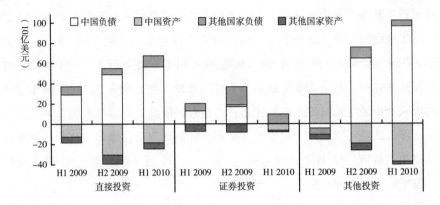

图20　流向发展中国家的国际资本

3. 汇率股票市场大幅波动

汇市波动剧烈，美元相对于主要货币明显贬值。相对美元来看，与2010年初相比，到12月初欧元和巴西雷亚尔分别贬值10.1%和0.5%；人民币、日元和瑞典克朗分别升值2.5%、8.9%和0.7%。股市波动扩大，美国道琼斯指数、日本日经225指数和英国金融时报指数不断波动。与2010年初相比，到12月初三大指数分别上涨6.9%、下降4.5%和上涨3.1%。

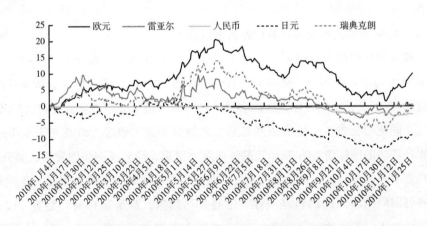

图21　货币汇率指数（1美元兑换本币数，2010年1月4日＝100）

4. 发达国家信贷市场低迷

自2010年初以来，发达国家的信贷市场一直没有明显的改善，由于经济增长前景的不确定性，信贷增长始终处于萎缩状态。10月末，美国消费信贷余额

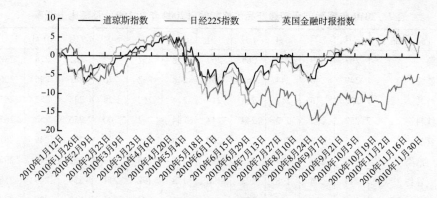

图 22　股市波动扩大

为 11406 亿美元，环比折年率下降 5.7%；欧元区金融机构信贷为 11657 亿欧元，比上月上升 0.7%；金融机构消费信贷余额为 6381 亿欧元，比上月下降 0.2%；日本商业银行贷款余额为 407 万亿日元，比上月末下降 0.9%。2010 年第三季度美国银行撇账率为 2.54%，拖欠率为 6.98%，虽然都有所减少，但并没有明显好转。美国住房抵押贷款违约率有减少的趋势，三季度，抵押贷款违约率为 9.1%，比一季度的 10.1% 有所下降，仍处于高位。

5. 初级产品价格持续上涨

全球初级品价格的上涨是国际金融市场上的一个重要风险因素，11 月能源价格环比上涨 3.6%，连续 4 个月上涨；11 月，非能源价格环比上涨 3.4%，连续 5 个月上涨；农产品价格依然高速上涨，环比上涨 5.3%，连续 6 个月上涨，其中油类环比上涨 9.5%；原材料价格环比大幅上涨 7.6%，涨幅与上月持平；肥料环比上涨 5.5%，连续 6 个月上涨；金属和矿产环比微涨 0.5%。初级品价格的上涨在生产初始源头对经济增长的波动性起到了推波助澜的作用。

6. 货币政策分化程度进一步加大

第一，三大经济体新出台刺激性措施：美国和日本重启量化宽松，欧元区扩大流动性。11 月 3 日，美联储决定，到 2011 年中之前，将购买总额为 6000 亿美元的美国长期国债（QE2），平均每个月为 750 亿美元，加上到期收回的国债，总额和月均购买额将分别达到 9000 亿和 1100 亿美元，比同期美国国债发行额高出 10%，足以为财政赤字提供融资。12 月 5 日，美联储主席伯南克暗示可能会

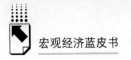

表7 2010年国际市场初级产品价格指数（2000年为100）及环比上涨率

商　品	1月	2月	3月	4月	5月	6月	7月	8月	9月	10月	11月
能源	267	259	272	285	260	258	257	260	261	278	288
非能源	249	240	244	265	252	248	262	276	287	296	306
农产品	222	216	212	218	214	214	219	229	238	252	265
饮料	252	242	233	244	244	254	262	260	256	257	265
食品	221	213	206	203	200	199	209	222	234	249	261
油类	230	223	221	222	220	217	225	246	252	270	295
谷物	214	204	198	192	190	178	192	211	234	249	256
其他食品	215	208	192	189	185	195	204	201	210	220	220
原材料	209	209	217	240	233	231	222	228	256	275	—
木材	134	132	133	136	139	141	146	151	151	152	155
其他原材料	292	294	310	353	335	330	306	311	332	369	407
肥料	255	260	262	262	249	249	259	276	300	315	333
金属和矿产	303	287	307	362	331	318	350	373	386	386	388
环比上涨率(%)											
能源	4.2	-3.1	4.8	5.1	-9.0	-0.7	-0.2	1.0	0.4	6.4	3.6
非能源	2.9	-3.6	1.7	8.7	-4.8	-1.6	5.6	5.2	3.9	3.3	3.4
农产品	1.9	-2.8	-1.7	2.7	-1.7	0.1	2.4	4.1	4.1	5.7	5.3
饮料	0.1	-4.2	-3.5	4.4	0.0	4.2	3.2	-0.5	-1.7	0.5	2.9
食品	1.4	-3.6	-3.5	-1.0	-1.5	-0.6	5.1	6.1	5.4	6.2	4.9
油类	-0.4	-3.1	-0.9	0.6	-1.2	-1.1	3.6	9.4	2.5	6.9	9.5
谷物	-1.5	-4.5	-3.1	-2.9	-1.1	-6.2	8.0	9.6	11.1	6.5	2.6
其他食品	6.9	-3.4	-7.5	-1.8	-2.2	5.4	5.0	-1.6	4.7	4.6	-0.3
原材料	4.7	0.1	3.7	10.4	-3.0	-0.7	-3.6	2.3	4.4	7.6	7.6
木材	-0.9	-1.6	0.6	2.6	2.2	1.0	4.0	3.5	-0.2	0.8	1.6
其他原材料	7.7	1.0	5.2	14.0	-5.2	-1.5	-7.2	1.7	6.8	10.9	10.3
肥料	4.8	2.0	0.5	0.1	-4.8	-0.2	4.2	6.5	8.5	5.2	5.5
金属和矿产	4.1	-5.5	7.0	18.1	-8.6	-4.0	10.1	6.5	3.3	0.0	0.5

扩大QE2的规模。12月7日，美国总统奥巴马与议会共和党团同意将2010年底到期的部分工资税率优惠政策延长一年，即年收入10.6万美元以下的工资税率为4.2%，降低2个百分点。11月26日，日本通过补充预算案，将推出5万多亿日元的新经济刺激计划。12月2日，欧洲央行将2010年底到期的向市场提供

6 个月期限信贷的有效期延长至 2011 年 4 月 12 日，并计划于近期扩大购买主权债券。第二，多数发展中国家和部分发达国家收紧货币政策，以对抗通胀、资产价格泡沫及外资大量涌入。印度央行 11 月 2 日将基准利率上调 25 个基点，印度商业银行向印度央行借款的回购利率将升至 6.25%，印度央行从商业银行收紧流动性的反向回购利率将增至 5.25%。印度央行 2010 年初以来第六次加息；越南央行 11 月 5 日宣布，上调基准利率 1%，由原来 8% 调高至 9%，是 2009 年 12 月以来首度调整基准利率；澳大利亚 11 月 2 日加息 25 个基点，由 4.5% 升至 4.75%，为 2009 年 10 月以来第 7 次加息，最近 6 个月以来第一次加息；韩国央行 11 月 16 日上调基本利率 25 个基点，至 2.5%，这是继 7 月将史上 2% 的最低基本利率上调 25 个基点后，韩国的又一次调整；匈牙利 11 月 29 日意外把基准利率从历史低点 5.25% 上调至 5.50%，此前利率曾连续六个月维持在 5.25%；泰国央行 12 月 1 日宣布加息 25 个基点，至 2%；巴西 12 月 3 日决定，从 13 日起，银行法定存款准备金率将从 15% 大幅提高至 20%。

7. 三大经济体自主增长动力薄弱

2010 年第三季度，美国 GDP 环比增长 2.5%，其中个人消费和私人库存变动是其增长的主要拉动力，分别拉动 1.97 和 1.3 个百分点；净出口拖累 GDP 下降 1.76 个百分点；欧元区 GDP 环比增长 0.4%，其中个人消费支出拉动 0.14 个百分点，净出口拉动 0.1 个百分点；政府消费支出拉动 0.08 个百分点；日本 GDP 环比增长 0.9%，其中民间最终消费支出拉动 GDP 增长 0.7 个百分点，主要是环保型汽车和家电补贴政策作用所致；库存变动和固定资本形成总额均贡献 0.1 个百分点。

8. 国际市场竞争激烈，贸易保护加剧

2009 年以来，出口是发达国家经济复苏的主要拉动力，但是拉动效用正在逐步减弱。2010 年第三季度，美国出口对 GDP 增长的贡献为 0.8 个百分点，自 2009 年第四季度以来逐季下降；日本和欧元区的出口分别拉动 GDP 增长 0.4 和 0.7 个百分点，分别比上季度缩窄 0.4 和 0.9 个百分点。全球经济复苏势头的减弱，加剧了国际市场的竞争。据"全球贸易预警"报告称，自 2008 年 11 月以来，全球针对发展中国家的贸易保护措施共 141 起，其中超过 70%（101 起）由 G20 国家发起。

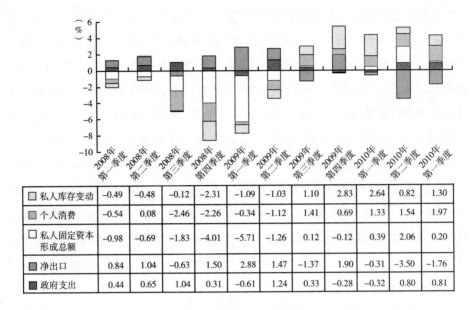

	2008年第一季度	2008年第二季度	2008年第三季度	2008年第四季度	2009年第一季度	2009年第二季度	2009年第三季度	2009年第四季度	2010年第一季度	2010年第二季度	2010年第三季度
私人库存变动	-0.49	-0.48	-0.12	-2.31	-1.09	-1.03	1.10	2.83	2.64	0.82	1.30
个人消费	-0.54	0.08	-2.46	-2.26	-0.34	-1.12	1.41	0.69	1.33	1.54	1.97
私人固定资本形成总额	-0.98	-0.69	-1.83	-4.01	-5.71	-1.26	0.12	-0.12	0.39	2.06	0.20
净出口	0.84	1.04	-0.63	1.50	2.88	1.47	-1.37	1.90	-0.31	-3.50	-1.76
政府支出	0.44	0.65	1.04	0.31	-0.61	1.24	0.33	-0.28	-0.32	0.80	0.81

图 23 美国 GDP 贡献图

9. 国际贸易部平衡没有实质性改变

美国继续维持巨额贸易逆差，日本顺差继续攀升。9 月，美国贸易逆差为440 亿美元，环比下降 5.2%，但数额仍较大。10 月，日本贸易顺差创 7 个月以来新高，为 8213 亿日元，环比增长 4.2%；10 月，中国贸易顺差为 272 亿美元，环比增长 60.8%；9 月，德国贸易顺差为 156 亿欧元，环比增长 29.7%，创 2009年 10 月以来的新高。

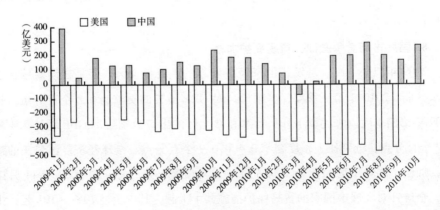

图 24 中国和美国贸易差额

10. "汇率战争"仍在继续

美元略有上涨，11 月，美元名义有效汇率指数为 72.82（1973 年 3 月 = 100），四个月来首次微涨 0.6%；欧元和日元逆转升势，有所贬值。11 月，欧元兑美元平均汇率降至 1.37 美元/欧元，4 个月来首次环比下跌 1.7%；11 月，美元兑日元平均汇率降至 82.49 日元/美元，是六个月以来首次贬值，环比下跌 0.9%；澳元和人民币继续升值，11 月，澳元兑美元为 0.99 澳元/美元，连续 5 个月升值。11 月，人民币兑美元仍旧升值，环比微涨 0.2%。

11. 发达国家财政紧缩措施将产生负面影响

10 月 22 日，英国政府提出了削减 810 亿英镑的财政预算，计划削减 50 万个公共部门职位，延长退休年龄，今后四年每年削减福利开支 180 亿英镑；10 月 28 日，德国议会通过了财政紧缩计划，在 2014 年前将政府财政支出削减约 800 亿欧元（合 1110 亿美元），这是德国自"二战"以来规模最大的财政紧缩计划；12 月 3 日，美国赤字委员会通过赤字削减提案，到 2020 年将美国财政预算赤字削减约 4 万亿美元，但未通过国会批准。民主党和共和党在如何削减赤字和税收政策方面仍存在分歧。

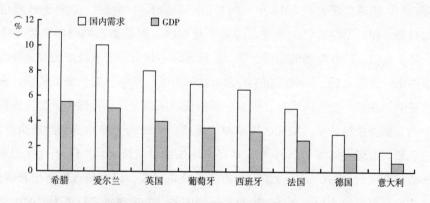

图 25　欧洲财政紧缩效果（GDP 与国内需求比两年前的下跌率%）

12. G20 峰会协调效果有限

各国采取有效措施削减财政赤字，防范债务问题扩大影响经济安全；反对贸易保护主义，抵制在商品和服务领域提高或增加投资贸易壁垒的做法，反对增加出口限制，反对实施与世界贸易组织规则相悖的政策来刺激出口；汇率改革方面，推进以市场为导向的汇率制度，并克制竞争性货币贬值；国际金融机构改革

方面，峰会批准了 IMF 贷款制度改善方案，具体内容为提高灵活授信额度（FCL）、开设紧急信贷安排（PCL）。

（三）走势预测

发达国家经济增长缓慢，新兴市场经济体迅速崛起，成为世界经济局势的一个突出现象，值得高度关注。新兴市场经济体之所以能够成为世界经济增长的主要引擎，核心和关键的原因就在于新兴市场国家在这些年的经济社会发展过程中，立足于自身国情和实际情况，探索形成了各具特色的经济发展道路和发展模式。世界经济在 2011 年的走势主要看一下当今世界经济三个重要经济体的表现：新兴市场经济体国家、欧元区和美国。三个当今世界经济增长的主要动力经济体正在朝不同的方向发展，经济增长前景大相径庭，所施政策也迥然不同。第一，美国的宏观经济政策组合决定放弃实行财政紧缩措施。12 月 7 日，奥巴马与国会共和党达成削减税收协议，同意将前任总统乔治·布什推出的减税政策延长两年，这就意味着新的减税额度在 2011 年的国内生产总值中的占比超过 2%。另外，美联储源源不断地购买美国国债，为美国再次注入了一针旨在刺激国内经济的强心剂。结果就是预计 2011 年美国经济产值增长将高涨 4%，将远远超过预计的趋势，并且足以降低失业率，尽管不是很快。但是美国财政赤字会越来越大，甚至会引发债券市场的崩溃。第二，欧元区不仅会对宏观经济还对金融市场造成冲击。短期来看，如果仅仅实行政府削减开支的措施，增长势必放慢。实践经验证明，在单一货币体系里，国家不可能通过削减工资、降低币值而快速提高竞争力。更为糟糕的是，欧元区国家濒临破产所造成的金融冲击会波及全世界。第三，新兴市场经济体对 2010 年全球经济增长的贡献最大。2011 年这些国家绝大多数将会实行紧缩的货币政策。如果政策收得过紧，将会导致经济增长骤降；如果它们做得不够充分，则会引发更高通货膨胀，随后还得实行更为紧缩的货币政策，所以新兴经济体对宏观经济可能造成的冲击在急剧攀升。

1. 经济增长继续放缓

联合国在其《2011 年世界经济形势与展望》报告中预测，2010 年世界经济将增长 3.6%，2011 年世界经济增速放缓至 3.1%。英国共识公司 11 月预测，2010 年世界经济将增长 3.8%，2011 年世界经济增长放缓至 3.1%。国际货币基金组织（IMF）10 月预测，2010 年世界经济将增长 4.8%，2011 年增速放缓至 4.2%。

表8　世界经济增长率预测

单位：%

机 构	2008 年	2009 年	2010 年	2011 年
联合国	1.6	−2.0	3.6	3.1
英国共识公司	2.0	−1.8	3.8	3.1
IMF	2.8	−0.6	4.8	4.2

注：联合国（汇率法）为 2010 年 12 月预测；英国共识公司（汇率法）为 2010 年 11 月预测；IMF（PPP 法）为 2010 年 10 月预测。

2. 消费价格低速增长

IMF 预测，2011 年发达国家和发展中国家 CPI 分别增长 1.3% 和 5.2%，分别比 2010 年放缓 0.1 和 1 个百分点。英国共识公司预测，2011 年世界 CPI 增长 2.6%，中国增长 3.0%，均与 2010 年持平；美国增长 1.4%，比 2010 年放缓 0.2 个百分点；欧元区增长 1.6%，比 2010 年加快 0.1 个百分点；日本为下降 0.3%。

表9　消费价格低速增长

单位：%

	2008 年	2009 年	2010 年（估计值）	2011 年预测值
国际货币基金组织（2010 年 10 月）				
世界				
发达国家	3.4	0.1	1.4	1.3
发展中国家	9.2	5.2	6.2	5.2
英国共识公司（2010 年 11 月）				
世界	4.9	1.3	2.6	2.6
美国	3.8	−0.3	1.6	1.4
欧元区	3.3	0.3	1.5	1.6
日本	1.4	−1.4	−0.9	−0.3
中国	5.9	−0.7	3.0	3.0
印度	9.0	12.4	9.4	6.8

3. 失业率高位徘徊

英国共识公司预测，2011 年美国、欧元区和日本的失业率分别为 9.5%、9.9% 和 4.9%，比 2010 年微幅收窄 0.2、0.1 和 0.2 个百分点，依然在高位徘徊。OECD 11 月预测，2011 年德国、法国、意大利和英国的失业率分别为 6.3%、9.1%、8.5% 和 7.8%，比 5 月预测分别下调了 1.7、0.4、0.3 和 0.1 个百分点。

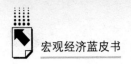

表 10　世界及主要国家和地区失业率的预测

单位：%

	2008 年	2009 年	2010 年	2011 年	
				预测值	与上次预测值的差别*
英国共识公司(2010 年 11 月)					
美　　国	5.8	9.3	9.7	9.5	0.1
欧元区	7.6	9.4	10.0	9.9	0.0
日　　本	4.0	5.1	5.1	4.9	0.0
OECD(2010 年 11 月)					
美　　国	5.8	9.3	9.7	9.5	0.6
日　　本	4.0	5.1	5.1	4.9	0.2
德　　国	7.3	7.4	6.9	6.3	−1.7
法　　国	7.4	9.1	9.3	9.1	−0.4
意大利	6.7	7.8	8.6	8.5	−0.3
英　　国	5.7	7.6	7.9	7.8	−0.1

注：＊英国共识公司上次预测为 2010 年 10 月。OECD 上次预测为 2010 年 5 月。

4. 贸易量增速回落

　　IMF 预测，发达国家和发展中国家 2010 年出口将分别增长 11.0% 和 11.9%，2011 年增速分别回落至 6.0% 和 9.1%；2010 年进口分别增长 10.1% 和 14.3%，2011 年增速分别回落至 5.2% 和 9.9%。联合国预测，世界贸易量 2010 年将增长 10.5%，2011 年增速回落至 6.6%。WTO 预测，2010 年世界贸易量将增长 13.5%。OECD 预测，2010 年世界贸易量将增长 12.3%，2011 年增速回落至 8.3%。

表 11　世界及主要国家和地区贸易量环比增长率预测

单位：%

	2008 年	2009 年	2010 年	2011 年
国际货币基金组织(2010 年 10 月)				
世界	2.9	−11.0	11.4	7.0
发达国家				
出口	1.9	−12.4	11.0	6.0
进口	0.4	−12.7	10.1	5.2
发展中国家				
出口	4.6	−7.8	11.9	9.1
进口	9.0	−8.2	14.3	9.9

续表 11

	2008 年	2009 年	2010 年	2011 年
联合国(2010 年 12 月)				
世界	2.7	−11.4	10.5	6.6
WTO(2010 年 9 月)				
世界	2.2	−12.2	13.5	
OECD(2010 年 11 月)				
世界	3.1	−11.1	12.3	8.3

三 金砖国家的经济增长[①]

1. 金砖国家经济增长较快,但不平衡

近 10 多年来,金砖国家经济总体上保持了与世界平均速度持平的增长率(除巴西个别年份外,见图 26)。但五国增长趋势并不一致:中国的增长率最高,在 10%附近运行,也最平稳;印度其次,年增长率保持在 5%～10%,而且呈现稳定走高的增长势头;俄罗斯 2000 年前的增长低于世界平均值,到 2000 年后维持稳定高于全球平均增长率(但 2009 年出现远大于世界平均值的大幅度下滑);巴西则大致围绕着世界平均增长轨迹上下波动(2005 年前震荡较大),多数年份在 5%以下区间徘徊;南非多数年份的增长率也大致围绕着世界平均增长率运行。总体而言,五国经济增长率均比发达国家的平均增长率要高出很多(见图 26)。

2. 金砖国家增长动力结构不够合理

从经济拉动因素分析,投资、消费和净出口对金砖国家经济的贡献作用表现出较大的差异。

首先,从投资率看,中国与印度的投资率较高,中国是最典型的高储蓄、高投资驱动型经济。2009 年中国投资对经济增长的贡献率甚至高达 94.6%。某些

---

① 金砖国家(BRICS),是指巴西、俄罗斯、印度、中国和南非五个新兴大国的第一个英文字母的缩写(BRICS),也称"金砖五国",由于 2010 年 12 月底的"金砖四国"(巴西、俄罗斯、印度和中国)将南非接纳进来,从而使最早由高盛集团首席经济学家奥尼尔于 2001 年提出的"金砖四国"概念扩展为"金砖五国"。

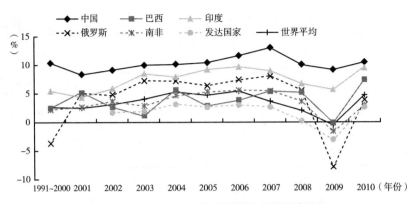

图26　1991～2010年金砖国家及世界经济增长

资料来源：世界银行数据库、IMF：WEO Database，2010年10月，2010年数据为预测数。

评论认为，相对于其经济发展水平来说中国的基础设施已经是世界上最好的了，人们开始怀疑政府是不是有些投资过度。印度的投资率也远远超过世界平均值（见图27）。巴西、南非和俄罗斯投资率相对较低，接近世界平均投资率。可见，高投资是中国与印度经济增长率在金砖国家中领先的主要引擎。

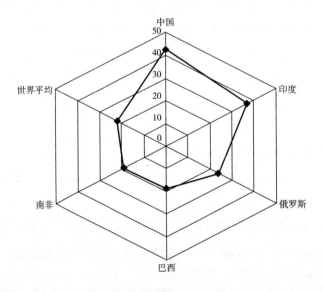

图27　2004～2008年金砖国家固定资产投资率占GDP平均比重

资料来源：国际金融协会IIF，德意志银行研究部、世界银行数据库等（南非为2009年数据）。

其次，从消费看，消费对金砖国家的接近增长贡献率普遍较低。消费作为全球经济增长的主要驱动力，近二十多年来，世界平均消费率约为 77%，但除巴西和南非比较接近世界平均消费比例外，金砖国家总体上属于消费拉动不足的经济体，如印度比世界平均水平则低 15 个百分点，俄罗斯则低 12 个百分点，而中国则低近 30 个百分点（见图 28）。特别是，中国消费拉动作用被严重压低，中国经济总量为美国的 1/3，而消费规模却只有美国的 1/9。与发达国家相比，金砖国家特别是中、印、南非三国个人电脑、互联网普及率、手机、汽车等消费品的普及率仍然偏低。

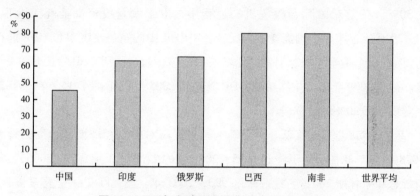

图 28　2007 年金砖国家消费占 GDP 的比重

资料来源：世界银行数据库、联合国数据库。

最后，从净出口贡献看，出口对中国和俄罗斯经济拉动的作用最大，巴西居中，对印度最小。2005 年以来，净出口对中国经济增长的贡献率几乎接近 20%，俄罗斯外贸顺差持续多年保持在 1000 多亿美元，占外贸总额的 1/3，净出口对俄罗斯的增长贡献率也在 15% 左右。出口结构中，中国对低端制造品依赖大，达到 85% 以上，而俄罗斯则对能源出口依赖大，石油出口占比达 56%（2008年），印度和巴西净出口对经济增长的拉动相对较低，但印度对服务外包订单（主要是美国和欧盟），巴西对资源出口依赖较重（资源出口占总出口的 40% 以上）。五国对美国和西方投资、技术和金融的依赖也很强。中国外汇储备的 70%、俄罗斯外汇储备的 50% 为美元，中国和俄罗斯持有的美国国债分别达 8000 亿美元和 1400 多亿美元，占两国外汇资产的 1/3，在美元贬值和国债利率下跌的条件下，两国遭受的国民财富损失很大，据有关估计，仅中国金融与投资机构持有的美国两房债券就可能损失 5000 亿美元。印度和巴西也面临同样的困惑。

3. 五国粗放式增长特征突出

（1）投入产出比较高，从五国资源消耗与投资效率比较看，金砖国家单位产出资源消耗普遍高于全球平均水平，其中，尤其以俄罗斯和中国为最，印度也相当高。过去 10 年，中国以占世界的 20% 的人口耗用了 30% 的资源，但仅仅提供了世界实际产出的不足 10%。如中国共消耗资源约 50 亿吨（包括进口），原油、原煤、铁矿石、钢材、氧化铝和水泥的消耗量分别占世界消耗量的 7.4%、31%、30%、37%、25% 和 40%，却只创造了世界产出总量的 4% 多（2004年）。2008 年俄罗斯石油消耗量占日本消耗量的 70% 多，但只创造了日本 GDP 的约 30%。在应对国际金融危机的过程中，由于大量投资高能耗工业项目，2009~2010 年上半年中国能耗不降反升，2010 年中国第一季度单位 GDP 能耗上升 3.2%，整个上半年能源消费同比增长 11.2%，超过同期 GDP 增长率 0.1 个百分点。截至 2009 年底，中国单位 GDP 能耗较 2005 年仅下降了 15.6%，距 2010年底实现下降 20% 的目标较远。

（2）技术进步贡献度低。全要素生产率提高对中国经济增长速度的贡献率从 1978~1995 年的 43% 下降到 1995~2001 年的 27.8%（张立群，2006）。根据博斯沃思和柯林斯 2002 年的测算，1990~2003 年，巴西 TFP（全要素贡献率）对经济增长的贡献率平均只有 0.2，低于同期工业化国家平均值（0.5），更低于东亚工业化国家（中国除外）（0.6）的水平。虽然五国近 10 多年劳动生产率增长速度较快，但人均劳动产出率依然显著低于发达国家，如 2007 年中印全员劳动生产率不到美国的 1/10、俄罗斯只有美国的约 1/6。五国缺乏自主核心技术和叫得响的世界级品牌，在全球品牌 100 强中几乎没有金砖国家的踪影。中国因为开采技术低，资源回收率低，煤炭企业平均开采率只有 30% 左右，导致每年有近 50 亿吨煤被浪费。俄罗斯总统行政学院教授尤·雅科维茨（2004）、圣彼得堡财经大学副教授伊·阿利耶夫（2007）等指出，俄罗斯经济增长属于粗放式增长类型，技术进步缓慢，俄罗斯 R&D 开支占 GDP 的比重只有 1.1% 左右，约为日本同一指标的 1/3。俄罗斯 2000 年每万人专利申请率仅为 1.1%（日本为28.3%）。近 10 年间，俄罗斯在世界高技术产品中的比重下降了 7/8，高新产品出口占俄出口总量下降到不足 6%。俄罗斯科技竞争力世界排位从 1996 年的第19 位下降到 2000 年的第 28 位（NCF）。俄罗斯劳动生产率低，石油部门人均年采油量仅 3 吨，只及挪威、沙特的 1/5 和 1/12。加工深度低使俄罗斯每立方米木材产值仅有芬兰的 1/15。俄设备平均使用年限已经超过 20 年（石油设备的实际使用年限达到 35 年）（OECD 国家为 5～6 年），低于 10 年的设备只有 13%。巴西学者内维斯（2009）指出，目前巴西农民的玉米单位产出效率只有美国的 20%。

（3）环境破坏较为严重。2008 年起中国成为世界最大的二氧化碳排放国，2008 年排放量达 65 亿吨，占世界总排放量的 22%。俄罗斯和印度在这份不太光彩的名单上也分列第三和第四。金砖国家碳排放总量占世界比重从 1995 年的不足 25% 上升到 2008 年的 33%（WTO，IMF，EIA）。中国江河湖海淡水资源的 75% 受到严重污染，世界污染最为严重的 20 个城市中中国占 16 个，国际环保组织布莱克史密斯研究院（Blacksmith Institute）2008 年 10 月公布的调查结果显示，全球十大最污染城市中俄罗斯占 3 个（诺利尔斯克、鲁德纳亚、捷尔任斯克）、中国 1 个（临汾）、印度 1 个（拉尼贝特）。世界银行等机构测算，中国每年因环境破坏造成的损失达到 GDP 的 8%～12%。目前，因开采技术低每年白白燃掉伴生气 200 亿立方米，俄罗斯每年因污染和技术事故造成生态损失数以百亿美元。俄人均年碳排放高 9.8 吨，为世界平均值的 2.5 倍。中国、俄罗斯和印度各种自然灾害频发，但很多灾害是由人的盲目过度的经济活动诱发的或者预防管理不慎造成的，如中国 2010 年初的本来水量充足的南方发生前所未有的大旱灾、2010 年 8 月发生的青海舟曲泥石流等分别与过度经济开发和水利设施建设不到位，以及乱砍滥伐、植被受到破坏直接相关。而 2010 年 8 月造成上百亿美元经济损失（预计拉低俄罗斯 GDP 增长率 0.5～1 个百分点）的俄罗斯森林大火，政府因预防和扑救组织不力受到民众指责。

4. 金砖国家三次产业结构不平衡，服务业相对滞后

经济结构状况是经济增长质量的基本表现。与发达国家相比，金砖国家第三产业占比普遍较低（南非除外），显示经济结构处于较低端状况，其中以中国最为突出，尤其表现为中低端行业和产品过剩，而高端行业和服务严重短缺，如中国粗钢产能过剩约 30%；水泥产能过剩 20% 多；电解铝、煤化工、平板玻璃、烧碱等产能也严重过剩（2008 年底），而信息、咨询、科研开发、工业设计等新兴服务业严重供给不足、层次低、竞争力弱（见表 12）。

表 12　金砖国家三次产业结构（2004 年）

单位：%

	第一产业	第二产业	第三产业
中国	13.1	46.2	40.7
印度	19.6	27.3	53.2
巴西	10.4	40.0	49.6
俄罗斯	5.1	35.5	59.4
南非*	2.5	30.3	67.2
世界平均	3.5	28.0	68.5
高收入国家平均	1.8	26.2	72.2
美国	1.2	22.3	76.5

注：南非为 2005 年数据。

资料来源：世界银行数据库，http：//tradeinservices. mofcom. gov. cn/f/2007 – 11 –30/13928. shtm。

金砖五国国际竞争力整体不强。世界经济论坛根据基础条件、效率推进、创新与成熟性三大因素（具体化为制度、基础设施、宏观经济稳定性、健康与初等教育、高等教育与培训、商品市场效率、劳动市场效率、金融市场成熟性、技术准备、市场规模、商务成熟性、创新等 12 项因素）测算出来的全球竞争力指数水平，是对一个国家进行的发展综合因素的指示器。虽然 2010 年金砖五国整体国际竞争力有所提高，但在 133 个被考察的经济体中尚未进入前列位置，说明金砖国家全球竞争力距离国际先进水平还有较大差距，与其自身增长水平也不相适应（见表 13）。

表 13　金砖国家全球竞争力比较（2008/2009，2009/2010，133 国）

	2008/2009 排名	2009/2010 得分	2009/2010 排名
中　国	30	4.74	29
印　度	50	4.3	49
巴　西	64	4.23	56
俄罗斯	51	4.15	63
南　非	45	4.34	45

资料来源：世界经济论坛数据。

2009 年世界经济论坛国际竞争力排名，中国、印度、巴西和俄罗斯分别居第29、49、56 和 63 名。金砖国家总体上管理粗放，安全生产水平低下，各种事故和死亡率较高。如中国各种矿难、安全事故层出不穷，单位产出工伤死亡率远高于全球平均水平。中国煤矿工人死亡率达到千分之一,而美国约为万分之一,建筑工地和工厂的事故死亡率也居高不下。美国记者米歇尔·菲利普斯认为,中国 6 亿多劳动力的较差的安全生产状况可能使它与美国等发达经济体相比拥有短期竞争优势。

总体而言,中国经济增长率较高,更为持续,但增长的代价也最大,粗放式增长特征更为严重。中国的储蓄率和投资率比其他三国高很多,与中国经济年均增长率比印度和俄罗斯高出的幅度并不成比例,这从一方面说明了中国高增长的产出投入比不及其他三国,能耗和环境污染速度也远比其他三国高。

5. 增长转变方式及面临的挑战

第一,实施高增长赶超战略与转变增长方式之间存在难以调和的矛盾。推行赶超战略、谋求高增长率是五国共同的目标。但过度追求高增长往往导致资源供求失衡,结构调整、产出效率以及环境保护、创新和持续、协调增长、扩大消费和社会福利等目标往往被忽视或被置于次要地位。一般而言,发展第二产业容易导致产出规模迅速增加从而实现高增长率,而第三产业的提升见效较为缓慢而且在很大程度上依赖于第二产业的繁荣。多年来中国政府不顾人财物的实际供给可能和客观建设工期要求,拍脑袋大上工业项目和基础设施建设项目,并人为强制要求限期或提前竣工投产(运行),导致许多项目建设资金不足、缺口大,建设质量低、带病运行,不仅重复建设多,而且导致低端产能过剩;此外,为了追求高投资,不惜压缩社会消费,政府和国有企业将过度集中的资源投资于工业项目和基本建设,造成投资和消费比例严重失调。在这种追求高增长发展战略思路的主导下,虽然 GDP 增长率表现出色,但实际上造成社会资源巨大浪费、环境的巨大破坏和社会福利严重损失,也遏制了长期人力资本积累和创新发展基础的形成。在墨西哥经济学家亚历杭德罗·纳达尔眼里,印度经济在谋求高增长过程中同样"充斥着社会不平等和对环境破坏"的"病态发展"状态,印度学者阿米特·巴杜里(2010)称之为"掠夺性增长"①。而俄罗斯和巴西则主要采取加大本国资源开发力度以加快增长的选择,如俄罗斯将能源产业作为国民经济支柱产业而大加扶持,能源成为内外资本最大的投入行业而保持着一枝独秀的膨胀,但反过来也阻碍了俄罗斯经济增长。2009 年俄罗斯经济大滑坡证明了单一资源型产业的繁荣在推动经济持续快速增长方面终究是不太靠谱的。要调整盲目高增长

---

① 《墨西哥经济学家认为 印度掠夺性增长方式不可取》,2010 年 8 月 12 日《参考消息》。

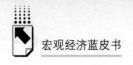

战略又可能会牺牲短期增长速度，延长追赶发达国家的时间。要速度还是进行增长转型，取舍殊为不易。

第二，转变增长方式面临技术创新不足的约束。产品创新、新兴产业的发展以及创新型经济的形成均离不开广泛的技术创新。金砖国家由于政府重视不够、创新激励与创新环境不佳、知识产权保护软弱、研发投入不足、人才短缺、产研学一体化滞后等，技术创新远远落后于发达国家，并成为转变增长方式的巨大瓶颈。如中国制造业总量规模已占全球的9%，而研发投入仅占全球研发投入总量的不足0.5%，中国每年的发明专利数占世界的比重不到3%；在中国的设备投资中，进口设备占投资设备购置总额的比重达60%以上，一些高技术含量的关键设备基本上依靠进口；2009年中国的自动化生产水平只有28%（日本为82%），中国高新技术发展以及信息化发展方面与发达国家的差距继续扩大，如中国宽带普及率与发达国家平均水平的差距由2005年的10.5个百分点扩大到2009年的15个百分点，宽带平均速率不到发达国家平均水平的1/10。

第三，体制机制不完善阻碍增长方式转变。增长方式的形成固然受一国资源禀赋、经济初始条件、国家发展战略、宏观调控及市场微观选择等多重因素的影响，但增长方式的"路径锁定"效应往往与一国的制度——经济发展范式——落后与固化分不开。经济学界日益形成的共识是，如果缺乏相应的制度转变作为支撑条件，经济增长方式难以及时转变，并可能形成"路径锁定"。因为任何一种经济增长方式都根植于一个既定的与之相适应的制度体系，制度与增长方式之间存在着一个相互推动机制。制度演化过程中所形成的路径依赖被看成是经济增长通往持续繁荣（持续贫困）的重要原因（道格拉斯·诺思）。金砖国家或为体制过渡经济体，或为非成熟市场经济体，经济增长体制机制不完善是制约增长方式转变的重要因素，原因如下。

（1）市场资源配置的基础作用不强，价格信号扭曲，对创新发展生产逆刺激。如中国价格双轨制一直没有得到彻底解决，重要要素价格依然主要由政府控制，价格反映真实稀缺度和供求信号的作用往往受到人为操控，扭曲很大，对资源节约和高效使用不力；同时，以GDP论英雄的官员政绩考核和升迁机制是地方展开不求持续增长、不计长期经济社会后果而只顾短期增长效应的恶性GDP竞争的重要制度根源。2000年以来，俄罗斯地方政府高官的选任和考核重点也加入了经济发展指标选项，地方政府之间也开始为经济表现而竞争，同时，俄罗斯土地、矿产资源等的价格形成也尚未完全市场化，政府对汽油、天然气、水电和市政服务等的价格控制，也存在诸多不利于充分竞争和资源合理利用的因素。对创新的投入不足、加上风险投资支持度低、信贷利率过高以及市场需求条件不佳、创新投资回报期长等，使得俄罗斯内外投资多数集中在能源等资源型行业，使经济多元化和创新化进程异常缓慢。

（2）营商环境总体不佳、政府善治水平低、寻租腐败严重。在中国和俄罗斯国有经济比重较大和体制转型的国家，政府干预经济的能力过大。金砖国家自由竞争的营商环境普遍不佳，在世界银行 2010 年 100 多个国家营商环境排名中，除南非排名较前外，其他四国名次均较为落后（见表 14）。同时，在透明国际全球清廉指数排行榜中，2008 年中国、印度、巴西和俄罗斯清廉指数均在 3.6 分（含）以下，分别排在第 72 位、85 位、80 位和第 147 位，属于腐败比较严重的国家（见表 15），金砖国家的严重腐败状况大大降低了社会资源配置效率，抬高了赶超发展成本，如中国平均社会成本比世界平均水平高 25%，拖延增长方式转变步伐。李光耀（2005）指出，中印治国体制和制定政策的方法将是决定中印经济表现的主要因素。中国和印度面临着共同的社会、经济、政治挑战。中国必须重组国有企业，整顿疲弱的金融业，并确保经济的增长速度足以应付不断增加的失业人口。印度不仅基础设施薄弱，而且经营环境中仍存有高度的行政与条例管制障碍，此外，财政赤字庞大，州政府层次尤其如此，这些都可能拖慢投资和创业。

表 14　2010 年金砖国家营商环境国际排名（183 国）

	中国	巴西	印度	俄罗斯	南非
营商环境便利程度	89	129	133	120	32
设立公司	151	126	169	106	66
办理建筑许可证	180	113	175	183	52
雇用工人	140	138	104	109	—
登记财产	32	120	93	45	87
取得信贷	61	87	30	87	2
保护投资者	93	73	41	93	10
支付税款	130	150	169	103	23
进行跨国贸易	44	100	94	162	148
执行合同	18	100	182	19	86
公司关闭	65	131	138	92	77
非加权平均	91	115	121	102	—

资料来源：世界银行《2010 年营商环境报告》。

表15　2008年、2010年金砖国家清廉指数排名及国际比较

国　家	2008年得分	2008年排名(180国)	2010年得分	2010年排名(178国)
中　国	3.6	72	3.5	78
印　度	3.4	85	3.3	87
巴　西	3.5	80	3.7	69
俄罗斯	2.1	147	2.1	154
南　非	4.9	54	4.5	54
丹　麦	9.3	1	9.3	1

资料来源：透明国际相关年份报告。

（3）垄断力量的强大与既得利益集团的阻挠导致不公平竞争和资源配置不合理。金砖国家均存在强大的垄断集团和既得利益集团，它们是现有经济增长方式下的最大得益者，维持现存资源配置和市场组织框架是其获得不对称竞争优势以保持垄断利益的最大动力。为此，它们不惜钱权勾结，运用一切手段阻挠一切会触及和削弱其谋取垄断利益的价格、信贷、财政、税收、资源分配、市场准入体制等方面的改革，以及新技术和管理方法的使用，或者假被俘获政府之手提高市场准入门槛，阻止后来竞争者的进入。例如，中国电信行业等的少数垄断经营者利用专营权顽固抵制资费降低，先是借口基础网络不发达维持高收费，在普及程度极大提高的情况下，依然无视广泛声讨而继续维持高资费标准（拒绝单向收费等），甚至已经远超过网络体系不如中国发达的印度和俄罗斯的同等服务收费标准。其他如房地产开发商与地方政府联合抵制中央土地及房价调控政策等。俄罗斯电力、铁路、天然气等自然垄断部门对政府经济发展方针的干预能力很大，对国家推动市场竞争、提高社会资源配置方式和经营效率起着负面影响。

（4）发达国家对后发者的技术封锁。发达国家对后发国家的技术引进、模仿和创新保持着警惕和抵制的态度。不仅对一般技术的输出维持垄断高价，更严格控制核心技术的外流，尤其是对中国和俄罗斯等转型经济体的技术转让更是胜于防火。2008年以来中国为推进自主创新计划出台一些产品税收等方面的支持政策，也遭到外国政府的横加指责。

四　转变增长方式的路径选择

世界经济发展史证明，按照内外环境变化而适度调整发展战略和路径是任何

一个经济体保持活力和竞争力的基本条件。成功转型就能继续升级发展，反之，则会陷入停滞和倒退（见图 29）。实际上，即便美国这样的发达国家也在不断转型与创新之中，正是依托强劲的转型与创新能力，保持着持续领先发展的动力。金砖国家正处于经济发展的十字路口。这个有着将近 30 亿中低收入人口的新兴经济体的群体崛起对全球资源、环境的冲击是难以想象的。如果继续沿用工业化时代大国崛起的资源高消耗模式，则再增加几个地球的资源也难以为继。因此，客观上不允许这些国家走粗放式的增长模式实现赶超发展。如果能审时度势，及时调整发展战略和转变增长方式，则金砖国家可以保持持续快速增长，相反，则可能陷入"中等收入陷阱"①，即最终难以跻身于高收入发达国家行列。因此，在追求经济高速增长的同时，加快转型步伐是金砖国家成功赶超的基本条件。

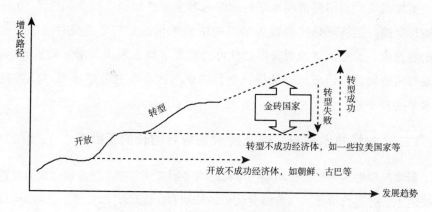

图 29　经济发展路径与经济发展状况

但是，转变增长方式是个极为复杂而艰难的工程。很多后发国家因转型受挫而不能实现发展突破。苏联自 20 世纪 70 年代开始进行增长方式转型，但因各种主客观原因，直到 1991 年解体也未能成功转变过来，也正是由于没能成功转型，而导致国家解体。教训是极为深刻的。未来金砖国家要真正贯彻转型方针并争取成功转型，以下几点至关重要。

---

① 国际上认为，人均收入超过 11000 美元为高收入国家，2008 年金砖国家均为中等收入国家（介于 976～11000 美元之间）。一些中等收入国家由于转型缓慢，发展受阻，持续数十年无法突破中等收入界限，如拉美的阿根廷、智利等一些国家近半个世纪来一直在原地打转，而同期处于同一发展水平的日本、韩国、新加坡等早已跻身高收入经济体行列。

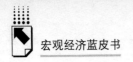

（一）调整过分强调速度的赶超发展战略，转向以增长质量和适当速度为导向的增长模式

对增长速度的过高要求往往违背增长规律，并陷入低质量粗放增长难以自拔。因此，转变增长方式，需要重新界定经济增长与发展标准，妥善处理增长与可持续发展的关系，不能单纯依赖钢筋水泥的快速堆积来衡量经济体的可持续发展，需要适度、合理、更佳的增长，要在可承受的最低经济增速下，加大结构调整的力度，不能因为经济增速回调的出现而动摇经济结构调整、经济增长方式转变的政策取向。同时，不能片面强调总量的意义，有关更多注重人均水平的提高——在收入分配比较均衡合理的前提下，人均水平是经济发展质量和国民福利水平更加综合和重要的标志。对于创造了30年高速增长奇迹、经济规模跻身世界第二的中国来说，尤其要提高对经济增速放缓的容忍度，而更加重视对转向良性可持续发展轨道和提高增长质量、结构、效益与可持续性的追求，以及提高增长成果的社会普遍分享水平（即注重人均水平的提高）。

（二）加快技术进步，提高技术创新对增长的贡献率

新增长理论认为，在推动经济增长的诸多因素中，技术进步通过提高生产率而决定经济的集约增长。克鲁格曼认为，长期看，生产率几乎等于一切。[①] 技术进步依赖知识积累和人力资本投资，技术、知识的创新和人力资本投资都具有很强的外部性，能够使生产呈现出规模收益递增的趋势。一切有利于创新活动的努力都有利于保持经济增长的可持续性。与单纯依靠要素投入的经济增长相比，知识积累和技术创新所导致的经济增长可以创造更大的增长机会。提高创新水平，需要从大力培养创新型人才队伍（改变我国目前产业工人中的高级技工只占3.5%，而发达国家为40%的状况）、建立自主技术创新和推广运用的激励机制、加强对知识产权的保护、加大落后技术和产能的淘汰和升级、在强化国际技术合作的基础上加强自主技术和品牌创新、打破技术封锁等多方面着手。

---

① 〔美〕萨缪尔森等：《经济学》（第16版），华夏出版社，1999，第533页。

（三）深化体制机制创新，为转变增长方式扫清障碍

经济体制及其运行机制对经济发展方式有强大的制约作用。纳尔逊指出，制度与技术之间的协同演化是经济增长背后的主要推动力。只有进行经济体制和运行机制的改革，才能扫清转变经济发展方式的许多障碍。转变经济增长方式必将导致新的增长方式与原有制度体系之间的紧张状态，要消除这种紧张状态需要相应的制度创新以适应新的增长方式。否则，增长方式转变将受到阻碍。经济发展方式的转变离不开相应的制度变迁，而政府在制度变迁过程中的作用不可替代。中国提出经济增长方式转变近 30 年，但尚未修成正果，关键原因在于制度创新不足，制度创新滞后对增长方式转变产生逆向作用。因此，深化体制机制创新，强化市场机制，是推动增长方式转变的关键因素。首先，要推进政府改革和职能转变，减少政府作为经济人与民争利和过度干预及直接参与市场经济活动的行为（如要素价格决定、要素配置等），充分发挥市场竞争机制的作用。政府改革不仅涉及个人利益与集体利益、局部利益与整体利益的协调，还涉及中央与地方利益的协调、涉及某些既得利益集团、一些权力部门与政府官员的利益，对这些利益博弈处理不妥，将使制度创新难以推动，从而使有助于经济发展方式转变的体制机制和政策在执行中要么受到扭曲，要么半途而废。其次，要提升以政府改革推进经济发展方式转变的统筹协调能力，致力提高政府管理绩效。要把握综合改革的总体情况，协调推进综合性改革试验及部门、地方的改革试点，以防止有利于转变经济发展方式的一些有效措施因部门或地方利益的干扰无法落实到位。要将已经证明的成功改革经验及时坚决地推广开来。还要建立政府职能转变和绩效提升考核和问责的机制，使各项改革落到实处，真正能助推增长方式转变。

（四）消除各种阻力，建立转变增长方式的激励与保障机制

实践表明，发展中国家转变增长方式的最大阻力来自传统增长模式下的既得利益集团。随着新兴与转型经济体的快速发展，既得利益集团也在迅速壮大实力和影响力。这些国家在推进改革开放、加速国际接轨与发展模式转换的过程中步履沉重，往往与阻挠势力的博弈及对阻碍力克服不力有关，导致体制机制创新延迟与调整政策滞后。

五　未来中国增长展望

（一）中国投资将放慢，但资本积累仍将继续

中国投资的流量正在到达峰值。经验表明，没有任何一个经济体具有如此强大的生产能力或者足够富有生产效益，以至于可以连续多年拿出 GDP 的 50% 来进行固定资产投资，并取得丰厚的回报。2010 年及 2011 年两年中国的固定资本形成占 GDP 的比例将接近 50%。但这并不意味着中国的投资会突然停止，而是随着私人消费的明显启动，投资增长将持续放慢。

但是中国的基础设施建设并没有过度发展，中国的资本存量相对其整体经济规模来说还远远不够。正是由于中国资本存量相对较低，相对于许多发达经济体来说，中国目前还有大量的生产性投资机会，可以继续产生相对较高的回报。按照购买力平价粗略计算，中国的人均资本存量不到美国的 1/4。显而易见，中国仍然还需要大量的资本投入，并且这些投入的大部分将进入生产性领域。

一些已经完成这一阶段发展的亚洲经济体的经验表明，当投资占 GDP 的比例达到峰值时，增速放慢和金融危机风险将快速上升。亚洲九个经济体已经经历过投资占 GDP 比例达到峰值的过程：菲律宾（1983）、新加坡（1984）、日本（1990）、韩国（1991）、泰国（1995）、印尼（1996）、马来西亚（1995）、中国香港（1997）及中国台湾（1993）。这些国家和地区中至少有 5 个存在投资占 GDP 比例达到峰值时出现金融危机的情况，与金融危机前 5 年的平均水平相比，在投资占 GDP 达到峰值后的 5 年内，投资增速平均放慢了 62%，每个经济体年度 GDP 负增长的概率为 22%，而其他年份只有 7%。

由于前车之鉴，中国显然进入了一个危险时期，但是有理由相信中国能够避免最不利的情况发生，因为中国能够控制投资放慢的速度，因而避免金融危机，就像韩国和中国台湾一样。更为重要的是，"十二五"规划旨在提高和有序指导国内消费。中央银行的人民币汇率改革措施将有助于经济转型和过渡时期提升国内消费，降低整个国民经济"硬着陆"的风险。

上述九个亚洲经济体投资占 GDP 比例达到峰值的原因各不相同，但是每个经济体的收入水平（资本存量的替代指标）是一个关键的因素。在这一组经济体中，人均 GDP（按购买力平价计算）和固定资本形成占 GDP 比例的峰值之间存在非常弱的负相关关系，并且收入水平越低的经济体在固定资本形成占 GDP 比例达到峰值之前，越有能力将 GDP 中的大部分用作投资。虽然固定资本形成占 GDP 比例峰值在不同的经济体差异很大，收入水平也非常不同，但是这些经济体的平均峰值为 36%，人均 GDP 按 2005 年购买力平价为 13300 美元。虽然这个经验关系的预测能力非常弱，只能作参考，但没有理由认为中国投资在目前这一收入水平下没有达到峰值（上述经济体中有三个经济体的收入水平低于中国 2009 年的水平，但都达到了峰值）。另外，目前中国的投资占 GDP 的比例处于上面这组经济体的外部边缘（其中只有新加坡固定资本形成占 GDP 的比例超过了 45%）。

但投资在这些亚洲经济体达到峰值，经常相伴而来的是金融危机（九个经济体中有五个发生了金融危机）。虽然这种现象使得以消费为主导的经济结构转型和过渡更加复杂化，并导致经济增长放缓。但是二者之间的因果关系很难分清楚。例如在中国香港，由于外部冲击导致了金融危机，进而需要重新调整信贷分配数量和结构，这进一步引起了投资增速减慢。而在泰国、印度尼西亚和马来西亚，投资占 GDP 的比例达到峰值时金融危机刚刚开始。但中国的金融体系具有这些亚洲经济体金融体系所不具备的独一无二的特点，就是中国银行主要的放贷资金来源于国内储蓄，而不是向其他国家借贷，因而不存在过度的货币风险。然而，历史经验表明，当原本用于投资的资金开始收缩的时候，不良贷款将会出现。

在投资占 GDP 比例达到峰值后，一国或地区的经济增长率一定会放慢？从这九个经济体来看，平均下降了 4.3 个百分点，从达到峰值前 5 年平均 7.4% 减慢为后 5 年的 3.1%。即使不包括金融危机的影响，平均增长率也下降 2.4 个百分点，从 8.7% 下降为 6.3%。

存在许多因素使得中国投资增长放慢，包括结构性因素，例如资金成本上升；周期性因素，例如以基础设施为主要对象的刺激政策逐步退出。虽然周期性因素有可能提供最初始的动力，但结构性因素将使得中国投资占 GDP 的比例在未来的 10 年中不可能再超过 50%。目前中国投资增长正呈现周期性放慢趋势，只有全社会固定资产投资中的房地产投资不断呈现增长趋势，但由于房地产调控力度不断加大，2011 年全社会固定资产投资将会回落至过去长期增长的水平以下。虽然结构性因素目前才刚刚显现，但工资增长不久将超过劳动生产率的增

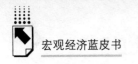

长，并且随着 2014 年中国劳动力供给达到顶峰，资本积累必然会放慢。结构性的改变将会导致较高的资金成本和边际回报率的降低，进一步影响固定资本形成总额的减少，这一趋势在 2009 年已经有所体现。

1. 刺激政策是重要因素

投资占 GDP 的比例达到峰值只要是财政刺激政策和量化宽松的货币政策执行的结果，刺激政策的不断释放将在未来几年内使得投资占 GDP 的比例达到极限。2008 年 11 月宣布的 4 万亿元人民币（5860 亿美元）财政刺激措施，以及 2008 年 11 月到 2009 年 12 月 10.8 万亿元人民币（1.6 万亿美元）的新增银行放贷，使中国固定资本形成占 GDP 的比例从 2007 年的 41.7% 增加到 2009 年的 47.5%。如果照此下去，这些刺激经济的政策必须退出，否则资产价格泡沫将会失控。固定资本形成在 2010 年已经开始减速，但还将超过消费增长。预计 2011 年和 2012 年消费将开始超过投资，固定资本形成占 GDP 的比重将出现下降。

虽然中国大规模的刺激资金有一部分进入社会服务领域和其他非投资活动中，但是其中的大部分用于基础设施建设的支出。在雷曼兄弟投资公司倒闭之前，中国的铁路网扩张建设将会持续到 2020 年。但中国政府为了刺激经济增长将这一期限提前到 2012 年，致使 2009 年铁路投资增长了 70%，2010 年将继续投入 7000 亿元人民币（1020 亿美元）建设高速铁路。这一投资将会产生巨大的收益，因为它不是提高旅客运输能力，而是大大提高货物运输能力，从而使得制造业可以向内陆转移，进而降低制造业劳动力成本，提高产品竞争力。然而，随着 2011 年许多项目完成建设，这一投资速度必将放慢。

2009 年对于二、三线城市化发展作出重要贡献的投资增长同样如此，不可持续的高速公路投资增加了 41%，水利和环境管理投资增长 45%，风能发电投资增长 50%。在过去 5 年中，每年安装的风力发电容量都翻倍增长，政府 2020 年的目标已经实现。然而，这些风力发电能力并没有与国家电网连接，风力发电在 2009 年只占全国发电总量的 0.75%。一项新的配额规定要求电力公司购买一定数量的风力发电量，这也是对于国家电网有序升级的一部分。但是资金不可能以同样的速度进入这些没有投入使用、没有利润的电力容量。目前仍然有许多投资机会存在于基础设施建设领域，但是一些边际收益较大的项目和机会已经没有了，必然导致未来边际回报率进一步下降。

2. 房地产投资仍有上升趋势

2010 年上半年，房地产投资的迅速增长抵消了基础设施投资增速的下降，但政府出台的房地产政策将会抑制房地产投资，为房地产市场降温，这将对 2011 年的房地产投资产生重要影响。虽然政府 4 月中旬出台了严厉的打击投机需求的监管措施，但 5 月房地产投资同比仍然增长了 38.2%。房地产开发商目前面临着严峻的国内紧缩信贷条件，但是他们正在通过境外融资机构获取资金从而保持较高的房地产投资水平。从发展看，人民币汇率的波动和不断下降的房地产价格会进一步增加房地产开发商的借贷成本。这将会限制房地产投资的增长，但保障性住房建设的扩张不会使未来几年房地产投资下降幅度超过 2008~2009 年。

这并不是说中国的基础设施建设发展过度（虽然在某些地区存在这种情况），或者说这其中许多投资都是浪费（虽然一些地方政府在选择投资时只重形象，不重效率）。例如到 2015 年在 25 个城市建设城市铁路网络、提供保障性住房，以及升级国家电网等一系列措施都将使得在未来 5 年内投资保持在较高的水平，但是由于边际回报率下降、信贷增长和财政支出增长放慢等因素影响，投资速度也将放慢。

3. 投资规模的不可持续性

中国投资是在极为宽松的货币政策和财政扩张政策的大背景下达到峰值的，而这样规模的刺激政策具有不可重复性。假设全球经济在 2010 年末或 2011 年初出现二次衰退，中国仍然具有进行一次中等规模财政刺激的能力和空间，但这一空间将会比 2008 年时受到更多的限制。并且目前地方政府财政情况较为严峻，2009 年地方政府从银行或者城市发展和投资机构（地方领导的特别投资平台）融资至少 4.3 万亿元人民币（6330 亿美元），据政府估算，城市发展和投资机构的贷款余额 2009 年增加了 70%，约为 7.4 万亿元人民币。另外，商务部为地方政府担保了价值 2000 亿元人民币的债券，城市发展和投资机构发行了 2500 亿元人民币公司债券，政府土地销售收入 1.6 万亿元人民币，比 2008 年上升了 63%。这些都将使 2010 年的投资继续保持在一个较高的水平。然而这些融资渠道现在都已经枯竭了：有关房地产的规定正在对土地销售产生重要影响，商务部 2010 年将不会增加其卖出的地方债券数量，城市发展和投资机构的借贷正在成为有关规定调查的目标。虽然地方政府有可能会开发出另外的资金来源以弥补城市发展

和投资机构融资的不足（极有可能通过与政府有关联的私募公司来操作），但是2009年大规模投资的影响将会限制政府在未来几年内延续这样快的投资速度。

如果包括地方政府债务和或有债务，中国综合政府债务大约为GDP的70%，远远高于中央政府债务占GDP 20%这一比例。但这并不预示着财政可持续性问题——即使中国在未来十年内经济增长速度回落到8%，也可以超出债务水平的增长，但政府将不可能像2009年那样继续通过增加或有负债的方式，促进另一个投资热潮。中国目前的人口结构转换，将要求政府在未来几年中开始支付债务，限制政府进一步借款的能力。除了限制政府继续借款能力的财政约束外，在2009年的借贷风潮下，金融部门的债务负担正在出现问题。

2010年夏天中国银行正在承受着大规模的资本结构调整，但它们不可能把放贷增加到2009年的水平。中国的四大国有商业银行2010年将募集2500亿元人民币，但这只会使它们的资本充足率增加不到两个百分点，仅仅高于最小资本充足比率。另外必须准备许多额外资本作为应对将来有可能发生的不良贷款的不时之需。虽然管理机构有可能降低法定准备金比率以放出更多的资金以供借贷，但由于银行在中央银行继续保有大量的超额准备金，所以将不会有太大的影响。只要中国银行部门的重点是在保护资本，政府将会发现不可能在不增加金融风险的情况下促进信贷的增长。从GDP增长来看，2009年的信贷狂欢是在20世纪90年代末银行改革以来最没有效率的，说明相当一部分的借贷者将无法偿还债务。虽然以前对资产负债表的担忧没有使得中国政府停止对国有银行放贷行为的指导，但90年代末的改革对于中国政府金融系统的观念有了重大影响，其认识到这一系统应该防止金融部门陷入金融危机。

即使另外一次债务促成的投资猛增是不可能的，中国企业良好的资产负债表将会有助于降低投资迅速下降的风险。中国企业的未分配利润会继续为中国企业提供投资的60%，这将使得固定资本形成在未来几年保持高位。另外，加速的城市化进程和节能降耗的增长转型将会产生较多高回报机会。同时，中国经济的结构改变表明消费将很快超过投资增长，降低固定资本形成占GDP的份额。

（二）劳动力结构变化

劳动力的大量供给正在消失，人口结构的转变和政府出台的政策将会使储蓄率降低。这些改变将导致较低的预期回报和较慢的资本积累，因而使中国的边际资本成本升高，对投资进一步增长产生重大影响。较低的储蓄率会使边际消费强劲增长，但不足以完全抵消较慢的投资增长，所以 GDP 增速在未来 10 年的增长将比过去两个 10 年减慢。从某种程度上看，这是存量和流量的问题，因为消费占 GDP 的份额目前比投资的低。

几十年来，中国的工资增长长期落后于劳动生产率的增长，使得国民收入中劳动力收入的份额从 1983 年的 57% 下降到 2005 年的 37%，并仍在继续。这种趋势主要是人口因素导致的，但人口因素目前正在开始向相反方向变化，在未来几年内，工资增长将会超过整体经济增长，形成更高的通货膨胀趋势和更低的资本回报。中国廉价的劳动力供给看起来正在枯竭，在一些沿海地区的制造业中心已经产生了劳资纠纷问题。20 世纪 80 年代末，在徘徊了大约 10 年后，中国的出生率已经降至替代率以下。因此，美国普查局在 2010 年初公布的一项报告预计，中国劳动年龄人口在 2014 年将会达到峰值，达到 9910 亿。这一报告可能低估了中国劳动力的转型变化，因为来自中国农村年轻劳动力的供给有可能已经达到峰值，在下一个 10 年中，15~24 岁劳动力供给预计减少 30%。另外，当前在沿海制造业中心的农民工与 10 年前他们的父辈们在这里工作的目的已经大不相同了。调查表明，现在的农民工一般不倾向于将收入寄回家乡给他们的父母，因为他们父母的经济条件从总体上已经有了大大的改善。所以，他们的收入主要用于自我消费，这就导致了他们对生活的要求更高，有了更大的工作期望并在谈判中要求更高的工资水平。另外，沿海城市高昂的住房成本和基于户口制度的医疗保险会促使农民工在家乡附近寻找就业机会。2008 年末中国出口的快速下降短暂掩盖了劳动力短缺的问题，但是随着全球经济的逐步复苏，对农民工的需求将会进一步增加。从某种意义上看，2010 年初一些行业农民工工资的增加是 2008 年以来这一趋势的延续。随着 2011 年刺激政策的结束，加上中西部地区基础设施建设的放慢，以及与此相关的就业岗位消失，对农民工需求的压力将会缓解。但是劳动力短缺对中国的制造业将是一个容易反复出现的问题。

虽然中国劳动力总量供给的扩张将在 2014 年停止，但政府政策会使劳动生产率迅速上升，并抵消部分来自高工资产生的通货膨胀压力。然而，这需要对目前的户籍制度进行大幅度的改革，因为现行的社会服务和土地拥有权与此紧密挂钩，并且户籍制度造成了人为的劳动力流动僵化体制，使劳动力从农村向城市产生很多困难。政府已经宣布了有关计划，对于二、三线城市的户口要求有所放宽，但是这需要对农村土地拥有权采取额外的改革措施，释放中西部大量的剩余劳动力（估计有2亿人左右）。将在2011年3月提交全国人民代表大会讨论的"十二五"规划会制定相关的措施，但这些改革肯定是渐进式的，进程会比较慢。在最近几年里经历了劳动力短缺的一些沿海城市已经开始引进一些规划，允许一些农民工获得城市身份，但是政策方面的漏洞可能会使其具体执行大打折扣。

根据国际标准比较，家庭、公司和政府三个部门的储蓄率都相对较高，但在未来10年里这三个部门的储蓄率都会有所降低。这不是说中国将进入一个负储蓄的时代，而是中国未来的边际储蓄倾向将缓慢下降。家庭储蓄率主要是受中国迅速老龄化的人口分布、结构不健全的社会保障体系、利息收入较低的金融压抑等因素影响。根据美国海关局的估算，1990年中国人口中的66%处于工作年龄，但在这20年中，该比例正在迅速提升，美国海关局预计2011年15~64岁人口占所有人口的比例将会达到峰值，为73.6%。所以，自1990年以来，大部分增长的人口中处于生命的最高储蓄阶段。生命周期储蓄理论表明，随着劳动人口比例开始收缩，家庭储蓄率将会下降。1997年的养老金改革对家庭储蓄率的上升起到了助推的作用，但是从现收现付型体系向确定收益型体系转变带来的冲击到目前应该已经得到缓解和释放。中国医保体系的逐步改善会使家庭储蓄率有所下降。中国政府计划到2011年投入大约8500亿元人民币建立基本的、广泛的医疗保险体系覆盖。虽然非预算性的现金支出数量仍然很大，覆盖范围与家庭注册挂钩，但这一措施可以略为降低人们的预防性储蓄。另外一个对高储蓄产生影响的是金融压抑，但在过去10年中稍微有所改善。对于存款利率的人为限制减少了家庭在储蓄上获得的利息收入，由于其他替代手段的缺乏，就要求更高的储蓄率。考虑到社会保障体系的漏洞和持续存在的金融压抑，家庭储蓄率有可能还会保持较高的水平，但人口构成趋势的转变将使得未来边际储蓄倾向下降。

在向相对消费增长较慢的投资转型的过程中，虽然中国看起来有可能避免金融危机，但其整体经济增长率以及潜在增长率在未来10年中注定将会放慢。在到2010年的五年中，如果假定2011年增长为10.1%，中国经济平均年增长率为10.6%。如果中国能够像其他一些成功的亚洲国家一样，虽然投资达到了峰值但避免了金融危机，那么中国经济在未来五年中的平均年增长率会降为7.8%。

中国经济发展前景评价

Evaluation of China's Development Prospects

B.2
1990～2009年中国各省区市发展前景评价

张自然　刘霞辉　张平　袁富华　王宏淼　黄志钢*

摘　要：为了更好地评估中国各省区市的可持续发展情况，本文提出了一套中国各省区市发展前景评价体系。该发展前景评价体系一级指标包括经济增长、增长可持续性、政府运行效率和人民生活四个部分，通过产出效率、经济结构、经济稳定、产出消耗、增长潜力、环境质量、政府效率、人民生活、

* 张自然，中国社会科学院经济研究所副研究员、博士，研究方向为技术进步与经济增长；刘霞辉，中国社会科学院经济研究所经济增长理论研究室主任、研究员、博士生导师，研究专长为经济增长；张平，中国社会科学院经济研究所副所长、研究员、博士生导师，研究专长为经济增长；袁富华，中国社会科学院经济研究所副研究员、博士，研究方向为就业与经济增长；王宏淼，中国社会科学院经济研究所副研究员、博士，研究方向为国际宏观经济与金融；黄志钢，中国社会科学院经济研究所助理研究员，研究方向为区域经济。

社会保障和消费结构等方面的近60个指标，运用主成分分析法对各省区市发展前景进行客观评价，得出了中国30个省区市1990~2009年的发展前景指数和排名情况。并将发展前景评价细化到一级指标，得出了中国30个省区市1990~2009年经济增长、增长可持续性、政府运行效率和人民生活的发展前景指数和排名情况。分别将各省区市1990年后平均、2000年后平均、2008年和2009年发展前景分为五个级别，发现1990年和2000年以来，上海、北京和广东处于发展前景的第一级，而2008年、2009年浙江也开始进入第一级。同时对影响各省区市发展前景的因素包括一级指标、二级指标、具体指标等进行分析。

关键词： 发展前景　评价　排名　分级　主成分分析法

一　概述

我国经济已经进入由粗放型增长转向集约型增长方式的阶段。粗放型经济增长方式的特征是依靠增加生产要素投入来促进经济增长，也即数量型经济增长。集约型经济增长方式的特征是依靠生产要素的有效配置来促进增长，即提高经济增长质量。经济增长不仅包含数量的增长，还要有质量的增长。而在一个相当长的时期内，经济增长理论仅研究经济的数量增长，而没考虑经济的质量增长，即经济的可持续发展情况。经济可持续发展水平关系到各省区市乃至全国发展前景的好坏，为了更好地反映各省区市的经济可持续发展情况，本文用发展前景指数来表示经济的可持续发展情况。本文在2009年"宏观经济蓝皮书"的中国各省区市经济可持续发展评价的基础上对中国各省、自治区和直辖市（以下简称省区市）1990~2009年的发展前景进行评价，试图建立中国各省区市的发展前景评价体系，并按权重比将各省区市发展前景分为五级，分析影响各省区市发展前景的因素。

最早的可持续发展指标评价体系可以追溯到联合国开发计划署（UNDP）在1990年提出的人文发展指数（HDI）。该指标体系以预期寿命、教育水准和生活质量三项变量为依据。HDI综合反映了卫生与健康水平、教育水平、经济和生活水平，能较全面地反映社会和经济的发展。经济合作与发展组织（OECD）确定了以环境可持续发展模型（Pressure-State-Response，PSR）作为可持续发展指标体系。1994年联合国统计局（UNSTAT）以《21世纪议程》中的主题内容（如经济问题、大气和气候、固体废弃物、社会经济活动和事件、影响和效果以及对影响的响应等）作为可持续发展进程中的主要问题对指标进行分类，形成了一套可持续发展指标体系 FISD（Framework for Indicators of Sustainable Development, FISD）。世界银行对 OECD 的可持续发展指标体系进行了调整，将 OECD 建立的可持续发展指标体系应用到四个基本的领域（环境、社会、经济和机构），于1995 年 9 月公布了一套以"国家财富"作为衡量可持续发展依据的可持续发展指标体系。该指标体系将"国家财富"分解为自然资本、人造资本、人力资本和社会资本四个部分，否定了传统的以人造资本为依据来衡量可持续发展的方法，赋予可持续发展以科学的内涵，动态地反映了可持续发展的能力，并运用该指标体系对世界的 192 个国家的资本存量进行了粗略的计算，将可持续发展的概念付诸可操作的实施。联合国可持续发展委员会（UNSDC）和联合国政策协调与可持续发展部（DPSDC）（1996）在"经济、社会、环境和机构四大系统"的概念模型和 DSR（Driving Force-State-Response）模型的基础上，结合《21 世纪议程》提出了一个初步的以可持续发展为核心的指标体系框架。环境问题科学委员会（SCOPE）与联合国环境规划署（UNEP）合作提出了高度综合的可持续发展指标体系，该指标体系创建了人类活动和环境相互作用的概念模型，很好地阐释了人类活动和环境存在的四个方面的相互作用，同时选取了 25 个能够相对比较准确表征这四个方面相互作用的指标构成了环境可持续发展指标体系。

国内提出的可持续发展体系比较典型的有中国科学院可持续发展战略研究组1999 年提出的《中国可持续发展战略报告》。从《中国可持续发展战略报告》可以看出，该报告提出了一套"五级叠加，逐层收敛，规范权重，统一排序"的可持续发展指标体系。该指标体系分为总体层、系统层、状态层、变量层和要素层五个等级，系统层将可持续发展总系统解析为五大子系统：生存支持系统、发展支持系统、环境支持系统、社会支持系统和智力支持系统，变量层共采用了45 个指数，用要素层的 225 个指标（2004 年以前是 219 个指标）进行定量描述。该指标体系属于复合的、庞大的和具有理念性结构的指标体系，采用了可测的、可比的、可以获得的指标，对中国各省区市的可持续发展进行了较为全面而系统的评价，具有一定的理论意义和应用价值。但由于其指标数量过于庞大，指标的选取受人为因素影响明显，而且有些指标相关程度非常高，同时一些指标的计算出现重复，从而影响了评价结果的客观性和准确性。

中国科学院发布的《中国可持续发展战略报告》中自然资源环境所占比重过大，五大子系统中，就有生存支持系统和环境支持系统两个属于自然资源环境方面的内容。我们认为自然资源环境对人们的生活有一定的约束作用，但更多的是人们利用自身力量克服自然资源条件的限制，进而有效地利用和保护环境资源，使经济真正持续发展。另外，该报告很多指标缺乏经济学含义，从而减弱了其作为可持续发展报告的内涵。此外，在分析方法上，主观赋权的特点很明显，不利于对各省区市进行客观评价，从而提出切实可行的可持续发展建议。

与中国科学院的《中国可持续发展战略报告》相比，本发展前景评价体系除了包含中国科学院提供的绝大部分指标外，主要有以下几处不同。①本发展前景评价体系将"政府运行效率"作为中国各省区市发展前景评价的四大一级指标之一，其中包含政府反贪腐情况，我们认为反贪腐进行得越好，政府运行效率就越高；同时将火灾事故率指标和城市设施水平作为政府运行效率的主要指标。②经济增长也是经济持续发展的重要基础。对发展前景影响很大的全要素生产率（TFP）也在本发展前景评价体系的一级指标"经济增长"中出现。作为经济稳定的重要环节，"对外开放稳定性"也是不容忽视的，从 2008 年底到 2009 年的世界性金融危机对中国经济的巨大影响中就可以看出对外开放稳定性的重要性。资本产出率反映了固定资本存量对国内生产总值的产出效率；而人均 GDP 增长率也涉及经济增长的稳定性。这些在本发展前景评价体系中均得到反映。③"劳动投入弹性指标"、"资本投入弹性指标"和"能源消耗弹性指标"也是增长可持续性中"产出消耗"的重要一环。"有效劳动力比例"决定了经济增长的劳动潜力，增长的可持续性需要源源不断的有效劳动力的支持，一旦有效劳动力匮乏，经济增长的后劲不足，经济就可能衰退。"万人城市园林绿地面积"指标则体现在经济增长可持续性的"环境质量"中。④引入"消费结构"指标也是本评价体系的特色之一。目前中国的消费需求低迷，扩大人们的有效消费需求是今后经济可持续发展的最为重要的方向之一。"农村养老保险覆盖率"作为影响人民生活的社会保障的重要一环也越来越受到人们的重视。体现城乡消费水平比的指标"城乡消费水平比指标"，体现医疗条件的"万人卫生机构数"等也在本发展前景评价体系的"人民生活"中得到体现。本发展前景评价体系将通过近 60 个指标运用主成分分析法对 30 个省区市 1990～2009 年的发展前景进行客观评价，并按权重将各省区市分为五级，进而分析影响各省区市发展前景的一级指标、二级指标和具体指标等。

二 指标设计及数据处理

(一) 发展前景评价指标设计

本部分拟将发展前景评价指标分为三级，其中一级指标包括：经济增长、增长可持续性、政府运行效率、人民生活。每个一级指标包含若干二级指标。其中，经济增长包括产出效率、经济结构、经济稳定；增长可持续性包括产出消耗、增长潜力、环境质量；人民生活包括人民生活、社会保障和消费结构等。二级指标再下设相应的三级指标。本文以期通过完整的指标体系来了解各省区市的发展前景，见表 1 所示。

表 1 中国各省区市发展前景评价指标设计

经济增长	产出效率	TFP； 全社会劳动生产率； 资本产出率； 投资效果系数
	经济结构	GDP2(第二产业增加值占 GDP 比重)； GDP3(第三产业增加值占 GDP 比重)； 城市化率
	经济稳定	经济增长波动指标； 对外开放稳定性； 人均 GDP 增长率； 通货膨胀率指标； 失业率指标
增长可持续性	产出消耗	劳动投入弹性指标； 资本投入弹性指标； 万元 GDP 能耗指标； 能源消耗弹性指标； 万元 GDP 电力消耗指标
	增长潜力	专利授权量； 地方财政教育事业费支出比； 劳动力受教育水平(用人力资本表示)； 人口出生率； 地方财政科学事业费支出； 有效劳动力比例； 人均邮电业务量

续表1

增长可持续性	环境质量	人均水资源量； 万人耕地面积； 工业固体废弃物综合利用率； 工业废水排放达标率； 工业废气处理率； 工业"三废"综合利用产品产值比； 治理工业污染投资额占GDP比例； 产品质量； 自然保护区面积； 万人城市园林绿地面积
政府运行效率	政府运行效率	市场化程度； 城镇社区服务设施数； 交通事故指标； 火灾事故指标； 反贪腐情况； 城市设施水平(包括6项：城市人口用水普及率、城市每万人拥有公共厕所数、城市每万人拥有公共交通车辆、城市燃气普及率、城市人均公共绿地、城市人均拥有铺装道路面积)
人民生活	人民生活	人均GDP； 城镇家庭平均每人可支配收入； 农村居民家庭人均年纯收入； 城乡人均纯收入比指标； 地方财政卫生事业费支出； 城镇居民恩格尔系数； 农村居民恩格尔系数； 个人资产：用人均储蓄存款表示； 万人拥有医生； 万人床位数； 万人卫生机构数； 城乡消费水平指标； 消费水平
	社会保障	城镇基本养老保险覆盖率； 城镇基本医疗保险覆盖率； 城镇失业保险率覆盖率； 农村社会养老保险覆盖率
	消费结构	消费结构：用结构消费量即城市耐用品消费量和农村耐用品消费量表示，并用主成分分析法得出消费结构。 城市耐用品消费量： 城镇居民家庭每百户彩色电视机拥有量

人民生活	消费结构	城镇居民家庭每百户电冰箱拥有量； 城镇居民家庭每百户家用电脑拥有量； 城镇居民家庭每百户家用汽车拥有量； 城镇居民家庭每百户健身器材拥有量； 城镇居民家庭每百户空调机拥有量； 城镇居民家庭每百户淋浴热水器拥有量； 城镇居民家庭每百户摩托车拥有量； 城镇居民家庭每百户摄像机拥有量； 城镇居民家庭每百户微波炉拥有量； 城镇居民家庭每百户洗衣机拥有量； 城镇居民家庭每百户移动电话拥有量； 城镇居民家庭每百户照相机拥有量； 城镇居民家庭每百户组合音响拥有量。 农村耐用品消费量： 农村居民每百户彩色电视机拥有量； 农村居民每百户抽油烟机拥有量； 农村居民每百户电冰箱拥有量； 农村居民每百户黑白电视机拥有量； 农村居民每百户空调机拥有量； 农村居民每百户摩托车拥有量； 农村居民每百户洗衣机拥有量； 农村居民每百户照相机拥有量； 农村居民每百户自行车拥有量

（二）数据来源及处理

1. 数据来源

本部分所有数据均来源于《中国统计年鉴》1985～2010 年各期、各省区市统计年鉴各期、中国经济统计数据查询与辅助决策系统和中国统计数据应用系统。能源消费总量来源于《中国能源统计年鉴》（1997～1999 年）、《中国能源统计年鉴》（2000～2002 年）和《中国能源统计年鉴》（2006～2009 年）。反腐情况来源于《中国检察年鉴》1993～2009 年各期以及新华网和人民网。

由于重庆市 1997 年成立直辖市，1990～1996 年重庆的数据基本通过查询历年《重庆统计年鉴》获得，并根据实际情况对四川相应年份的数据进行调减。

（1）城市化率

城市化率采用各省区市 1990～2009 年的非农人口与总人口的比。城市化率

1993～2004 年的初始数据来自中宏数据库，2002～2007 年的初始农业人口来源于中国统计数据应用系统。而江苏的农业人口来源于《江苏统计年鉴2009》，宁夏 2001～2007 年农业人口来源于《宁夏统计年鉴2008》，北京的农业人口来源于《北京统计年鉴2008》，贵州 2005～2007 年的农业人口来源于《贵州统计年鉴2008》，浙江、山东、新疆 2002～2007 年的数据来源于对应省份 2008 年的统计年鉴，甘肃和陕西 2002～2004 年的数据分别来源于《甘肃统计年鉴2005》和《陕西统计年鉴2005》，重庆总人口和农业人口来自《重庆统计年鉴》各期。天津、江西、四川、广东、青海、上海、海南、河南、甘肃、吉林、福建、内蒙古、黑龙江、湖北和广西等省区市的城市化率来源于对应省份 2008 年的统计年鉴。城市化率的其他数据均来源于《中国统计年鉴》各期。

（2）人均国内生产总值指数

湖北 1990～1999 年的人均国内生产总值指数来源于《湖北统计年鉴2008》，重庆 1990～1995 年人均国内生产总值指数采用《重庆统计年鉴2008》重庆的国内生产总值指数，陕西 1990 年，1993～1999 年的人均国内生产总值指数采用《陕西统计年鉴2008》陕西的国内生产总值指数。

（3）城市登记失业率

重庆市城市登记失业率 1990～1996 年的数据来源于《重庆统计年鉴2006》。

（4）能源消费总量

1999 年和 2001 年的能源消费总量来源于中国经济统计数据查询与辅助决策系统，其他能源消费总量来源于《中国能源统计年鉴》：1996～1998 年的能源消费总量来源于《中国能源统计年鉴》（1997～1999 年）；2002 年来源于《中国能源统计年鉴2007》；1990 年、1995 年、2000 年、2004～2008 年来源于《中国能源统计年鉴2008》、《中国能源统计年鉴2009》。重庆 1990～1994 年的能源消费总量来源于《重庆统计年鉴1996》，重庆 1995 年和 1996 年的能源消费总量来源于《重庆统计年鉴2000》。

（5）电力消耗量

电力消耗量来源于《中国统计年鉴》各期。

（6）专利授权量

重庆 1990～1996 年的专利授权量用 1997 年重庆与四川的比乘以对应年份四川的专利授权量来表示。海南 1990～1992 年的国内发明专利申请授权量以 1993

年海南与广东的比乘以对应年份广东的专利授权量来表示。

（7）人力资本

人力资本涉及的各级毕业生及招生数来源于《中国统计年鉴》各期。重庆1990～1995 年各级毕业生及招生数来源于《重庆统计年鉴1996》，1996 年毕业生及招生数来源于《重庆统计年鉴1997》。

（8）工业"三废"综合利用产品产值

1990～1996 年工业"三废"综合利用产品产值来源于《重庆统计年鉴》1991 年、1992 年、1996 年和1997 年各期。

（9）市场化程度

重庆1990～1996 年国有单位年末在岗职工数和年末从业人员数来源于《重庆统计年鉴2006》。

（10）城镇社区服务设施数

城镇社区服务设施数来源于《中国统计年鉴》1992～2010 年各期。

（11）产品质量

产品质量来源于《中国统计年鉴》（1996～2010 年）。

（12）反腐情况

反腐情况来源于《中国检察年鉴》1993～2009 年各期及新华网和人民网。

（13）城镇家庭平均每人可支配收入

重庆1990 年和1993 年城镇家庭平均每人可支配收入用《重庆统计年鉴》1991 年和1993 年的城镇居民人均生活费收入。重庆1995 年城镇家庭平均每人可支配收入来源于《重庆统计年鉴1997》。

（14）农村居民家庭人均年纯收入

重庆1990 年、1993 年和1994 年农村居民家庭人均年纯收入来源于《重庆统计年鉴1996》，重庆1995 年和1996 年农村居民家庭人均年纯收入来源于《重庆统计年鉴1997》。

（15）人均储蓄存款

重庆1990 年，1993～1995 年城乡居民储蓄存款年底余额来源于《重庆统计年鉴1996》。

（16）城镇基本养老保险

2000～2009 年城镇基本养老保险数据来源于《中国统计年鉴》（2001～2010

年）。

（17）城镇基本医疗保险

2002～2009 年城镇基本医疗保险数据来源于《中国统计年鉴》（2003～2010年）。

（18）城镇失业保险

2000～2009 年城镇失业保险数据来源于《中国统计年鉴》（2001～2010 年）。

（19）农村社会养老保险

2006～2009 年农村社会养老保险数据来源于《中国统计年鉴 2009》、《中国统计年鉴 2010》。

2. 指标的处理

TFP 由 Malmquist 指数方法通过对 1978～2009 年 30 个省区市的不变价格 GDP、固定资本存量和年末就业人数进行计算得到。TFP 指标采用 TFP 指数，所得结果和采用 TFP 增长率完全一致。

全社会劳动生产率 = GDP/从业人员数

资本产出率 = 不变价格 GDP/不变价格固定资本存量

投资效果系数 = 不变价格 GDP/不变价格全社会固定资产投资完成额

GDP2 = 第二产业增加值（现价）/国内生产总值（现价）

GDP3 = 第三产业增加值（现价）/国内生产总值（现价）

城市化率 = 非农人口数量/总人口数量

经济增长波动率 =（本年经济增长率 - 上年经济增长率）/上年经济增长率；经济增长波动率指标 = 1/（1 + |经济增长波动率|）

对外开放稳定性 = 1/（1 + |进出口总额变化率|）

人均 GDP 增长率 =（上一年 = 100）人均 GDP 指数 - 100

GDP 增长率 =（上一年 = 100）GDP 指数 - 100

通货膨胀率指标 = 1/（1 + |居民消费价格变动率|）

失业率指标 = 1/城市登记失业率

劳动投入弹性系数 = 劳动投入增长率/经济增长率；劳动投入弹性指标 =

1/（1＋劳动投入弹性系数）

资本投入弹性系数＝资本投入增长率/经济增长率；资本投入弹性指标＝1/（1＋资本投入弹性系数）

万元 GDP 能耗＝能源消费总量/GDP；万元 GDP 能耗指标＝1/万元 GDP 能耗

能源消耗弹性系数＝能源消费总量增长率/GDP 增长率；能源消耗弹性指标＝1/（1＋能源消耗弹性系数）

万元 GDP 电力消耗量＝电力消费总量/GDP；万元 GDP 电力消耗指标＝1/万元 GDP 电力消耗量

专利授权量＝国内发明专利申请授权量＋国内实用新型专利申请授权量＋国内外观设计专利申请授权量

地方财政教育事业费支出比＝地方财政教育事业费支出/国内生产总值（现价）

人力资本＝（特殊教育毕业生数×1＋小学 H×1＋初中 H×1.7＋中等职业学校毕业生数×3.4＋高中 H×3.4＋高校毕业生数×22）/（特殊教育毕业生数＋小学 H＋初中 H＋中等职业学校毕业生数＋高中 H＋高校毕业生数）①

地方财政科学事业费支出比＝地方财政科学事业费支出/国内生产总值（现价）

有效劳动力比例＝15～64 岁人口数/年末总人口数

邮电业务总量＝邮电业务总量（现价）/GDP 价格指数

人均邮电业务量＝邮电业务总量/年底总人口数

人均水资源量＝水资源量/年底总人口数

万人耕地面积＝耕地面积/年底总人口数

工业固体废物综合利用率＝工业固体废物综合利用量/工业固体废物产生量

---

① 其中小学 H 表示小学毕业生人数减去小学升入初中的毕业生人数，初中 H 表示初中毕业生人数减去初中升入高中的毕业生人数，高中 H 表示高中毕业生人数减去高中升入大学的毕业生人数。各年级比例的设定参见边雅静、沈利生的《人力资本对我国东西部经济增长影响的实证分析》（2004）。

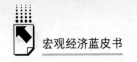

工业废水排放达标率 = 工业废水排放达标量/工业废水排放量

工业废气处理率 =（二氧化硫处理率 + 工业烟尘处理率 + 工业粉尘处理率）/3

二氧化硫处理率 = 工业二氧化硫去除量/工业二氧化硫排放量

工业烟尘处理率 = 工业烟尘去除量/工业烟尘排放量

工业粉尘处理率 = 工业粉尘去除量/工业粉尘排放量

工业"三废"综合利用产品产值比 = 工业"三废"综合利用产品产值/国内生产总值（现价）

治理工业污染项目投资额比例 = 治理工业污染项目投资额/国内生产总值（现价）

产品质量 =（优等品率×3 + 一等品率×2 + 合格品率×1）/6 – 损失率

万人城市园林绿地面积 = 城市园林绿地面积/年底总人口数

市场化程度 = 1 – 国有单位年末在岗职工数/年末从业人员数

交通事故指标 = 1/POWER［发生起数×（死亡人数×2 + 受伤人数×1），1/2］×100

火灾事故指标 = 1/POWER［发生起数×（死亡人数×2 + 受伤人数×1）×发生概率/100，1/3］

反贪腐情况 = POWER（查处案件数×挽回经济损失，1/2）

城市设施水平 = POWER（城市人均拥有铺装道路面积×城市人均公共绿地面积×城市燃气普及率×城市每万人拥有公共交通车辆×城市每万人拥有公共厕所数×城市人口用水普及率，1/6）

城镇家庭平均每人可支配收入指标 = 城镇家庭平均每人可支配收入/人均国内生产总值（现价）

农村居民家庭人均年纯收入指标 = 农村居民家庭人均年纯收入/人均国内生产总值（现价）

城乡人均纯收入比 = 城镇家庭人均可支配收入/农村居民家庭人均年纯收入

城乡人均纯收入比指标 = 1/城乡人均纯收入比

地方财政卫生事业费支出比 = 地方财政卫生事业费支出/国内生产总值（现价）

城镇居民恩格尔系数 = 城镇居民家庭人均食品消费支出/城镇居民家庭人均消费支出；城镇居民恩格尔系数指标 = 1/城镇居民恩格尔系数

农村居民恩格尔系数 = 农村居民人均食品总支出/农村居民人均生活消费总支出；农村居民恩格尔系数指标 = 1/农村居民恩格尔系数

人均储蓄存款 = 城乡居民储蓄存款年底余额/年底总人口数；人均储蓄存款额用固定资产投资价格指数进行折算

城镇基本养老保险比 = 城镇基本养老保险/年底总人口数

失业保险比 = 失业保险年末参保人数/年底总人口数

农村社会养老保险比 = 农村社会养老保险/年底总人口数

万人医生人数 = 医生人数/年底总人口数

万人卫生机构数 = 卫生机构数/年底总人口数

城乡消费水平比 = 城镇居民消费水平（现价）/农村居民消费水平（现价）

城乡消费水平指标 = 1/城乡消费水平比

消费结构采用城乡耐用品消费量的主成分分析结果。

3. 关于指标的一些说明

（1）省份多时间跨度大

本文对中国 30 个省、自治区和直辖市（简称省区市，包括重庆市；西藏数据不全，本次分析暂不考虑，港澳台因统计口径的不同也暂时不进行分析）1990～2009 年的发展前景进行评价，年份跨度长达 20 年。

（2）指标众多而系统

各省区市发展前景评价指标涉及面极其广泛，有近 60 个指标，实际指标达

200 个以上，完整地体现了各省区市发展前景评价中的经济增长、经济增长的可持续性、政府运行效率和人民生活及社会保障等各个方面的情况，能够较为全面客观地评价 1990～2009 年以来中国各省区市的发展前景。

（3）数据收集过程费时费力

由于中国各省区市的数据统计不是特别完善，收集数据尤其花费时间。部分数据可以从中国经济统计数据查询与辅助决策系统和中国统计数据应用系统直接得到，其他数据都需要查《中国统计年鉴》和各省区市统计年鉴各期获得。2000 年后各年鉴的数据多半是 excel 或者 html 格式，还稍微好处理一点。早期的年鉴，尤其是 1991～1996 年年鉴的数据基本是不可复制的，所有的数据基本靠人工录入，极其耗费时间。

（4）数据准确性问题

改革开放以来，中国的统计工作逐步完善，但仍有大量的经济数据没有被准确统计或者根本没有被统计到，全国的统计数据和各省份地方的数据互相存在冲突，各经济部门公布的数据也存在不一致的现象，因此在数据整理的过程中，对多种资料互相对比并得到比较准确的数据就非常关键。

比如截至目前，中国还没有一个历年的完整、准确的城市化率数据。本次收集城市化的数据参考了《中国统计年鉴》各期、各省区市统计年鉴、中国经济统计数据查询与辅助决策系统和中国统计数据应用系统等，才最终得出一个比较完整的各省区市 1990～2009 年的城市化率数据。

三　中国各省区市发展前景评价结果

中国各省区市的发展前景评价过程见附录。

（一）各省区市发展前景指数及排名情况

运用主成分分析法得出的中国各省区市发展前景排名情况（按排名顺序）、中国各省区市发展前景排名情况、各省区市 1990～2009 年发展前景指数（上一年 =100）和各省区市 1990～2009 年发展前景指数（以 1990 年为基期）分别见表 2、表 3、表 4 和表 5。1990 年和 2000 年以来、2007 年、2008 年和 2009 年 30 个省区市的发展前景综合评分分别见图 1、图 2、图 3、图 4 和图 5。

表2　中国各省区市 1990～2009 年发展前景排名情况（按排名顺序）

排名＼年份	1990	1991	1992	1993	1994	1995	1996	1997	1998	1999	2000
1	云南	广东	广东	上海	上海	上海	上海	上海	上海	上海	上海
2	广东	云南	海南	广东	广东	广东	广东	北京	北京	北京	北京
3	上海	海南	上海	云南	浙江	浙江	北京	广东	吉林	广东	江苏
4	福建	上海	云南	陕西	云南	北京	天津	江苏	广东	江苏	广东
5	海南	福建	浙江	浙江	北京	云南	浙江	浙江	海南	天津	浙江
6	山东	湖北	福建	山东	山东	天津	山东	山东	天津	浙江	天津
7	湖北	广西	山东	海南	江苏	山东	江苏	天津	浙江	山东	山东
8	广西	浙江	广西	北京	湖北	江苏	云南	辽宁	江苏	辽宁	辽宁
9	河北	山东	湖北	福建	天津	湖北	辽宁	云南	山东	福建	海南
10	湖南	天津	河北	安徽	福建	安徽	湖北	福建	辽宁	海南	湖北
11	北京	北京	北京	湖北	安徽	湖南	安徽	四川	福建	云南	福建
12	浙江	新疆	江苏	江苏	海南	四川	福建	安徽	四川	湖北	云南
13	贵州	青海	天津	广西	广西	辽宁	海南	海南	新疆	安徽	安徽
14	新疆	河北	辽宁	天津	河北	河北	四川	湖北	安徽	吉林	广西
15	天津	江苏	湖南	河北	湖南	河北	青海	广西	云南	湖南	四川
16	辽宁	甘肃	新疆	湖南	辽宁	广西	湖南	青海	陕西	新疆	青海
17	甘肃	内蒙古	四川	辽宁	四川	吉林	吉林	吉林	湖北	陕西	吉林
18	陕西	吉林	吉林	四川	青海	青海	陕西	陕西	湖南	四川	黑龙江
19	河南	黑龙江	贵州	吉林	新疆	海南	河北	新疆	青海	黑龙江	湖南
20	江苏	湖南	青海	河南	吉林	陕西	新疆	江西	内蒙古	广西	陕西
21	黑龙江	辽宁	陕西	青海	甘肃	新疆	广西	湖南	广西	青海	新疆
22	江西	贵州	黑龙江	贵州	贵州	甘肃	山西	河北	甘肃	河北	河北
23	青海	山西	江西	新疆	内蒙古	黑龙江	黑龙江	贵州	黑龙江	江西	甘肃
24	山西	河南	河南	江西	陕西	江西	四川	黑龙江	宁夏	内蒙古	江西
25	重庆	江西	甘肃	甘肃	河南	河南	贵州	山西	贵州	甘肃	内蒙古
26	吉林	宁夏	安徽	内蒙古	重庆	贵州	甘肃	甘肃	江西	贵州	贵州
27	安徽	重庆	重庆	重庆	宁夏	山西	宁夏	内蒙古	河北	宁夏	宁夏
28	宁夏	陕西	内蒙古	山西	山西	宁夏	重庆	重庆	山西	山西	河南
29	内蒙古	四川	宁夏	黑龙江	黑龙江	重庆	河南	宁夏	河南	河南	重庆
30	四川	安徽	山西	宁夏	江西	内蒙古	内蒙古	河南	重庆	重庆	山西

续表 2

排名\年份	2001	2002	2003	2004	2005	2006	2007	2008	2009	平均	2000后
1	上海	上海	上海	上海	上海	上海	上海	上海	上海	上海	上海
2	北京	北京	北京	北京	北京	北京	北京	北京	北京	北京	北京
3	广东	广东	广东	广东	浙江	浙江	浙江	广东	广东	广东	广东
4	江苏	江苏	浙江	浙江	广东	广东	广东	浙江	浙江	浙江	浙江
5	浙江	浙江	江苏	江苏	江苏	江苏	江苏	江苏	江苏	江苏	江苏
6	天津	天津	天津	天津	天津	天津	天津	天津	天津	天津	天津
7	福建	辽宁	辽宁	辽宁	辽宁	山东	山东	山东	山东	山东	山东
8	辽宁	山东	山东	山东	山东	辽宁	辽宁	辽宁	福建	辽宁	辽宁
9	山东	湖北	福建	福建	福建	福建	海南	福建	辽宁	福建	福建
10	湖北	福建	海南	海南	青海	湖北	黑龙江	海南	海南	海南	海南
11	广西	云南	云南	黑龙江	黑龙江	青海	福建	青海	四川	云南	黑龙江
12	海南	海南	黑龙江	湖北	海南	四川	青海	宁夏	青海	湖北	湖北
13	黑龙江	黑龙江	湖北	云南	四川	海南	宁夏	陕西	青海	青海	青海
14	云南	广西	青海	新疆	湖北	黑龙江	湖北	黑龙江	四川	四川	四川
15	安徽	新疆	广西	青海	新疆	安徽	四川	江西	江西	广西	云南
16	湖南	湖南	四川	四川	贵州	湖南	新疆	吉林	湖北	湖南	新疆
17	新疆	四川	安徽	河北	云南	云南	贵州	云南	重庆	吉林	湖南
18	青海	安徽	新疆	安徽	湖南	河北	吉林	四川	内蒙古	黑龙江	安徽
19	四川	青海	湖南	湖南	河北	吉林	云南	内蒙古	吉林	安徽	吉林
20	陕西	内蒙古	陕西	广西	内蒙古	内蒙古	内蒙古	新疆	湖南	新疆	广西
21	吉林	甘肃	吉林	陕西	安徽	贵州	湖南	贵州	宁夏	陕西	陕西
22	内蒙古	陕西	甘肃	吉林	吉林	广西	安徽	安徽	安徽	河北	内蒙古
23	甘肃	吉林	河北	甘肃	甘肃	新疆	重庆	湖南	贵州	贵州	贵州
24	江西	河北	山西	内蒙古	陕西	陕西	甘肃	重庆	新疆	甘肃	河北
25	河北	江西	贵州	贵州	广西	甘肃	山西	广西	广西	内蒙古	甘肃
26	贵州	宁夏	内蒙古	山西	江西	重庆	陕西	陕西	山西	江西	宁夏
27	宁夏	贵州	江西	江西	重庆	山西	河北	山西	河南	宁夏	江西
28	山西	河南	宁夏	重庆	山西	江西	广西	甘肃	河北	山西	山西
29	河南	山西	河南	宁夏	宁夏	河南	江西	河北	云南	重庆	重庆
30	重庆	重庆	重庆	河南	河南	宁夏	河南	河南	甘肃	河南	河南

表3　中国各省区市1990～2009 年发展前景排名情况

地区＼年份	1990	1991	1992	1993	1994	1995	1996	1997	1998	1999	2000
北　京	11	11	11	8	5	4	3	2	2	2	2
天　津	15	10	13	14	9	6	4	7	6	5	6
河　北	9	14	10	15	14	15	19	22	27	22	22
山　西	24	23	30	28	28	27	22	25	28	28	30
内蒙古	29	17	28	26	23	30	30	27	20	24	25
辽　宁	16	21	14	17	16	13	9	8	10	8	8
吉　林	26	18	18	19	20	17	17	17	3	14	17
黑龙江	21	19	22	29	29	23	23	24	23	19	18
上　海	3	4	3	1	1	1	1	1	1	1	1
江　苏	20	15	12	12	7	8	7	4	8	4	3
浙　江	12	8	5	5	3	3	5	5	7	6	5
安　徽	27	30	26	10	11	10	11	12	14	13	13
福　建	4	5	6	9	10	14	12	10	11	9	11
江　西	22	25	23	24	30	24	24	20	26	23	24
山　东	6	9	7	6	6	7	6	6	9	7	7
河　南	19	24	24	20	25	25	29	30	29	29	28
湖　北	7	6	9	11	8	9	10	14	17	12	10
湖　南	10	20	15	16	15	11	16	21	18	15	19
广　东	2	1	1	2	2	2	2	3	4	3	4
广　西	8	7	8	13	13	16	21	15	21	20	14
海　南	5	3	2	7	12	19	13	13	5	10	9
重　庆	25	27	27	27	26	29	28	28	30	30	29
四　川	30	29	17	18	17	12	14	11	12	18	15
贵　州	13	22	19	22	22	26	25	23	25	26	26
云　南	1	2	4	3	4	5	8	9	15	11	12
陕　西	18	28	21	4	24	20	18	18	16	17	20
甘　肃	17	16	25	25	21	22	26	26	22	25	23
青　海	23	13	20	21	18	18	15	16	19	21	16
宁　夏	28	26	29	30	27	28	27	29	24	27	27
新　疆	14	12	16	23	19	21	20	19	13	16	21

年份 地区	2001	2002	2003	2004	2005	2006	2007	2008	2009	平均	2000后
北　京	2	2	2	2	2	2	2	2	2	2	2
天　津	6	6	6	6	6	6	6	6	6	6	6
河　北	25	24	23	17	19	18	27	29	28	22	24
山　西	28	29	24	26	28	27	25	27	26	28	28
内蒙古	22	20	26	24	20	20	20	19	18	25	22
辽　宁	8	7	7	7	7	8	8	8	9	7	8
吉　林	21	23	21	22	22	19	18	16	19	17	19
黑龙江	13	13	12	11	11	14	10	13	14	18	11
上　海	1	1	1	1	1	1	1	1	1	1	1
江　苏	4	4	5	5	5	5	5	5	5	5	5
浙　江	5	5	4	4	3	3	3	4	4	4	4
安　徽	15	18	17	18	21	15	22	22	22	19	18
福　建	7	10	9	9	9	9	11	9	8	9	9
江　西	24	25	27	27	26	28	29	15	15	26	27
山　东	9	8	8	8	8	7	7	7	7	7	7
河　南	29	28	29	30	30	29	30	30	27	30	30
湖　北	10	9	13	12	14	10	14	14	16	12	12
湖　南	16	16	19	19	18	16	21	23	20	16	17
广　东	3	3	3	3	4	4	4	3	3	3	3
广　西	11	14	15	20	25	22	28	25	25	15	20
海　南	12	12	10	10	12	13	9	10	10	10	10
重　庆	30	30	30	28	27	26	23	24	17	29	29
四　川	19	17	16	16	13	12	15	18	11	14	14
贵　州	26	27	25	25	16	21	17	21	23	23	23
云　南	14	11	11	13	17	17	19	17	29	11	15
陕　西	20	22	20	21	24	24	26	26	13	21	21
甘　肃	23	21	22	23	23	25	24	28	30	24	25
青　海	18	19	14	15	10	11	12	11	12	13	13
宁　夏	27	26	28	29	29	30	13	12	21	27	26
新　疆	17	15	18	14	15	23	16	20	24	20	16

表4　中国各省区市1990～2009年发展前景指数（上一年＝100）

地区＼年份	1990	1991	1992	1993	1994	1995	1996	1997	1998	1999
北　京	100	107.6	124.9	112.4	100.7	104.5	107.1	111.6	115.2	105.3
天　津	100	117.6	109.1	115.2	102.1	107.1	106.9	101.6	113.5	108.1
河　北	100	96.4	131.8	101.9	95.1	98.8	101.0	102.2	96.8	109.2
辽　宁	100	95.3	132.1	114.1	97.9	101.0	111.5	109.3	108.5	104.2
上　海	100	98.3	118.6	115.9	98.3	106.2	107.0	106.3	112.3	101.8
江　苏	100	117.6	128.1	111.5	100.1	102.3	104.5	109.5	105.8	113.1
浙　江	100	118.2	132.8	103.3	103.3	99.6	99.0	103.9	109.9	108.5
福　建	100	93.2	116.7	102.7	93.6	93.0	106.4	110.9	99.7	109.3
山　东	100	100.9	125.9	105.4	96.8	101.9	104.3	105.8	106.7	107.8
广　东	100	110.0	109.6	98.8	97.9	101.2	102.7	109.3	106.5	106.9
海　南	100	116.6	118.8	90.2	90.1	90.5	111.5	108.7	124.9	88.6
东部平均	100	105.9	121.7	105.9	97.8	100.8	105.5	107.2	109.4	105.4
山　西	100	108.3	94.9	130.2	100.1	106.0	108.1	101.0	95.5	106.1
吉　林	100	131.8	114.1	110.2	94.8	110.0	103.7	107.5	151.8	73.1
黑龙江	100	115.6	105.3	104.7	100.1	110.3	101.6	106.4	106.8	109.4
安　徽	100	103.9	134.3	153.3	91.8	101.7	99.8	108.2	99.2	105.0
江　西	100	103.7	119.7	110.6	92.8	112.5	101.0	116.8	94.3	108.2
河　南	100	97.8	116.4	118.0	92.1	104.6	97.8	97.5	102.0	110.9
湖　北	100	107.1	113.5	107.8	97.7	101.1	97.0	106.1	96.4	110.1
湖　南	100	93.3	120.4	118.8	95.1	103.7	99.2	102.4	103.9	110.0
中部平均	100	106.9	114.3	118.2	95.4	105.8	100.9	105.8	106.5	101.9
内蒙古	100	151.4	97.6	114.0	102.9	97.5	102.3	106.7	118.1	101.0
广　西	100	109.1	115.3	105.0	93.7	95.2	96.7	115.2	96.6	107.5
重　庆	100	105.8	118.1	112.3	100.1	100.6	103.3	102.8	91.9	114.5
四　川	100	144.8	144.5	112.0	98.8	104.6	103.4	111.0	99.3	100.1
贵　州	100	92.0	122.5	105.2	98.9	101.4	102.0	111.8	101.0	105.7
云　南	100	106.8	103.1	103.9	98.7	97.4	97.7	100.0	95.9	110.9
陕　西	100	87.9	128.4	155.3	70.0	108.4	109.2	108.0	102.7	104.2
甘　肃	100	108.7	99.3	111.3	104.3	102.9	97.0	103.1	114.3	103.6
青　海	100	130.1	101.7	108.8	104.6	103.9	106.6	105.7	98.8	104.8
宁　夏	100	126.7	111.7	110.8	103.6	102.4	103.1	97.0	120.4	99.5
新　疆	100	113.4	107.0	98.3	103.9	101.5	107.5	110.2	106.7	102.5
西部平均	100	113.0	112.0	111.7	97.1	101.2	102.5	106.5	103.5	104.7
全国平均	100	108.5	116.6	110.7	97.0	102.2	103.3	106.6	106.7	104.3

续表4

地区＼年份	2000	2001	2002	2003	2004	2005	2006	2007	2008	2009
北　京	108.3	108.2	105.0	113.1	105.3	106.2	109.6	122.6	102.5	108.3
天　津	106.9	102.5	108.9	102.9	109.8	105.1	108.8	115.8	98.0	105.0
河　北	111.6	105.3	103.7	102.1	104.8	104.8	105.7	110.8	101.0	113.2
辽　宁	109.0	107.3	101.6	104.6	104.9	104.7	101.1	118.8	99.1	108.9
上　海	110.5	106.1	102.3	109.7	106.5	103.1	111.1	128.5	102.0	111.9
江　苏	114.1	106.0	105.6	102.8	103.9	106.7	105.2	117.5	107.3	116.5
浙　江	109.9	112.3	101.5	109.9	109.1	108.8	105.9	118.8	103.9	112.6
福　建	103.6	126.7	86.9	107.6	102.7	106.7	106.9	114.7	105.1	115.0
山　东	106.3	102.1	100.0	101.1	103.7	106.5	111.6	115.7	105.4	112.1
广　东	107.6	108.1	107.5	109.3	106.3	102.3	104.4	119.2	109.4	112.5
海　南	106.6	104.6	102.9	104.6	98.4	106.7	102.8	130.7	102.2	109.7
东部平均	108.7	107.9	102.5	106.6	105.3	105.5	106.9	119.8	103.3	111.4
山　西	103.1	117.7	103.8	108.8	101.2	101.2	107.3	120.1	104.3	109.4
吉　林	105.1	104.0	102.5	102.4	98.8	105.9	107.6	120.0	104.3	109.8
黑龙江	111.4	112.0	102.4	103.9	99.4	107.8	101.9	128.8	95.7	108.8
安　徽	107.1	108.3	100.2	101.5	97.8	105.4	107.4	111.8	102.7	111.5
江　西	110.4	106.9	101.3	97.0	102.9	105.9	106.1	115.2	117.7	111.3
河　南	110.3	109.9	109.1	98.1	99.9	106.3	108.5	116.1	104.3	115.9
湖　北	111.7	107.1	104.9	96.2	100.9	107.8	106.7	113.3	102.1	110.9
湖　南	105.3	109.2	103.0	98.3	99.6	107.1	105.6	114.8	103.7	113.9
中部平均	108.1	109.1	103.3	100.7	100.0	106.0	106.3	117.6	104.6	111.4
内蒙古	104.3	117.1	103.1	95.7	103.6	109.4	105.6	117.0	105.6	111.3
广　西	113.2	110.7	101.1	100.0	96.3	102.8	109.0	109.9	108.5	111.1
重　庆	109.3	109.7	103.2	105.1	104.4	106.9	109.0	119.4	105.3	115.7
四　川	110.4	105.4	105.4	101.5	101.1	109.9	104.8	114.1	100.9	118.9
贵　州	105.1	108.1	106.8	102.2	102.0	111.8	103.7	120.5	102.1	110.0
云　南	104.7	107.0	103.7	103.9	97.0	101.6	104.4	116.8	105.6	102.4
陕　西	107.9	105.8	102.3	102.5	99.0	104.4	105.5	114.8	106.1	120.5
甘　肃	112.2	106.6	105.2	99.9	101.0	105.3	105.0	116.0	103.4	107.9
青　海	112.8	106.2	102.2	104.6	100.7	111.5	103.6	120.4	104.0	107.2
宁　夏	109.6	108.7	106.9	97.4	98.8	108.9	103.7	139.6	106.5	102.2
新　疆	103.7	110.9	105.8	98.9	102.8	106.1	99.1	122.2	102.5	107.2
西部平均	108.4	108.7	104.1	101.0	100.5	107.1	104.8	119.0	104.5	110.3
全国平均	108.4	108.4	103.2	103.3	102.5	106.1	106.1	119.0	104.0	111.0

表5　中国各省区市 1990～2009 年发展前景指数（以 1990 年为基期）

地区＼年份	1990	1991	1992	1993	1994	1995	1996	1997	1998	1999
北　京	100	107.6	134.4	151.0	152.0	159.0	170.2	189.9	218.8	230.4
天　津	100	117.6	128.3	147.7	150.8	161.5	172.7	175.5	199.1	215.2
河　北	100	96.4	127.1	129.5	123.2	121.7	122.9	125.7	121.7	132.9
辽　宁	100	95.3	125.9	143.6	140.5	142.0	158.3	173.0	187.7	195.5
上　海	100	98.3	116.5	135.0	132.7	140.9	150.7	160.3	180.1	183.3
江　苏	100	117.6	150.6	168.0	168.1	171.9	179.7	196.9	208.3	235.5
浙　江	100	118.2	157.0	162.0	167.3	166.7	164.9	171.4	188.4	204.5
福　建	100	93.2	108.8	111.6	104.5	97.1	103.4	114.7	114.3	124.9
山　东	100	100.9	127.1	134.0	129.7	132.1	137.8	145.8	155.6	167.7
广　东	100	110.0	120.6	119.1	116.7	118.1	121.2	132.5	141.1	150.8
海　南	100	116.6	138.5	125.0	112.6	102.0	113.7	123.6	154.3	136.7
东部平均	100	105.9	128.9	136.4	133.5	134.5	141.9	152.1	166.3	175.3
山　西	100	108.3	102.7	133.8	133.9	141.9	153.5	155.1	148.1	157.2
吉　林	100	131.8	150.3	165.7	157.2	172.9	179.7	193.1	293.2	214.4
黑龙江	100	115.6	121.8	127.5	127.7	140.8	143.0	152.1	162.4	177.8
安　徽	100	103.9	139.5	213.9	196.4	199.7	199.3	215.7	214.0	224.8
江　西	100	103.7	124.2	137.3	127.4	143.3	144.8	169.2	159.7	172.8
河　南	100	97.8	113.8	134.3	123.7	129.4	126.6	123.4	125.9	139.6
湖　北	100	107.1	121.5	131.0	128.0	129.4	125.5	133.2	128.4	141.4
湖　南	100	93.3	112.4	133.3	126.8	131.5	130.5	133.6	138.8	152.6
中部平均	100	106.9	122.2	144.5	137.9	145.9	147.3	155.8	165.9	169.0
内蒙古	100	151.4	147.7	168.4	173.2	168.8	172.7	183.6	216.8	219.1
广　西	100	109.1	125.7	132.1	123.7	117.8	114.0	131.3	126.8	136.4
重　庆	100	105.8	124.9	140.3	140.4	141.2	145.8	149.9	137.8	157.8
四　川	100	144.8	209.2	234.3	231.6	242.4	250.6	278.3	276.3	276.5
贵　州	100	92.0	112.7	118.6	117.3	119.0	121.4	135.7	137.1	144.9
云　南	100	106.8	110.1	114.4	113.1	110.2	107.7	107.7	103.2	114.5
陕　西	100	87.9	112.4	175.3	122.7	133.0	145.2	156.9	161.1	167.8
甘　肃	100	108.7	107.9	120.1	125.3	128.9	125.0	128.9	147.4	152.6
青　海	100	130.1	132.3	144.0	150.6	156.4	166.8	176.2	174.1	182.4
宁　夏	100	126.7	141.6	156.8	162.5	166.4	171.6	166.5	200.4	199.5
新　疆	100	113.4	121.4	119.4	124.0	125.2	135.2	149.0	159.0	163.0
西部平均	100	113.0	126.5	141.3	137.2	138.9	142.3	151.5	156.9	164.3
全国平均	100	108.5	126.5	140.0	135.8	138.7	143.3	152.8	163.1	170.1

年份 地区	2000	2001	2002	2003	2004	2005	2006	2007	2008	2009
北　京	249.6	270.0	283.5	320.6	337.5	358.4	392.8	481.4	493.6	534.4
天　津	230.1	236.0	257.0	264.4	290.4	305.2	332.1	384.4	376.6	395.5
河　北	148.3	156.2	161.9	165.3	173.2	181.5	191.8	212.5	214.6	243.0
辽　宁	213.0	228.6	232.2	242.8	254.6	266.6	269.5	320.0	317.1	345.2
上　海	202.6	214.9	219.9	241.1	256.7	264.6	294.1	377.8	385.4	431.3
江　苏	268.7	284.9	300.8	309.3	321.2	342.6	360.4	423.6	454.5	529.7
浙　江	224.7	252.2	256.0	281.3	307.0	334.0	353.6	420.0	436.4	491.1
福　建	129.3	163.8	142.4	153.3	157.3	167.9	179.4	205.8	216.3	248.7
山　东	178.3	182.1	182.2	184.2	191.0	203.3	226.8	262.3	276.5	310.0
广　东	162.2	175.2	188.3	205.8	218.8	223.7	233.6	278.5	304.7	342.7
海　南	145.7	152.4	156.7	164.0	161.4	172.2	177.1	231.5	236.6	259.6
东部平均	190.5	205.4	210.5	224.3	236.2	249.2	266.4	319.2	329.9	367.4
山　西	162.1	190.8	198.1	215.6	218.8	220.8	237.0	284.7	296.9	324.7
吉　林	225.4	234.4	240.3	246.1	243.3	257.6	277.1	332.5	347.0	380.8
黑龙江	198.1	221.9	227.3	236.1	234.6	252.8	257.6	331.8	317.6	345.5
安　徽	240.8	260.9	261.5	265.4	259.5	273.6	293.8	328.5	352.1	392.7
江　西	190.7	203.8	206.5	200.4	206.1	218.2	231.5	266.7	313.9	349.3
河　南	154.1	169.4	184.8	181.3	181.2	192.5	208.9	242.4	253.0	293.1
湖　北	157.9	169.1	177.5	170.8	172.3	185.7	198.1	224.6	229.2	254.3
湖　南	160.7	175.4	180.7	177.7	177.0	189.6	200.2	229.9	238.4	271.6
中部平均	182.6	199.3	205.9	207.3	207.3	219.7	233.5	274.5	287.1	319.7
内蒙古	228.6	267.7	276.0	264.0	273.7	299.3	316.0	369.9	390.7	435.0
广　西	154.4	170.9	172.8	172.8	166.3	171.0	186.5	205.0	222.4	247.1
重　庆	172.5	189.3	195.3	205.2	214.2	228.9	249.5	297.8	313.5	362.6
四　川	305.4	321.8	339.3	344.4	348.2	382.5	401.1	457.8	461.8	549.0
贵　州	152.2	164.5	175.7	179.7	183.2	204.9	212.5	256.0	261.4	287.6
云　南	119.9	128.2	133.0	138.2	134.1	136.2	142.2	166.1	175.5	179.7
陕　西	181.1	191.5	195.8	200.7	198.6	207.4	218.8	251.2	266.5	321.1
甘　肃	171.3	182.6	192.1	191.9	193.9	204.1	214.2	248.5	257.0	277.3
青　海	205.8	218.6	223.3	233.6	235.2	262.2	271.7	327.3	340.3	364.7
宁　夏	218.6	237.6	253.9	247.2	244.3	265.9	275.9	385.1	410.0	419.1
新　疆	169.0	187.5	198.4	196.3	201.7	214.1	212.5	259.6	265.6	284.7
西部平均	178.1	193.5	201.5	203.5	204.6	219.1	229.6	273.1	285.5	314.8
全国平均	184.4	200.0	206.4	213.3	218.7	232.0	246.2	293.0	304.7	338.3

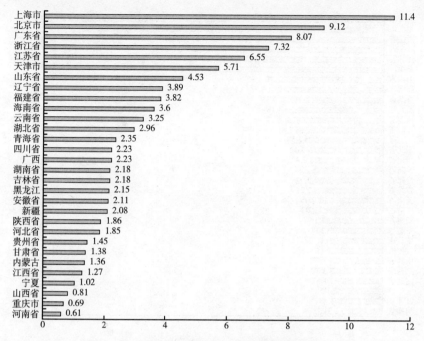

图 1　30 个省区市 1990 年以来发展前景综合评分

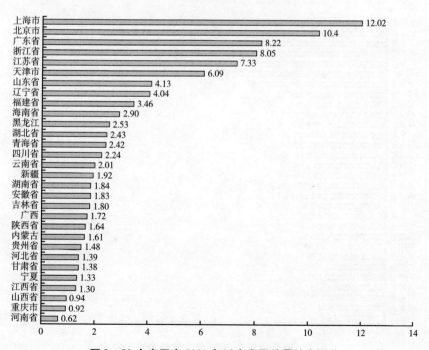

图 2　30 个省区市 2000 年以来发展前景综合评分

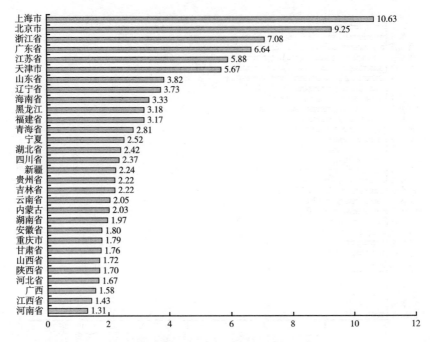

图3 30 个省区市 2007 年发展前景综合评分

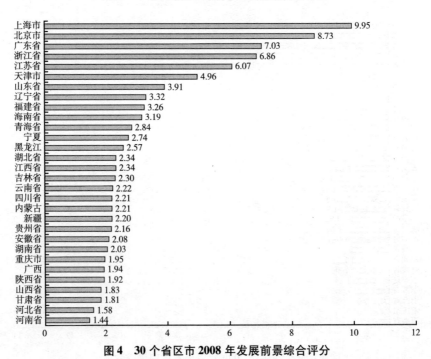

图4 30 个省区市 2008 年发展前景综合评分

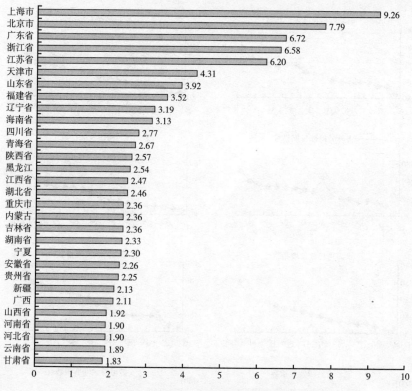

图5　30个省区市2009年发展前景综合评分

　　30个省区市以1990年为基期的发展前景指数图见图6。从图6中可以看出，20年来四川省的发展前景指数改善最大，云南省的发展前景指数改善最小。

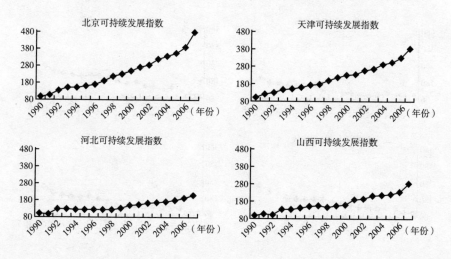

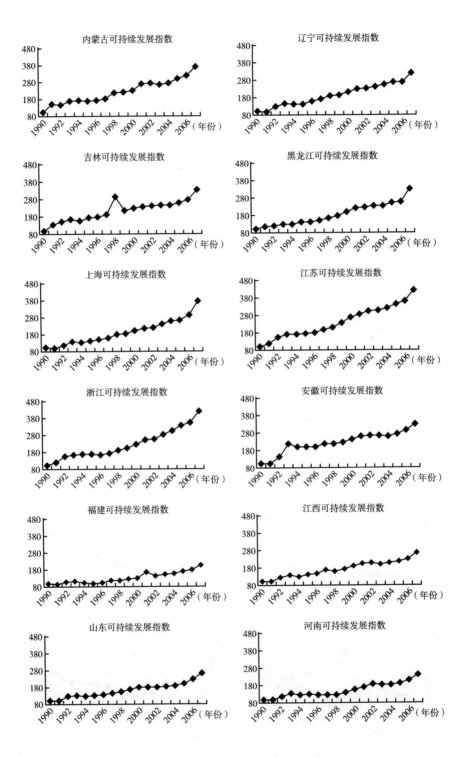

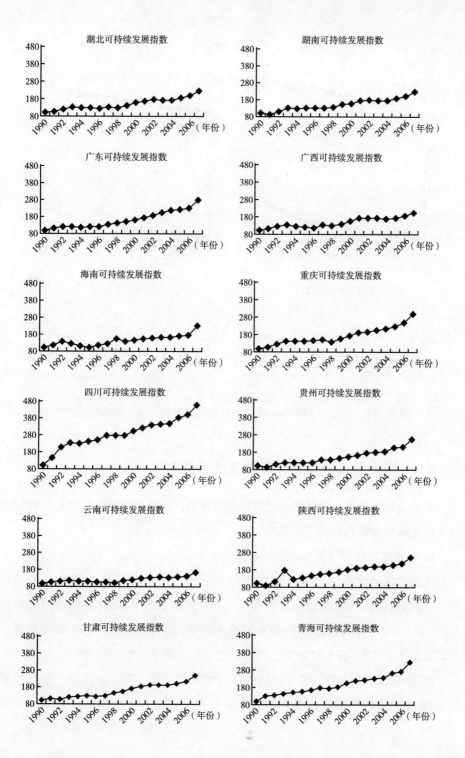

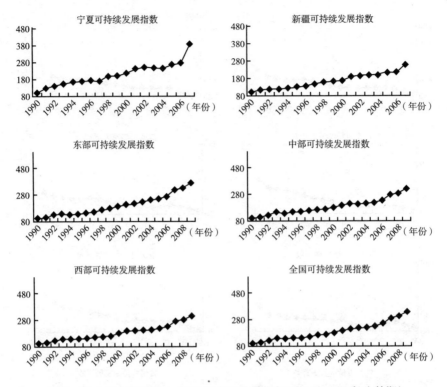

图6　30个省区市1990～2009年发展前景指数图（以1990年为基期）

（二）各省区市一级指标指数及排名情况

下面是各省区市发展前景一级指标经济增长、增长可持续性、政府运行效率和人民生活的增长指数及排名状况。

1. 各省区市经济增长指数及排名情况

通过主成分分析法可以得出中国各省区市经济增长排名情况（按排名顺序）、中国各省区市经济增长排名情况、各省区市1990～2009年经济增长指数（上一年=100）和各省区市1990～2009年经济增长指数（以1990年为基期），分别见表6、表7、表8和表9。

30个省区市以1990年为基期的经济增长指数图见图7。从图7中可以看出，20年来重庆市的经济增长指数改善最大，甘肃省的经济增长指数改善最小。

表6 中国各省区市 1990～2009 年经济增长排名情况（按排名顺序）

排名\年份	1990	1991	1992	1993	1994	1995	1996	1997	1998	1999	2000
1	北京	北京	海南	北京	北京	北京	天津	北京	北京	北京	北京
2	上海	上海	北京	上海	上海	天津	北京	天津	上海	上海	上海
3	新疆	新疆	上海	福建	天津	上海	上海	上海	天津	天津	天津
4	甘肃	广东	江苏	海南	福建	广东	辽宁	辽宁	辽宁	辽宁	江苏
5	福建	甘肃	福建	广东	广东	江苏	广东	江苏	江苏	广东	广东
6	广东	福建	广东	天津	江苏	黑龙江	黑龙江	陕西	海南	江苏	辽宁
7	黑龙江	海南	山东	安徽	安徽	吉林	山西	黑龙江	广东	黑龙江	海南
8	江西	天津	江西	江苏	山东	安徽	吉林	福建	吉林	福建	陕西
9	河北	河北	天津	山东	辽宁	福建	陕西	江西	内蒙古	陕西	吉林
10	海南	黑龙江	浙江	辽宁	浙江	山东	福建	山西	山东	海南	黑龙江
11	湖南	浙江	河北	浙江	吉林	山西	江苏	吉林	福建	新疆	福建
12	陕西	江西	辽宁	河北	新疆	甘肃	内蒙古	海南	陕西	山东	新疆
13	贵州	广西	山西	山西	黑龙江	辽宁	安徽	湖南	浙江	吉林	湖北
14	辽宁	山东	吉林	吉林	陕西	陕西	山东	山东	黑龙江	安徽	山东
15	山东	吉林	新疆	陕西	甘肃	湖南	江西	内蒙古	山西	江西	江西
16	湖北	内蒙古	安徽	江西	河北	江西	海南	安徽	宁夏	湖南	四川
17	广西	湖北	陕西	河南	河南	河南	宁夏	四川	新疆	内蒙古	安徽
18	内蒙古	辽宁	广西	甘肃	江西	河北	甘肃	浙江	江西	浙江	山西
19	吉林	贵州	黑龙江	湖南	海南	青海	湖南	甘肃	湖南	山西	湖南
20	天津	陕西	河南	广西	山西	浙江	河北	新疆	青海	河南	浙江
21	浙江	湖南	湖南	湖北	内蒙古	海南	河南	青海	安徽	青海	河北
22	江苏	江苏	湖北	黑龙江	湖南	内蒙古	浙江	广东	甘肃	甘肃	云南
23	河南	山西	甘肃	四川	湖北	四川	四川	河北	四川	宁夏	广西
24	山西	河南	贵州	内蒙古	云南	广西	云南	湖北	河北	湖北	甘肃
25	云南	云南	四川	贵州	四川	宁夏	新疆	贵州	贵州	云南	内蒙古
26	青海	青海	内蒙古	新疆	广西	新疆	贵州	云南	河南	贵州	河南
27	宁夏	宁夏	云南	青海	贵州	云南	青海	宁夏	广西	四川	宁夏
28	安徽	安徽	青海	云南	青海	湖北	重庆	河南	云南	河北	青海
29	四川	四川	重庆	宁夏	宁夏	重庆	湖北	广西	湖北	广西	贵州
30	重庆	重庆	宁夏	重庆	重庆	贵州	广西	重庆	重庆	重庆	重庆

续表6

排名\年份	2001	2002	2003	2004	2005	2006	2007	2008	2009	平均	2000后
1	北京	上海	上海	上海	上海	上海	上海	上海	上海	北京	上海
2	上海	天津	天津	北京	天津	天津	天津	天津	天津	上海	天津
3	天津	北京	北京	天津	北京	北京	北京	广东	北京	天津	北京
4	辽宁	江苏	广东	广东	广东	广东	广东	北京	江苏	广东	广东
5	江苏	广东	辽宁	江苏	江苏	江苏	江苏	江苏	广东	江苏	江苏
6	广东	辽宁	江苏	辽宁	内蒙古	辽宁	海南	辽宁	辽宁	辽宁	辽宁
7	黑龙江	海南	黑龙江	浙江	辽宁	海南	辽宁	内蒙古	海南	海南	海南
8	陕西	黑龙江	海南	黑龙江	浙江	内蒙古	浙江	福建	山东	福建	黑龙江
9	吉林	福建	福建	吉林	海南	福建	福建	吉林	内蒙古	黑龙江	福建
10	福建	陕西	浙江	海南	黑龙江	浙江	山东	浙江	福建	吉林	浙江
11	山东	山东	湖北	新疆	福建	黑龙江	内蒙古	海南	浙江	山东	内蒙古
12	海南	湖北	山西	福建	湖北	新疆	吉林	黑龙江	吉林	浙江	吉林
13	山西	吉林	陕西	湖北	吉林	山东	黑龙江	山东	黑龙江	内蒙古	山东
14	湖北	湖南	内蒙古	山东	河北	湖北	青海	青海	湖北	陕西	湖北
15	内蒙古	浙江	山东	四川	湖南	吉林	湖北	湖北	湖南	新疆	新疆
16	新疆	山西	河北	陕西	青海	河北	新疆	湖南	青海	湖南	湖南
17	湖南	内蒙古	湖南	内蒙古	新疆	湖南	湖南	新疆	新疆	湖北	陕西
18	安徽	安徽	吉林	甘肃	山东	青海	宁夏	宁夏	四川	山西	青海
19	浙江	河北	四川	河北	四川	四川	四川	甘肃	宁夏	河北	四川
20	江西	青海	新疆	山西	山西	山西	河北	陕西	甘肃	四川	河北
21	河北	甘肃	广西	湖南	陕西	甘肃	甘肃	四川	河北	江西	山西
22	广西	河南	甘肃	安徽	甘肃	山西	陕西	河北	重庆	安徽	甘肃
23	河南	新疆	云南	河南	河南	河南	贵州	贵州	甘肃	青海	宁夏
24	四川	云南	安徽	青海	宁夏	宁夏	山西	江西	江西	河南	安徽
25	宁夏	宁夏	河南	云南	青海	贵州	重庆	山西	贵州	四川	河南
26	甘肃	广西	青海	广西	广西	江西	广西	河南	云南	宁夏	江西
27	云南	江西	宁夏	江西	江西	广西	安徽	云南	河南	广西	广西
28	青海	四川	江西	宁夏	宁夏	安徽	云南	江西	广西	云南	云南
29	重庆	重庆	重庆	重庆	贵州	重庆	河南	安徽	山西	贵州	贵州
30	贵州	贵州	贵州	贵州	重庆	云南	江西	广西	广西	重庆	重庆

表7　中国各省区市1990～2009 年经济增长排名情况

年份 地区	1990	1991	1992	1993	1994	1995	1996	1997	1998	1999	2000
北 京	1	1	2	1	1	1	2	1	1	1	1
天 津	20	8	9	6	3	2	1	2	3	3	3
河 北	9	9	11	12	16	18	20	23	24	28	21
山 西	24	23	13	13	20	11	7	10	15	19	18
内蒙古	18	16	26	24	21	22	12	15	9	17	25
辽 宁	14	18	12	10	9	13	4	4	4	4	6
吉 林	19	15	14	14	11	7	8	11	8	13	9
黑龙江	7	10	19	22	13	6	6	7	14	7	10
上 海	2	2	3	2	2	3	3	3	2	2	2
江 苏	22	22	4	8	6	5	11	5	5	6	4
浙 江	21	11	10	11	10	20	22	18	13	18	20
安 徽	28	28	16	7	7	8	13	16	21	14	17
福 建	5	6	5	3	4	9	10	8	11	8	11
江 西	8	12	8	16	18	16	15	9	18	15	15
山 东	15	14	7	9	8	10	14	14	10	12	14
河 南	23	24	20	17	17	17	21	28	26	20	26
湖 北	16	17	22	21	23	28	29	24	29	24	13
湖 南	11	21	21	19	22	15	19	13	19	16	19
广 东	6	4	6	5	5	4	5	22	7	5	5
广 西	17	13	18	20	26	24	30	29	27	29	23
海 南	10	7	1	4	19	21	16	12	6	10	7
重 庆	30	30	29	30	30	29	28	30	30	30	30
四 川	29	29	25	23	25	23	23	17	23	27	16
贵 州	13	19	24	25	27	30	26	25	25	26	29
云 南	25	25	27	28	24	27	24	26	28	25	22
陕 西	12	20	17	15	14	14	9	6	12	9	8
甘 肃	4	5	23	18	15	12	18	19	22	22	24
青 海	26	26	28	27	28	19	27	21	20	21	28
宁 夏	27	27	30	29	29	25	17	27	16	23	27
新 疆	3	3	15	26	12	26	25	20	17	11	12

地区\年份	2001	2002	2003	2004	2005	2006	2007	2008	2009	平均	2000后
北　京	1	3	3	2	3	3	3	4	3	1	3
天　津	3	2	2	3	2	2	2	2	2	3	2
河　北	21	19	16	19	14	16	20	22	21	19	20
山　西	13	16	12	20	20	22	24	25	29	18	21
内蒙古	15	17	14	17	6	8	11	7	9	13	11
辽　宁	4	6	5	6	7	6	7	6	6	6	6
吉　林	9	13	18	9	13	15	12	9	12	10	12
黑龙江	7	8	7	8	10	11	13	12	13	9	8
上　海	2	1	1	1	1	1	1	1	1	2	1
江　苏	5	4	6	5	5	5	5	5	4	5	5
浙　江	19	15	10	7	8	10	8	10	11	12	10
安　徽	18	18	24	22	28	27	29	29	30	22	24
福　建	10	9	9	12	11	9	9	8	10	8	9
江　西	20	27	28	27	26	30	28	24	24	21	26
山　东	11	11	15	14	18	13	10	13	8	11	13
河　南	23	22	25	23	23	24	26	28	27	24	25
湖　北	14	12	11	13	12	14	15	15	14	17	14
湖　南	17	14	17	21	15	17	17	16	15	16	16
广　东	6	5	4	4	4	4	4	3	5	4	4
广　西	22	26	21	26	27	26	30	30	28	27	27
海　南	12	7	8	10	9	7	6	11	7	7	7
重　庆	29	29	29	30	29	29	25	23	22	30	30
四　川	24	28	19	15	19	20	19	21	18	25	19
贵　州	30	30	30	29	25	23	23	27	25	29	29
云　南	27	24	23	25	30	28	27	26	26	28	28
陕　西	8	10	13	16	21	19	22	20	20	14	17
甘　肃	26	21	22	18	22	21	21	19	23	20	22
青　海	28	20	26	24	16	18	14	14	16	23	18
宁　夏	25	25	27	28	24	25	18	18	19	26	23
新　疆	16	23	20	11	17	12	16	17	17	15	15

表8   中国各省区市1990～2009 年经济增长指数（上一年＝100）

地区＼年份	1990	1991	1992	1993	1994	1995	1996	1997	1998	1999
北　京	100	103.3	110.7	104.0	99.6	97.5	93.2	102.7	106.7	96.2
天　津	100	126.0	110.3	112.3	105.0	108.2	104.8	96.0	104.5	84.7
河　北	100	110.6	111.4	106.5	86.4	94.4	96.6	93.4	96.5	93.0
辽　宁	100	99.3	129.8	112.9	91.9	89.8	114.6	101.4	112.5	90.3
上　海	100	104.8	122.4	107.7	92.4	97.4	105.9	100.5	114.2	83.0
江　苏	100	105.0	162.8	95.7	96.9	93.1	93.1	106.8	104.2	96.9
浙　江	100	121.7	117.3	106.7	93.5	85.9	93.7	101.0	106.2	92.2
福　建	100	104.1	124.9	109.5	91.5	82.8	101.1	100.4	93.0	101.2
山　东	100	106.1	125.2	110.5	92.0	90.9	97.2	98.5	102.1	93.8
广　东	100	110.1	115.5	108.8	96.6	97.0	94.8	76.8	121.3	107.8
海　南	100	114.4	173.8	74.5	76.7	92.3	103.5	106.2	110.1	86.2
东部平均	100	109.0	126.4	103.1	93.1	93.9	99.7	98.4	106.7	92.6
山　西	100	103.7	138.9	109.9	85.4	102.7	106.7	94.5	90.0	93.8
吉　林	100	109.6	120.2	109.1	90.9	102.6	100.2	95.1	104.9	86.8
黑龙江	100	101.9	106.2	100.9	100.6	108.2	100.7	96.4	88.1	108.0
安　徽	100	93.3	191.7	118.2	94.7	91.2	93.5	96.4	90.8	104.1
江　西	100	99.5	121.6	101.3	89.4	98.2	100.9	106.2	84.3	100.8
河　南	100	98.0	134.5	112.2	90.7	96.4	93.9	87.8	97.1	110.0
湖　北	100	100.7	110.7	109.5	89.9	92.0	91.6	106.4	91.2	107.0
湖　南	100	96.8	115.6	108.4	90.5	105.9	95.0	104.8	90.1	99.1
中部平均	100	100.7	126.4	108.7	91.5	99.5	98.0	98.2	91.9	100.6
内 蒙 古	100	109.0	101.9	106.6	100.0	95.9	112.7	95.0	103.4	87.1
广　西	100	108.2	114.8	99.4	86.6	100.6	74.3	106.8	109.3	90.7
重　庆	100	107.1	171.4	108.1	95.4	103.6	97.2	87.3	81.9	114.1
四　川	100	99.0	194.3	108.8	90.7	100.7	95.4	110.0	91.6	89.9
贵　州	100	98.0	109.9	104.3	89.3	93.2	103.0	99.2	102.2	94.8
云　南	100	101.4	116.7	101.9	103.5	95.9	98.7	94.2	94.7	104.9
陕　西	100	97.9	126.3	107.7	90.6	97.7	107.5	102.9	88.3	101.8
甘　肃	100	105.2	90.7	114.9	95.0	100.4	92.5	94.6	98.0	94.4
青　海	100	113.1	110.9	115.6	91.0	116.6	84.6	111.1	98.9	94.0
宁　夏	100	107.1	116.8	115.7	93.5	110.1	107.9	84.0	112.5	89.3
新　疆	100	106.9	99.3	86.6	113.7	83.9	94.9	108.2	100.6	107.4
西部平均	100	104.7	116.5	105.7	95.1	99.4	97.1	99.0	98.1	96.4
全国平均	100	105.4	123.2	105.3	93.3	97.1	98.4	98.6	100.0	95.7

续表8

地区\年份	2000	2001	2002	2003	2004	2005	2006	2007	2008	2009
北　京	90.8	103.1	84.9	105.0	109.2	95.3	99.4	103.1	86.3	119.9
天　津	98.2	108.1	99.3	97.8	107.0	99.9	101.8	103.6	96.2	105.4
河　北	105.9	104.7	105.2	100.4	100.6	105.5	96.1	92.4	87.8	112.2
辽　宁	92.8	110.9	98.2	97.2	98.0	100.4	98.8	102.7	98.2	110.6
上　海	102.0	104.7	95.3	99.5	108.5	97.7	108.4	105.2	95.2	107.9
江　苏	100.6	107.0	101.0	91.9	106.7	99.8	102.8	102.7	96.3	109.2
浙　江	93.4	111.4	104.7	103.2	109.6	99.2	99.5	107.4	93.6	108.4
福　建	92.8	106.3	103.0	98.1	101.1	97.4	109.2	105.0	99.5	105.2
山　东	95.8	109.3	100.5	92.2	104.1	97.9	106.1	113.8	93.0	115.7
广　东	97.1	105.0	102.8	101.8	103.3	95.6	102.7	102.9	95.6	105.2
海　南	105.7	96.1	111.2	93.6	101.9	100.3	106.2	106.2	89.0	116.6
东部平均	97.4	105.9	99.7	98.3	104.8	98.8	102.8	104.1	96.3	106.0
山　西	97.8	112.2	98.8	100.3	94.6	101.4	90.8	96.0	93.6	95.0
吉　林	104.8	101.1	98.5	92.1	116.1	92.7	98.8	115.2	101.4	104.0
黑龙江	92.8	107.2	100.4	103.7	101.0	95.6	100.7	105.5	100.3	102.4
安　徽	93.8	109.6	97.0	90.0	109.0	88.0	95.6	98.3	99.0	108.4
江　西	96.2	101.5	94.3	91.6	106.8	100.5	87.5	105.3	109.7	121.1
河　南	93.5	106.0	103.6	92.7	106.6	99.9	90.6	99.3	90.7	106.6
湖　北	113.8	104.3	102.8	97.8	101.0	101.1	99.9	104.1	94.8	115.1
湖　南	96.5	111.3	102.1	93.3	99.0	105.4	97.8	102.7	100.0	113.6
中部平均	98.4	106.5	99.7	95.4	104.0	97.9	95.5	103.7	99.5	103.6
内蒙古	91.0	118.6	98.8	98.9	99.6	126.1	93.9	101.9	102.1	106.8
广　西	115.1	105.5	98.0	101.2	95.8	100.0	92.8	96.5	98.4	117.9
重　庆	100.6	123.2	98.4	91.4	100.8	106.3	95.7	108.2	104.5	115.9
四　川	111.0	97.7	96.5	108.3	107.0	98.1	93.4	104.4	84.9	123.5
贵　州	87.5	105.6	99.5	95.8	107.6	115.7	94.8	98.0	88.0	121.2
云　南	102.2	99.1	104.8	98.4	98.1	86.3	104.2	102.5	104.9	102.2
陕　西	102.0	99.5	99.2	93.2	99.9	95.9	97.2	95.5	105.9	109.5
甘　肃	97.4	103.9	107.2	93.8	108.4	95.2	98.8	99.3	100.5	94.9
青　海	93.2	102.8	113.0	86.3	108.8	111.0	98.1	116.4	100.8	88.4
宁　夏	98.1	106.0	100.5	91.2	100.6	111.3	90.7	117.3	93.9	97.9
新　疆	96.1	102.4	90.5	102.2	115.3	92.3	106.7	95.9	98.8	100.4
西部平均	99.2	105.3	100.4	96.4	103.8	103.1	96.8	103.1	99.3	102.3
全国平均	98.2	105.8	99.9	96.9	104.2	99.9	99.1	103.7	98.0	104.2

表9　中国各省区市1990～2009 年经济增长指数（以1990 年为基期）

地区＼年份	1990	1991	1992	1993	1994	1995	1996	1997	1998	1999
北　京	100	103.3	114.4	119.0	118.6	115.6	107.7	110.6	118.0	113.5
天　津	100	126.0	139.0	156.1	163.9	177.4	185.9	178.5	186.6	158.0
河　北	100	110.6	123.2	131.2	113.3	106.9	103.2	96.4	93.1	86.5
辽　宁	100	99.3	128.9	145.6	133.8	120.1	137.7	139.6	157.1	141.8
上　海	100	104.8	128.4	138.2	127.7	124.4	131.8	132.5	151.3	125.5
江　苏	100	105.0	171.0	163.7	158.6	147.7	137.5	146.9	153.1	148.3
浙　江	100	121.7	142.8	152.3	142.4	122.3	114.6	115.7	122.9	113.3
福　建	100	104.1	130.1	142.5	130.4	107.9	109.1	109.5	101.8	103.0
山　东	100	106.1	132.8	146.8	134.9	122.6	119.1	117.4	119.8	112.4
广　东	100	110.1	127.1	138.2	133.5	129.5	122.8	94.3	114.4	123.3
海　南	100	114.4	198.9	148.2	113.6	104.8	108.5	115.3	126.9	109.4
东部平均	100	109.0	137.8	142.0	132.2	124.1	123.8	121.8	129.9	120.3
山　西	100	103.7	144.0	158.2	135.2	138.9	148.2	140.0	126.1	118.2
吉　林	100	109.6	131.8	143.8	130.8	134.2	134.5	127.9	134.3	116.5
黑龙江	100	101.9	108.3	109.3	110.0	119.0	119.8	115.5	101.8	109.9
安　徽	100	93.3	178.9	211.5	200.4	182.8	170.8	164.7	149.6	155.7
江　西	100	99.5	121.0	122.6	109.6	107.7	108.7	115.4	97.4	98.2
河　南	100	98.0	131.9	148.0	134.2	129.4	121.6	106.7	103.6	114.0
湖　北	100	100.7	111.5	122.1	109.9	101.1	92.6	98.5	89.8	96.1
湖　南	100	96.8	111.9	121.3	109.8	115.9	110.1	115.4	103.9	103.0
中部平均	100	100.7	127.3	138.3	126.5	125.9	123.3	121.1	111.3	111.9
内蒙古	100	109.0	111.0	118.4	118.3	113.5	127.8	121.4	125.5	109.3
广　西	100	108.2	124.2	123.4	106.9	107.6	79.9	85.4	93.3	84.6
重　庆	100	107.1	183.5	198.4	189.2	196.0	190.6	166.4	136.3	155.5
四　川	100	99.0	192.3	209.3	189.9	191.2	182.4	200.6	183.9	165.3
贵　州	100	98.0	107.7	112.3	100.3	93.4	96.3	95.5	97.6	92.5
云　南	100	101.4	118.3	120.5	124.8	119.7	118.2	111.4	105.4	110.5
陕　西	100	97.9	123.5	133.0	120.4	117.7	126.5	130.1	114.9	117.0
甘　肃	100	105.2	95.4	109.6	104.1	104.6	96.7	91.5	89.7	84.7
青　海	100	113.1	125.4	144.9	131.9	153.8	130.2	144.6	143.0	134.3
宁　夏	100	107.1	125.1	144.7	135.3	149.0	160.8	135.1	152.0	135.7
新　疆	100	106.9	106.2	92.0	104.6	87.8	83.4	90.2	90.7	97.5
西部平均	100	104.7	122.0	129.0	122.7	121.9	118.4	117.3	115.0	110.9
全国平均	100	105.4	129.8	136.7	127.6	123.8	121.9	120.1	120.2	115.0

续表 9

地区＼年份	2000	2001	2002	2003	2004	2005	2006	2007	2008	2009
北　京	103.0	106.2	90.2	94.8	103.5	98.7	98.1	101.2	87.3	104.7
天　津	155.2	167.7	166.4	162.7	174.2	174.0	177.1	183.5	176.6	186.1
河　北	91.6	95.9	100.9	101.3	101.9	107.5	103.3	95.5	83.8	94.0
辽　宁	131.7	146.0	143.4	139.3	136.6	137.2	135.6	139.2	136.7	151.2
上　海	128.0	134.0	127.7	127.0	137.8	134.6	145.9	153.5	146.1	157.6
江　苏	149.3	159.7	161.3	148.3	158.2	157.9	162.2	166.5	160.4	175.2
浙　江	105.8	117.8	123.4	127.3	139.5	138.4	137.6	147.9	138.4	150.0
福　建	95.6	101.6	104.6	102.6	103.8	101.1	110.4	115.9	115.3	121.2
山　东	107.6	117.6	118.2	108.9	113.4	111.1	117.9	134.2	124.9	144.5
广　东	119.8	125.8	129.3	131.6	135.9	130.0	133.5	137.4	131.4	138.2
海　南	115.7	111.2	123.7	115.7	117.9	118.2	125.6	133.4	118.7	138.4
东部平均	117.1	124.0	123.6	121.5	127.2	125.7	129.2	134.6	129.7	137.4
山　西	115.6	129.8	128.1	128.5	121.5	123.3	111.9	107.5	100.6	95.6
吉　林	122.1	123.4	121.6	111.9	130.0	120.5	119.1	137.2	139.1	144.7
黑龙江	102.0	109.3	109.7	113.8	114.9	109.9	110.6	116.7	117.0	119.8
安　徽	146.1	160.1	155.3	139.7	152.3	134.0	128.2	126.0	124.7	135.2
江　西	94.4	95.8	90.3	82.7	88.3	88.8	77.7	81.8	89.8	108.7
河　南	106.5	112.9	117.0	108.5	115.6	115.5	104.7	104.0	94.3	100.5
湖　北	109.3	114.0	117.2	114.7	115.8	117.1	117.0	121.8	115.4	132.8
湖　南	99.4	110.6	113.0	105.5	104.4	110.0	107.6	110.5	111.5	126.7
中部平均	110.2	117.3	117.0	111.6	116.0	113.6	108.5	112.4	111.9	115.9
内蒙古	99.5	118.1	116.7	115.5	114.9	145.0	136.1	138.6	141.5	151.1
广　西	97.4	102.8	100.7	101.9	97.6	97.6	90.5	87.4	86.0	101.4
重　庆	156.5	192.9	189.7	173.4	174.8	185.9	177.9	192.4	201.0	233.0
四　川	183.4	179.3	173.1	187.4	200.6	196.7	183.8	191.9	163.0	201.3
贵　州	80.9	85.4	85.0	81.4	87.6	101.3	96.1	94.2	82.9	100.5
云　南	112.9	112.0	117.3	115.5	113.3	97.8	101.9	104.4	109.5	112.8
陕　西	119.3	118.7	117.7	109.7	109.6	105.1	102.2	97.5	103.3	113.0
甘　肃	82.5	85.7	91.8	86.2	93.4	88.9	87.9	87.3	87.8	83.3
青　海	125.3	128.8	145.5	125.6	136.7	151.7	148.9	173.3	174.7	154.5
宁　夏	133.2	141.2	142.0	129.5	130.4	145.0	131.5	154.3	145.0	141.9
新　疆	93.7	95.9	86.8	88.7	102.3	94.4	100.7	96.6	95.4	95.8
西部平均	110.0	115.8	116.3	112.0	116.2	119.8	116.0	119.7	118.8	121.5
全国平均	113.0	119.6	119.5	115.8	120.7	120.6	119.5	123.9	121.5	126.6

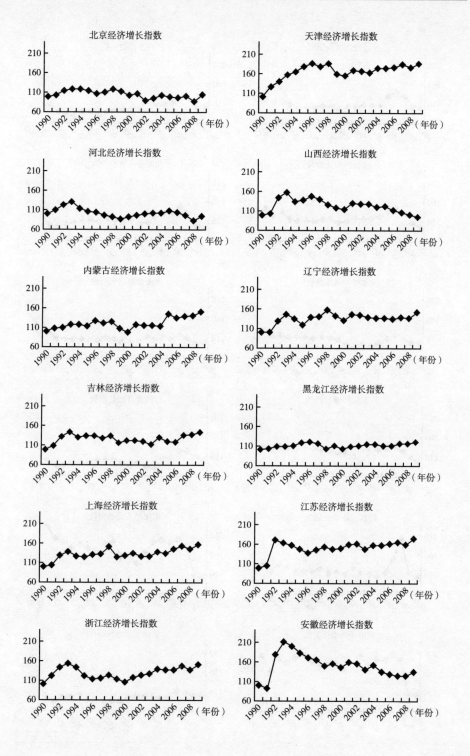

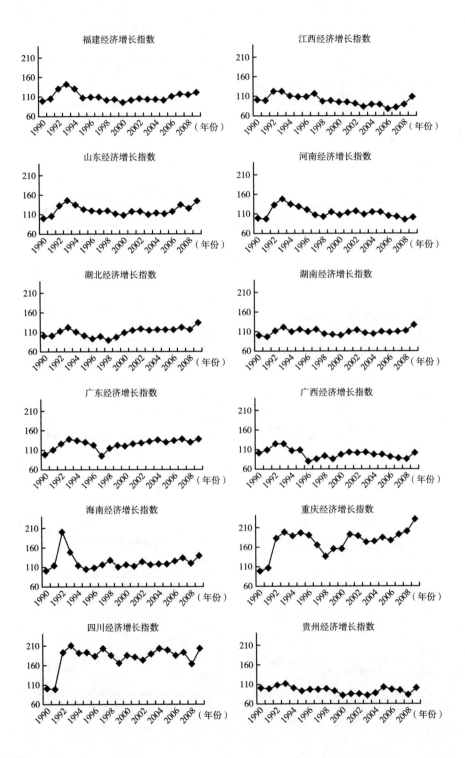

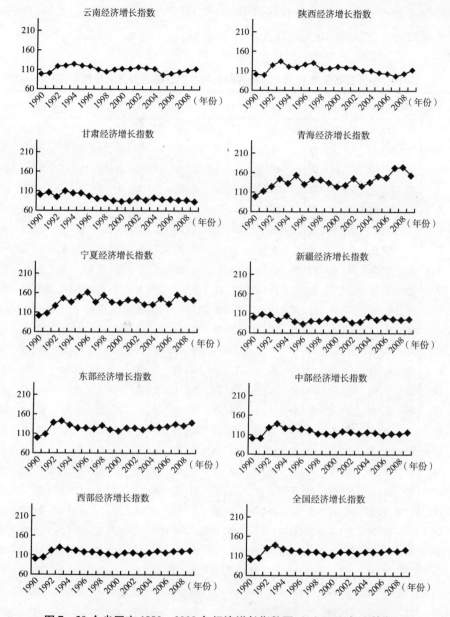

图 7　30 个省区市 1990～2009 年经济增长指数图（以 1990 年为基期）

2. 各省区市增长可持续性增长指数及排名情况

运用主成分分析法得出中国各省区市增长可持续性排名情况（按排名顺序）、中国各省区市增长可持续性排名情况、各省区市 1990～2009 年增长可持续性指数（上一年＝100）和各省区市 1990～2009 年增长可持续性指数（以 1990 年为基期），分别见表 10、表 11、表 12 和表 13。

表 10　中国各省区市 1990～2009 年增长可持续性排名情况（按排名顺序）

排名＼年份	1990	1991	1992	1993	1994	1995	1996	1997	1998	1999	2000
1	海南	海南	海南	海南	海南	新疆	新疆	上海	吉林	北京	北京
2	上海	上海	上海	上海	北京	上海	上海	北京	北京	广东	广东
3	新疆	新疆	新疆	新疆	上海	海南	海南	新疆	广东	江苏	上海
4	北京	北京	北京	北京	新疆	北京	北京	海南	江苏	新疆	海南
5	江苏	黑龙江	广西	广西	广东	广东	江苏	广东	海南	上海	江苏
6	广西	广西	黑龙江	江苏	广西	浙江	广东	江苏	新疆	山东	新疆
7	云南	江苏	江苏	广东	江苏	辽宁	浙江	福建	山东	浙江	黑龙江
8	黑龙江	青海	青海	青海	青海	广西	黑龙江	浙江	黑龙江	海南	吉林
9	青海	云南	广东	黑龙江	黑龙江	江苏	吉林	青海	福建	福建	青海
10	广东	浙江	浙江	福建	辽宁	黑龙江	福建	黑龙江	内蒙古	黑龙江	四川
11	福建	广东	福建	浙江	福建	福建	广西	吉林	浙江	四川	浙江
12	浙江	吉林	云南	辽宁	山东	天津	青海	天津	广西	天津	天津
13	吉林	辽宁	辽宁	山东	浙江	山东	四川	辽宁	湖南	吉林	山东
14	辽宁	福建	湖北	云南	湖北	湖北	辽宁	山东	上海	广西	广西
15	湖北	湖北	山东	湖北	云南	青海	天津	广西	四川	安徽	湖北
16	四川	天津	吉林	四川	重庆	四川	内蒙古	内蒙古	湖北	湖北	内蒙古
17	天津	山东	天津	天津	四川	吉林	湖北	四川	安徽	辽宁	辽宁
18	重庆	重庆	重庆	重庆	天津	安徽	山东	湖北	天津	内蒙古	福建
19	湖南	四川	安徽	湖南	安徽	云南	安徽	安徽	青海	湖南	安徽
20	内蒙古	湖南	湖南	安徽	湖南	重庆	云南	湖南	江西	青海	湖南
21	安徽	内蒙古	四川	吉林	吉林	内蒙古	湖南	云南	辽宁	江西	云南
22	山东	安徽	内蒙古	内蒙古	内蒙古	湖南	江西	江西	云南	甘肃	甘肃
23	陕西	江西	江西	河北	河北	河北	重庆	河北	甘肃	云南	江西
24	河北	河北	河北	陕西	陕西	江西	河北	重庆	河南	河南	河南
25	江西	陕西	陕西	河南	河南	河南	河南	河南	宁夏	河北	重庆
26	宁夏	宁夏	河南	江西	江西	陕西	陕西	甘肃	河北	宁夏	陕西
27	河南	河南	宁夏	宁夏	宁夏	宁夏	宁夏	宁夏	重庆	陕西	宁夏
28	山西	山西	甘肃	甘肃	甘肃	甘肃	甘肃	陕西	陕西	重庆	河北
29	贵州	贵州	山西	山西	山西	山西	山西	山西	山西	山西	山西
30	甘肃	甘肃	贵州	贵州	贵州	贵州	贵州	贵州	贵州	贵州	贵州

续表10

年份 排名	2001	2002	2003	2004	2005	2006	2007	2008	2009	平均	2000后
1	福建	广东	广东	广东	广东	广东	上海	广东	上海	广东	广东
2	广东	北京	北京	北京	上海	北京	广东	北京	广东	上海	上海
3	青海	新疆	上海	上海	北京	上海	北京	上海	北京	北京	北京
4	北京	上海	新疆	江苏	江苏	浙江	上海	海南	浙江	海南	江苏
5	新疆	江苏	江苏	新疆	浙江	江苏	浙江	浙江	江苏	江苏	浙江
6	上海	黑龙江	浙江	浙江	四川	天津	黑龙江	江苏	海南	新疆	海南
7	江苏	海南	天津	天津	天津	四川	江苏	黑龙江	黑龙江	浙江	福建
8	四川	浙江	黑龙江	黑龙江	新疆	福建	天津	新疆	新疆	黑龙江	新疆
9	海南	天津	四川	四川	海南	海南	新疆	天津	天津	福建	黑龙江
10	浙江	广西	海南	海南	福建	新疆	四川	青海	青海	吉林	天津
11	黑龙江	四川	内蒙古	辽宁	黑龙江	黑龙江	辽宁	四川	福建	天津	四川
12	山东	青海	山东	内蒙古	青海	山东	山东	四川	四川	青海	青海
13	广西	湖北	福建	福建	辽宁	辽宁	福建	内蒙古	山东	青海	山东
14	天津	山东	青海	山东	吉林	吉林	吉林	福建	山东	山东	辽宁
15	湖北	内蒙古	湖北	青海	山东	内蒙古	内蒙古	吉林	吉林	辽宁	内蒙古
16	内蒙古	辽宁	辽宁	湖北	内蒙古	青海	青海	宁夏	辽宁	广西	吉林
17	辽宁	福建	吉林	吉林	湖北	湖北	湖北	辽宁	广西	湖北	湖北
18	云南	吉林	广西	云南	云南	广西	安徽	安徽	安徽	内蒙古	广西
19	吉林	安徽	云南	安徽	江西	安徽	重庆	重庆	重庆	安徽	安徽
20	安徽	湖南	安徽	广西	安徽	江西	云南	湖北	湖北	云南	云南
21	甘肃	甘肃	甘肃	甘肃	广西	云南	湖南	江西	陕西	湖南	湖南
22	湖南	江西	湖南	重庆	湖南	湖南	广西	广西	宁夏	重庆	甘肃
23	江西	云南	江西	湖南	甘肃	甘肃	江西	云南	甘肃	江西	江西
24	重庆	重庆	重庆	江西	重庆	重庆	甘肃	湖南	江西	甘肃	重庆
25	陕西	宁夏	陕西	宁夏	陕西	陕西	宁夏	甘肃	云南	陕西	陕西
26	河北	河南	河北	河南	河北	河北	陕西	陕西	湖南	宁夏	宁夏
27	河南	河北	河南	山西	贵州	贵州	贵州	贵州	贵州	河北	河北
28	宁夏	陕西	山西	河北	山西	河南	河南	河北	河南	河南	河南
29	山西	山西	贵州	陕西	河南	宁夏	山西	山西	河北	山西	贵州
30	贵州	贵州	宁夏	贵州	宁夏	山西	河北	河南	山西	贵州	山西

表11 中国各省区市1990～2009年增长可持续性排名情况

年份 地区	1990	1991	1992	1993	1994	1995	1996	1997	1998	1999	2000
北 京	4	4	4	4	2	4	4	2	2	1	1
天 津	17	16	17	17	18	12	15	12	18	12	12
河 北	24	24	24	23	23	23	24	23	26	25	28
山 西	28	28	29	29	29	29	29	29	29	29	29
内蒙古	20	21	22	22	22	21	16	16	10	18	17
辽 宁	14	13	13	12	10	7	14	13	21	17	18
吉 林	13	12	16	21	21	17	9	11	1	13	8
黑龙江	8	5	6	9	9	10	8	10	8	10	7
上 海	2	2	2	2	3	2	2	1	14	5	3
江 苏	5	7	7	6	7	9	5	6	4	3	5
浙 江	12	10	10	11	13	6	7	8	11	7	11
安 徽	21	22	19	20	19	18	19	19	17	15	19
福 建	11	14	11	10	11	11	10	7	9	9	15
江 西	25	23	23	26	26	24	22	22	20	21	23
山 东	22	17	15	13	12	13	18	14	7	6	13
河 南	27	27	26	25	25	25	25	25	24	24	24
湖 北	15	15	14	15	14	14	17	18	16	16	16
湖 南	19	20	20	19	20	22	21	20	13	19	20
广 东	10	11	9	7	5	5	6	5	3	2	2
广 西	6	6	5	5	6	8	11	15	12	14	14
海 南	1	1	1	1	1	3	3	4	5	8	4
重 庆	18	18	18	18	16	20	23	24	27	28	25
四 川	16	19	21	16	17	16	13	17	15	11	10
贵 州	29	29	30	30	30	30	30	30	30	30	30
云 南	7	9	12	14	15	19	20	21	22	23	21
陕 西	23	25	25	24	24	26	26	28	28	27	26
甘 肃	30	30	28	28	28	28	28	26	23	22	22
青 海	9	8	8	8	8	15	12	9	19	20	9
宁 夏	26	26	27	27	27	27	27	27	25	26	27
新 疆	3	3	3	3	4	1	1	3	6	4	6

续表 11

地区\年份	2001	2002	2003	2004	2005	2006	2007	2008	2009	平均	2000后
北　京	4	2	2	2	3	2	3	2	3	3	3
天　津	14	9	7	7	7	6	8	9	9	11	10
河　北	26	27	26	28	26	26	30	28	29	27	27
山　西	29	29	28	27	28	30	29	29	30	29	30
内蒙古	16	15	11	12	16	15	15	13	14	18	15
辽　宁	17	16	16	11	13	13	11	17	16	15	14
吉　林	19	18	17	17	14	14	14	15	15	10	16
黑龙江	11	6	8	8	11	11	6	7	7	8	9
上　海	6	4	3	3	2	3	1	3	1	2	2
江　苏	7	5	5	4	4	5	7	6	5	5	4
浙　江	10	8	6	6	5	4	5	5	4	7	5
安　徽	20	19	20	19	20	19	18	18	18	19	19
福　建	1	17	13	13	10	8	13	14	11	9	7
江　西	23	22	23	24	19	20	23	21	24	23	23
山　东	12	14	12	14	15	12	12	12	13	14	13
河　南	27	26	27	26	29	28	28	30	28	28	28
湖　北	15	13	15	16	17	17	17	20	20	17	17
湖　南	22	20	22	23	22	22	21	24	26	21	21
广　东	2	1	1	1	1	1	2	1	2	1	1
广　西	13	10	18	20	21	18	22	22	17	16	18
海　南	9	7	10	10	9	9	4	4	6	4	6
重　庆	24	24	24	22	24	24	19	19	19	22	24
四　川	8	11	9	9	6	7	10	11	12	12	11
贵　州	30	30	29	30	27	27	27	27	27	30	29
云　南	18	23	19	18	18	21	20	23	25	20	20
陕　西	25	28	25	29	25	25	26	26	21	25	25
甘　肃	21	21	21	21	23	23	24	25	23	24	22
青　海	3	12	14	15	12	16	16	10	10	13	12
宁　夏	28	25	30	25	30	29	25	16	22	26	26
新　疆	5	3	4	5	8	10	9	8	8	6	8

103

表12　中国各省区市1990～2009年增长可持续性指数（上一年＝100）

年份\地区	1990	1991	1992	1993	1994	1995	1996	1997	1998	1999
北　京	100	113.1	104.6	105.5	99.7	101.3	102.2	105.5	116.2	105.8
天　津	100	104.1	105.5	104.3	100.2	107.8	106.0	107.2	96.4	124.0
河　北	100	111.4	107.4	107.3	99.4	105.5	101.4	110.3	97.5	107.4
辽　宁	100	110.3	105.3	100.8	102.1	108.6	98.2	106.2	91.0	120.3
上　海	100	99.4	102.4	100.7	96.8	103.3	105.6	103.7	87.2	118.3
江　苏	100	105.6	103.3	103.5	98.2	99.9	120.6	102.9	104.9	107.6
浙　江	100	113.7	103.9	99.3	100.1	110.5	106.8	103.4	105.1	112.3
福　建	100	106.7	108.5	103.8	98.4	105.2	105.2	113.7	101.6	111.2
山　东	100	126.5	111.1	106.2	101.9	100.7	104.3	108.1	114.5	111.0
广　东	100	107.0	105.7	106.4	101.7	103.6	109.6	108.6	109.7	107.6
海　南	100	100.3	107.2	100.3	97.1	97.6	103.4	101.3	103.1	103.6
东部平均	100	107.8	105.7	103.2	99.4	103.7	105.8	106.2	102.7	111.3
山　西	100	116.1	107.2	100.8	103.8	99.4	104.6	107.0	102.7	102.8
吉　林	100	110.2	99.0	97.5	98.0	107.5	121.0	102.0	315.5	37.0
黑龙江	100	117.0	98.0	96.1	97.3	105.5	107.7	102.5	109.5	109.6
安　徽	100	110.1	116.5	104.9	100.3	101.5	106.3	106.2	106.2	113.3
江　西	100	121.0	107.8	93.3	100.4	106.5	114.9	106.0	116.8	94.8
河　南	100	125.2	107.0	107.0	100.0	105.7	104.7	109.0	104.4	106.9
湖　北	100	107.0	106.3	99.2	101.2	104.4	106.0	100.2	110.5	107.0
湖　南	100	112.9	109.8	105.5	98.0	99.3	105.5	106.4	123.2	94.9
中部平均	100	114.2	105.7	100.3	99.6	103.8	109.0	104.6	140.8	82.2
内蒙古	100	111.1	108.7	103.0	100.7	107.5	115.7	105.2	114.7	95.8
广　西	100	108.0	105.3	100.1	98.3	100.9	100.2	104.0	109.9	108.5
重　庆	100	109.4	106.8	104.1	102.3	97.4	94.3	104.0	91.1	106.0
四　川	100	99.7	104.4	110.2	100.0	101.3	112.8	101.5	111.4	114.5
贵　州	100	107.4	111.2	102.2	92.3	106.1	107.7	103.4	91.4	125.4
云　南	100	102.9	100.3	97.0	99.4	98.8	104.8	96.4	98.0	109.7
陕　西	100	105.2	109.0	105.1	100.9	102.2	104.1	92.7	110.3	111.2
甘　肃	100	104.2	134.3	107.7	104.0	103.9	110.0	110.5	108.0	111.9
青　海	100	106.8	103.6	101.6	97.7	98.3	107.8	110.1	92.2	105.9
宁　夏	100	122.3	105.5	101.5	105.7	103.1	106.7	102.1	112.6	100.1
新　疆	100	102.6	104.0	101.1	97.1	104.8	104.9	99.4	102.2	106.0
西部平均	100	106.5	106.9	102.7	99.7	101.9	106.1	102.6	104.0	107.7
全国平均	100	108.9	106.1	102.3	99.6	103.1	106.6	104.6	112.5	101.2

续表12

年份 地区	2000	2001	2002	2003	2004	2005	2006	2007	2008	2009
北　京	103.0	105.5	107.9	105.3	101.9	102.7	115.3	118.3	108.1	102.5
天　津	107.2	104.5	106.5	107.0	104.0	108.5	103.7	115.8	100.4	102.4
河　北	103.0	117.4	98.7	106.4	102.2	108.4	105.7	110.5	109.3	92.3
辽　宁	108.3	107.0	103.4	104.9	108.6	106.5	103.0	117.9	93.6	100.3
上　海	117.7	102.1	104.9	111.5	102.6	104.7	109.5	129.0	103.0	117.9
江　苏	106.5	105.8	108.3	103.2	103.9	108.0	102.4	119.1	106.9	107.5
浙　江	103.2	109.7	103.5	107.1	104.3	108.4	111.6	120.2	103.1	106.0
福　建	98.8	266.7	39.5	109.6	102.0	113.2	104.4	104.6	104.1	109.2
山　东	101.6	106.8	98.4	105.4	101.0	107.2	106.7	115.3	105.6	98.9
广　东	109.2	110.8	106.4	111.9	103.8	107.0	103.2	118.4	111.0	105.6
海　南	113.8	100.8	103.2	98.8	102.8	109.6	103.0	146.7	103.5	98.5
东部平均	106.6	120.2	92.1	106.5	103.4	107.5	106.3	119.9	104.4	104.1
山　西	119.1	114.0	107.8	105.8	109.7	104.5	98.9	122.4	105.9	91.4
吉　林	113.1	91.0	104.8	105.2	101.0	113.3	105.7	109.5	104.1	99.3
黑龙江	110.2	104.4	104.8	102.0	102.7	104.2	101.9	144.3	97.0	98.4
安　徽	104.4	104.5	105.6	101.4	100.4	104.4	107.5	112.0	110.1	98.7
江　西	106.2	112.9	103.1	106.5	98.3	117.1	106.2	108.2	108.0	95.7
河　南	107.9	106.9	102.0	104.2	103.6	102.8	107.0	115.9	103.7	97.4
湖　北	111.5	106.9	103.5	102.5	99.6	106.3	104.0	109.4	104.4	100.3
湖　南	107.5	103.9	104.7	100.5	99.5	112.2	104.7	114.8	100.2	95.9
中部平均	109.7	104.6	104.5	103.3	101.6	108.1	104.5	117.3	103.8	97.2
内蒙古	112.1	107.6	100.9	108.9	102.4	101.5	108.9	109.4	106.5	101.2
广　西	105.4	108.2	104.8	92.9	98.9	103.8	111.4	107.1	104.2	107.3
重　庆	119.2	117.4	99.0	107.9	107.9	101.9	103.6	126.0	109.3	99.3
四　川	107.8	109.7	97.7	107.4	101.6	114.4	101.3	109.4	104.4	100.2
贵　州	112.5	115.3	112.1	106.4	107.4	110.0	105.4	117.9	104.4	96.7
云　南	116.3	122.2	87.9	118.1	103.0	105.4	101.0	113.7	100.6	97.0
陕　西	110.9	116.8	96.8	108.5	98.8	118.3	103.8	116.1	103.2	109.5
甘　肃	111.5	117.3	98.9	108.6	99.0	103.9	105.9	113.2	101.9	103.6
青　海	130.7	122.8	86.5	100.7	100.7	111.9	98.8	110.9	118.0	100.3
宁　夏	110.0	104.7	115.8	89.7	121.8	91.5	108.8	132.9	120.1	90.6
新　疆	107.0	114.0	106.0	99.7	100.3	101.2	99.6	120.3	106.3	103.3
西部平均	112.6	114.1	99.6	104.0	103.2	105.7	104.1	115.4	107.0	100.6
全国平均	109.3	114.3	97.5	104.9	102.9	107.0	105.1	117.8	105.1	101.2

表13　中国各省区市1990～2009年增长可持续性指数（以1990年为基期）

地区＼年份	1990	1991	1992	1993	1994	1995	1996	1997	1998	1999
北　京	100	113.1	118.3	124.8	124.4	126.0	128.8	136.0	158.0	167.3
天　津	100	104.1	109.8	114.6	114.8	123.7	131.1	140.6	135.5	168.0
河　北	100	111.4	119.6	128.3	127.5	134.5	136.4	150.5	146.8	157.7
辽　宁	100	110.3	116.1	117.1	119.6	129.8	127.5	135.4	123.2	148.3
上　海	100	99.4	101.8	102.5	99.2	102.5	108.2	112.2	97.9	115.8
江　苏	100	105.6	109.1	113.0	110.9	110.8	133.6	137.6	144.4	155.4
浙　江	100	113.7	118.1	117.4	117.5	129.7	138.6	143.3	150.6	169.1
福　建	100	106.7	115.7	120.2	118.3	124.4	130.9	148.8	151.2	168.1
山　东	100	126.5	140.6	149.3	152.0	153.2	159.7	172.7	197.8	219.5
广　东	100	107.0	113.1	120.3	122.3	126.7	138.9	150.8	165.3	178.0
海　南	100	100.3	107.5	107.9	104.8	102.3	105.8	107.1	110.4	114.4
东部平均	100	107.8	114.0	117.7	117.0	121.3	128.3	136.2	139.8	155.6
山　西	100	116.1	124.4	125.4	130.2	129.4	135.4	144.8	148.8	152.9
吉　林	100	110.2	109.1	106.3	104.2	112.0	135.5	138.2	436.0	161.4
黑龙江	100	117.0	114.6	110.2	107.2	113.0	121.8	124.8	136.7	149.8
安　徽	100	110.1	128.3	134.6	135.0	137.1	145.6	154.7	164.3	186.1
江　西	100	121.0	130.4	121.7	122.2	130.0	149.5	158.5	185.0	175.4
河　南	100	125.2	134.0	143.3	143.3	151.5	158.6	174.2	181.8	194.4
湖　北	100	107.0	113.7	112.8	114.1	119.1	126.3	126.6	139.8	149.6
湖　南	100	112.9	123.9	130.7	128.1	127.1	134.1	142.6	175.7	166.9
中部平均	100	114.2	120.7	121.0	120.6	125.2	136.4	142.7	200.9	165.1
内蒙古	100	111.1	120.8	124.4	125.2	134.6	155.8	163.9	188.0	180.1
广　西	100	108.0	113.8	113.9	112.0	113.0	113.3	117.8	129.4	140.4
重　庆	100	109.4	116.9	121.7	124.5	121.2	114.3	118.8	108.3	114.7
四　川	100	99.7	104.1	114.7	114.8	116.2	131.0	133.0	148.1	169.6
贵　州	100	107.4	119.4	122.0	112.5	119.4	128.6	133.0	121.5	152.4
云　南	100	102.3	103.2	100.1	99.5	98.2	103.0	99.2	97.2	106.6
陕　西	100	105.1	115.5	121.4	122.4	125.1	130.3	120.7	133.2	148.1
甘　肃	100	104.2	140.0	150.7	156.8	162.9	179.2	198.0	213.8	239.3
青　海	100	106.8	110.6	112.4	109.8	108.0	116.4	128.2	118.2	125.2
宁　夏	100	122.3	129.0	130.9	138.4	142.6	152.1	155.2	174.7	174.9
新　疆	100	102.6	106.7	107.9	104.8	109.9	115.3	114.7	117.2	124.2
西部平均	100	106.5	113.9	116.9	116.5	118.8	126.0	129.3	134.4	144.8
全国平均	100	108.9	115.5	118.2	117.7	121.3	129.4	135.3	152.2	154.0

续表 13

地区\年份	2000	2001	2002	2003	2004	2005	2006	2007	2008	2009
北　京	172.3	181.7	196.0	206.3	210.2	215.9	248.9	294.5	318.2	326.2
天　津	180.1	188.2	200.5	214.5	223.0	241.9	250.8	290.4	291.7	298.6
河　北	162.4	190.6	188.1	200.1	204.5	221.6	234.3	258.8	282.8	261.1
辽　宁	160.5	171.8	177.7	186.5	202.6	215.8	222.4	262.1	245.2	245.9
上　海	136.4	139.3	146.1	163.0	167.3	175.2	191.8	247.4	254.8	300.2
江　苏	165.5	175.2	189.7	195.8	203.4	219.6	224.8	267.8	286.3	307.9
浙　江	174.5	191.5	198.1	212.1	221.3	239.9	267.8	321.8	331.6	351.6
福　建	166.0	442.8	174.8	191.5	195.3	221.0	230.6	241.2	251.1	274.1
山　东	223.0	238.2	234.4	247.0	249.5	267.6	285.5	329.1	347.5	343.8
广　东	194.3	215.2	229.1	256.3	266.1	284.7	293.7	347.6	386.0	407.6
海　南	130.2	131.1	135.3	133.7	137.5	150.6	155.1	227.6	235.6	232.2
东部平均	165.9	199.4	183.7	195.7	202.4	217.4	231.1	277.2	289.3	301.2
山　西	182.2	207.7	224.0	237.2	260.0	271.5	268.7	328.9	348.2	318.2
吉　林	182.5	166.0	174.0	183.9	184.9	209.6	221.4	242.5	252.4	250.6
黑龙江	165.0	172.3	180.5	184.1	189.0	197.0	200.8	289.8	281.1	276.5
安　徽	194.3	203.0	214.3	217.2	218.1	227.7	244.8	274.3	302.0	298.2
江　西	186.4	210.4	216.8	230.8	227.0	265.7	282.1	305.2	329.5	315.2
河　南	209.7	224.2	228.7	238.4	247.0	254.0	271.7	315.0	326.5	318.0
湖　北	166.8	178.4	184.6	189.3	188.5	200.4	208.5	228.2	238.2	238.9
湖　南	179.3	186.3	195.0	196.0	194.9	218.8	229.1	262.9	263.4	252.6
中部平均	181.0	189.5	198.0	204.6	207.9	224.6	234.8	275.3	285.7	277.7
内蒙古	202.0	217.4	219.5	239.0	244.8	248.5	270.6	295.9	315.2	318.9
广　西	148.0	160.1	167.8	156.0	154.3	160.2	178.4	191.1	199.2	213.7
重　庆	136.8	160.5	158.9	171.4	184.9	188.4	195.3	246.0	268.9	267.1
四　川	182.8	200.6	196.1	210.3	214.0	245.2	248.4	271.8	282.7	283.3
贵　州	171.4	197.7	221.5	235.7	253.2	278.6	293.8	346.3	361.7	349.8
云　南	124.0	151.5	133.1	157.2	161.9	170.6	172.3	195.9	197.0	191.1
陕　西	164.2	191.7	185.6	201.3	198.9	235.4	244.3	283.7	292.7	320.4
甘　肃	266.8	312.8	309.3	335.8	332.6	345.4	365.8	414.1	421.8	437.2
青　海	163.6	200.9	173.8	175.0	176.3	197.3	194.9	216.2	255.1	255.8
宁　夏	192.4	201.4	233.3	209.3	255.0	233.2	253.8	337.3	405.2	367.3
新　疆	133.0	151.6	160.7	160.2	160.7	162.6	162.0	194.9	207.2	213.9
西部平均	163.1	186.1	185.4	192.9	199.0	210.4	219.0	252.8	270.4	272.1
全国平均	168.4	192.5	187.6	196.8	202.5	216.7	227.8	268.3	282.0	285.3

30 个省区市以 1990 年为基期的增长可持续性指数图见图 8。从图 8 中可以看出，20 年来甘肃省的增长可持续性指数改善最大，云南省的增长可持续性指数改善最小。

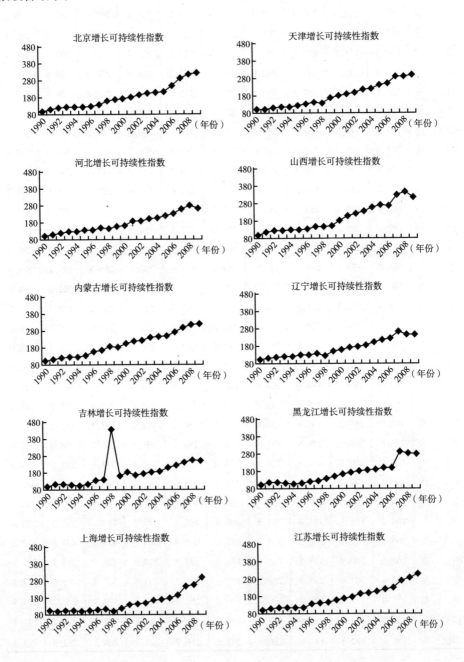

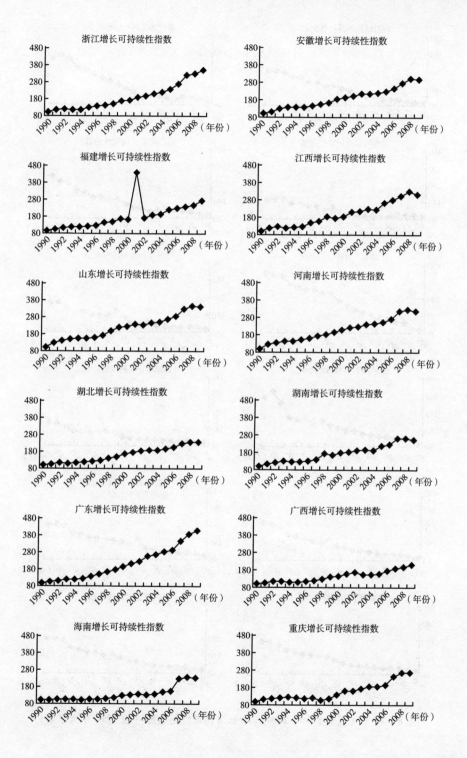

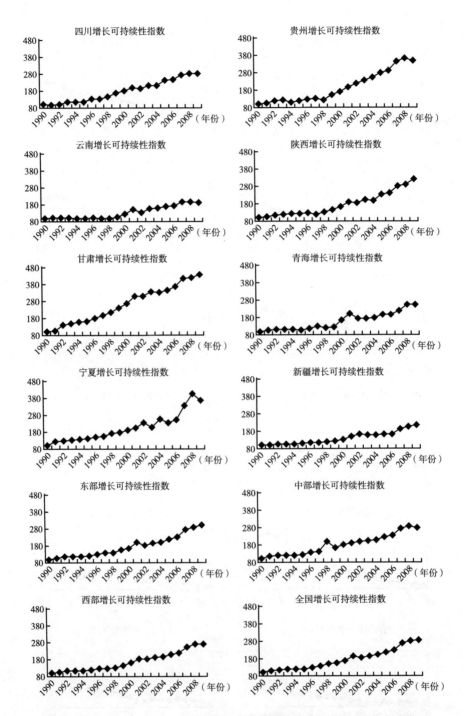

图8 30个省区市1990～2009年增长可持续性指数图（以1990年为基期）

3. 各省区市政府运行效率增长指数及排名情况

运用主成分分析法得出中国各省区市政府运行效率排名情况（按排名顺序）、中国各省区市政府运行效率排名情况、各省区市 1990～2009 年政府运行效率指数（上一年＝100）和各省区市 1990～2009 年政府运行效率指数（以 1990 年为基期），分别见表14、表15、表16 和表17。

表14　中国各省区市 1990～2009 年政府运行效率排名情况（按排名顺序）

排名\年份	1990	1991	1992	1993	1994	1995	1996	1997	1998	1999	2000
1	浙江	浙江	浙江	浙江	浙江	浙江	山东	浙江	浙江	浙江	江苏
2	山东	山东	山东	江苏	江苏	江苏	浙江	江苏	江苏	江苏	浙江
3	江苏	江苏	江苏	山东	山东	山东	江苏	河北	山东	河北	山东
4	广东	广东	广东	湖北	湖北	河北	河北	山东	河北	山东	河北
5	湖北	湖北	河北	河北	广东	湖北	湖北	安徽	湖北	湖北	湖北
6	河北	河北	湖北	广东	安徽	广东	四川	四川	安徽	广东	安徽
7	四川	四川	四川	云南	辽宁	四川	广东	湖北	云南	安徽	湖南
8	云南	云南	云南	四川	河北	安徽	安徽	云南	四川	云南	广东
9	湖南	湖南	安徽	安徽	四川	湖南	湖南	广东	广东	湖南	福建
10	安徽	安徽	湖南	湖南	云南	云南	辽宁	湖南	北京	福建	北京
11	福建	福建	福建	福建	湖南	北京	云南	辽宁	湖南	海南	云南
12	辽宁	北京	河南	辽宁	福建	福建	北京	河南	福建	北京	辽宁
13	河南	辽宁	北京	北京	北京	辽宁	河南	北京	辽宁	四川	黑龙江
14	北京	河南	辽宁	河南	河南	河南	广西	吉林	吉林	吉林	广西
15	贵州	贵州	贵州	贵州	贵州	贵州	福建	福建	河南	辽宁	四川
16	广西	广西	广西	海南	广西	吉林	黑龙江	黑龙江	黑龙江	河南	吉林
17	海南	海南	海南	广西	海南	海南	吉林	广西	广西	广西	河南
18	黑龙江	黑龙江	山西	黑龙江	黑龙江	广西	海南	海南	贵州	贵州	上海
19	山西	山西	吉林	吉林	吉林	黑龙江	贵州	上海	新疆	黑龙江	海南
20	吉林	吉林	黑龙江	重庆	重庆	山西	新疆	新疆	陕西	天津	贵州
21	重庆	重庆	重庆	山西	山西	重庆	陕西	贵州	海南	陕西	新疆
22	新疆	新疆	新疆	新疆	新疆	新疆	重庆	陕西	上海	新疆	天津
23	江西	江西	江西	陕西	江西	陕西	江西	重庆	重庆	上海	宁夏
24	陕西	陕西	陕西	江西	陕西	江西	山西	江西	江西	宁夏	陕西
25	宁夏	宁夏	宁夏	宁夏	宁夏	内蒙古	宁夏	山西	山西	重庆	江西
26	内蒙古	内蒙古	内蒙古	内蒙古	内蒙古	宁夏	上海	宁夏	天津	江西	重庆
27	甘肃	甘肃	甘肃	天津	上海	上海	内蒙古	内蒙古	内蒙古	山西	山西
28	天津	天津	天津	甘肃	天津	天津	天津	天津	宁夏	内蒙古	内蒙古
29	青海	青海	青海	上海	甘肃	甘肃	甘肃	甘肃	甘肃	甘肃	甘肃
30	上海	上海	上海	青海	青海	青海	青海	青海	青海	青海	青海

排名\年份	2001	2002	2003	2004	2005	2006	2007	2008	2009	平均	2000后
1	江苏	江苏	江苏	浙江	浙江	江苏	江苏	江苏	浙江	浙江	江苏
2	浙江	浙江	浙江	江苏	江苏	浙江	浙江	浙江	江苏	江苏	浙江
3	河北	河北	北京	上海	广东	山东	山东	山东	山东	山东	河北
4	广东	北京	河北	北京	河北	北京	河南	河南	河南	河北	山东
5	山东	广东	四川	河北	福建	河北	河北	湖南	河北	广东	北京
6	安徽	辽宁	辽宁	四川	四川	湖南	湖南	河北	湖南	湖北	湖南
7	黑龙江	黑龙江	上海	辽宁	北京	湖北	湖北	湖北	广东	湖南	广东
8	湖南	上海	黑龙江	广东	湖南	安徽	辽宁	广东	湖北	安徽	河南
9	湖北	湖南	湖南	湖南	辽宁	天津	上海	辽宁	北京	北京	辽宁
10	北京	河南	福建	河南	河南	四川	广东	安徽	辽宁	四川	湖北
11	辽宁	山东	广东	福建	安徽	河南	安徽	北京	安徽	辽宁	安徽
12	福建	安徽	河南	安徽	山东	辽宁	内蒙古	内蒙古	四川	河南	上海
13	上海	新疆	安徽	山东	上海	内蒙古	北京	四川	上海	福建	黑龙江
14	云南	天津	山东	黑龙江	黑龙江	黑龙江	新疆	吉林	内蒙古	云南	福建
15	河南	吉林	新疆	新疆	湖北	上海	四川	福建	吉林	黑龙江	四川
16	海南	云南	天津	天津	新疆	广东	吉林	上海	福建	吉林	吉林
17	天津	福建	湖北	内蒙古	内蒙古	新疆	福建	陕西	黑龙江	广西	新疆
18	吉林	江西	云南	江西	天津	山西	黑龙江	黑龙江	陕西	新疆	内蒙古
19	广西	湖北	吉林	湖北	江西	吉林	陕西	江西	江西	上海	天津
20	四川	内蒙古	江西	山西	吉林	福建	江西	新疆	广西	贵州	江西
21	新疆	贵州	贵州	青海	山西	宁夏	广西	青海	青海	江西	云南
22	江西	海南	内蒙古	吉林	陕西	江西	宁夏	宁夏	宁夏	陕西	陕西
23	内蒙古	青海	陕西	陕西	贵州	重庆	青海	广西	青海	山西	广西
24	宁夏	陕西	山西	云南	广西	青海	山西	重庆	重庆	内蒙古	山西
25	陕西	四川	青海	广西	云南	广西	重庆	重庆	山西	海南	青海
26	贵州	广西	宁夏	甘肃	青海	陕西	云南	云南	天津	重庆	重庆
27	山西	宁夏	甘肃	重庆	重庆	云南	天津	天津	云南	天津	宁夏
28	重庆	山西	重庆	贵州	甘肃	甘肃	贵州	贵州	贵州	宁夏	贵州
29	青海	重庆	广西	海南	海南	贵州	甘肃	甘肃	甘肃	青海	海南
30	甘肃	甘肃	海南	宁夏	宁夏	海南	海南	海南	海南	甘肃	甘肃

表 15 中国各省区市 1990～2009 年政府运行效率排名情况

年份 地区	1990	1991	1992	1993	1994	1995	1996	1997	1998	1999	2000
北 京	14	12	13	13	13	11	12	13	10	12	10
天 津	28	28	28	27	28	28	28	28	26	20	22
河 北	6	6	5	5	8	4	4	3	5	3	4
山 西	19	19	18	21	21	20	23	25	25	27	27
内蒙古	26	26	26	26	26	25	27	27	27	28	28
辽 宁	12	13	14	12	7	13	10	11	13	15	12
吉 林	20	20	19	19	19	16	17	17	14	14	16
黑龙江	18	18	20	18	18	19	15	16	16	19	13
上 海	30	30	30	29	27	27	26	19	22	23	18
江 苏	3	3	3	2	2	2	3	4	2	2	1
浙 江	1	1	1	1	1	1	1	2	1	1	2
安 徽	10	10	9	9	6	8	8	5	6	7	6
福 建	11	11	11	11	12	12	13	15	12	10	9
江 西	23	23	23	24	23	24	24	24	24	26	25
山 东	2	2	2	3	3	3	2	1	3	4	3
河 南	13	14	12	14	14	14	14	12	15	16	17
湖 北	5	5	6	4	4	5	5	7	4	5	5
湖 南	9	9	10	10	11	9	9	10	11	9	7
广 东	4	4	4	6	5	6	7	9	9	6	8
广 西	16	16	16	17	16	18	16	14	17	17	14
海 南	17	17	17	16	17	17	18	18	21	11	19
重 庆	21	21	21	20	20	21	22	23	23	25	26
四 川	7	7	7	8	9	7	6	6	8	13	15
贵 州	15	15	15	15	15	15	19	21	18	18	20
云 南	8	8	8	7	10	10	11	8	7	8	11
陕 西	24	24	24	23	24	23	21	22	20	21	24
甘 肃	27	27	27	28	29	29	29	29	29	29	29
青 海	29	29	29	30	30	30	30	30	30	30	30
宁 夏	25	25	25	25	25	26	25	26	28	24	23
新 疆	22	22	22	22	22	22	20	20	19	22	21

地区 年份	2001	2002	2003	2004	2005	2006	2007	2008	2009	平均	2000后
北 京	10	4	3	4	7	4	13	11	9	9	5
天 津	17	14	16	16	18	9	27	27	26	27	19
河 北	3	3	4	5	4	5	5	6	5	4	3
山 西	27	28	24	20	21	18	24	24	25	23	24
内蒙古	23	20	22	17	17	13	12	12	14	24	18
辽 宁	11	6	6	7	9	12	8	9	10	11	9
吉 林	18	15	19	22	20	19	16	14	15	16	16
黑龙江	7	7	8	14	14	14	18	18	17*	15	13
上 海	13	8	7	3	13	15	9	16	13	19	12
江 苏	1	1	1	2	2	1	1	1	2	2	1
浙 江	2	2	2	1	1	2	2	2	1	1	2
安 徽	6	12	13	12	11	8	11	10	11	8	11
福 建	12	17	10	11	5	20	17	15	16	13	14
江 西	22	18	20	18	19	22	20	19	19	21	20
山 东	5	11	14	13	12	3	3	3	3	3	4
河 南	15	10	12	10	10	11	4	4	4	12	8
湖 北	9	19	17	19	15	7	7	7	8	6	10
湖 南	8	9	9	9	8	6	6	5	6	7	6
广 东	4	5	11	8	3	16	10	8	7	5	7
广 西	19	26	29	25	24	25	21	23	20	17	23
海 南	16	22	30	29	29	30	30	30	30	25	29
重 庆	28	29	28	27	27	23	25	25	24	26	26
四 川	20	25	5	6	6	10	15	13	12	10	15
贵 州	26	21	21	28	23	29	28	28	28	20	28
云 南	14	16	18	24	25	27	26	26	27	14	21
陕 西	25	24	23	23	22	26	19	17	18	22	22
甘 肃	30	30	27	26	28	28	29	29	29	30	30
青 海	29	23	25	21	26	24	23	21	23	29	25
宁 夏	24	27	26	30	30	21	22	22	22	28	27
新 疆	21	13	15	15	16	17	14	20	21	18	17

表 16　中国各省区市 1990～2009 年政府运行效率指数（上一年＝100）

地区＼年份	1990	1991	1992	1993	1994	1995	1996	1997	1998	1999
北　京	100	101.3	100.5	100.5	102.3	105.6	101.0	100.8	108.9	100.7
天　津	100	99.5	103.0	99.7	106.4	99.3	101.1	108.8	129.4	118.7
河　北	100	100.3	103.0	95.6	97.1	114.5	100.3	115.3	91.8	113.2
辽　宁	100	99.9	100.9	100.9	113.0	91.1	115.7	93.8	104.5	100.2
上　海	100	96.5	105.8	110.8	116.4	106.3	105.1	138.1	95.6	106.8
江　苏	100	100.2	99.8	99.2	105.3	106.0	105.7	96.4	104.7	111.0
浙　江	100	99.8	104.1	99.7	105.3	103.9	101.8	96.3	102.7	102.2
福　建	100	100.6	101.4	99.0	102.7	102.8	99.3	100.6	109.1	109.8
山　东	100	100.2	99.8	95.8	104.7	106.8	108.4	110.6	87.7	105.9
广　东	100	100.4	101.2	92.1	103.3	105.7	100.9	93.4	105.0	114.9
海　南	100	100.6	99.7	103.1	98.9	102.1	103.9	104.1	96.8	127.1
东部平均	100	100.1	101.5	98.8	104.5	104.2	103.9	103.6	101.6	109.4
山　西	100	100.7	102.5	94.6	101.9	103.3	98.6	99.7	108.1	104.3
吉　林	100	99.5	103.1	98.6	105.3	108.5	104.0	106.5	108.7	101.8
黑龙江	100	100.2	98.7	103.5	102.6	101.8	110.3	106.8	105.1	97.0
安　徽	100	100.0	100.4	99.1	108.2	102.6	104.8	114.3	93.6	99.9
江　西	100	99.7	99.6	99.8	101.9	105.8	99.3	102.7	107.6	105.4
河　南	100	100.0	101.3	99.9	96.5	105.1	100.6	108.6	104.3	101.8
湖　北	100	100.0	100.0	99.0	102.3	102.5	102.1	97.9	110.2	107.4
湖　南	100	100.0	100.0	98.6	103.4	107.4	104.5	91.8	105.4	108.2
中部平均	100	100.0	100.6	99.1	102.7	104.5	103.2	103.4	104.9	103.2
内蒙古	100	100.1	101.3	101.0	101.3	101.3	99.2	107.0	112.6	105.8
广　西	100	99.9	99.9	99.3	101.9	101.3	105.6	109.0	102.3	101.2
重　庆	100	100.0	100.9	99.3	101.2	102.9	100.2	101.0	108.7	104.9
四　川	100	102.7	102.5	94.1	103.6	109.3	103.3	101.9	95.4	96.4
贵　州	100	100.0	100.3	101.8	100.4	100.9	101.3	99.7	113.0	100.9
云　南	100	100.2	100.0	100.8	101.1	101.9	102.2	103.5	104.3	106.4
陕　西	100	100.7	100.8	104.3	101.4	106.4	102.3	107.1	110.2	103.8
甘　肃	100	95.0	100.8	89.8	102.6	101.4	100.5	109.0	107.9	103.9
青　海	100	100.7	99.6	100.1	102.0	99.3	101.2	87.3	118.2	108.0
宁　夏	100	99.9	101.4	100.5	101.2	101.1	101.0	107.4	107.8	115.8
新　疆	100	98.6	99.6	103.9	100.6	102.7	104.0	112.1	104.5	102.3
西部平均	100	99.9	100.7	99.5	101.6	102.8	102.1	104.3	106.5	104.0
全国平均	100	100.0	101.0	99.1	103.1	103.9	103.2	103.8	104.0	106.0

年份 地区	2000	2001	2002	2003	2004	2005	2006	2007	2008	2009
北 京	110.4	101.4	105.1	110.7	95.0	94.0	108.4	88.1	103.7	106.3
天 津	103.8	107.2	93.4	101.1	102.8	103.8	106.7	88.6	109.3	102.0
河 北	99.3	105.6	87.7	101.2	99.7	101.5	98.9	106.5	101.5	102.2
辽 宁	110.2	100.9	104.4	95.8	106.7	96.6	92.7	112.1	100.7	99.1
上 海	115.2	108.0	98.7	102.5	117.6	83.1	96.0	112.4	94.3	106.2
江 苏	113.1	106.1	88.9	101.6	101.7	105.6	89.6	116.3	104.5	98.6
浙 江	110.6	104.3	83.8	109.6	107.9	107.6	80.1	120.1	98.7	105.7
福 建	105.4	95.4	79.6	118.0	105.5	112.5	78.3	112.7	106.1	100.5
山 东	104.0	89.9	79.2	101.2	107.9	103.3	126.8	107.3	103.6	100.7
广 东	96.2	111.3	90.7	87.8	114.2	106.8	82.2	111.0	115.8	104.3
海 南	92.3	101.3	77.5	75.0	126.0	98.7	99.0	99.3	99.1	107.2
东部平均	105.4	102.8	89.6	101.0	106.5	101.3	94.8	107.3	102.0	101.6
山 西	102.7	96.8	81.3	126.8	109.8	104.1	105.2	100.5	103.7	100.0
吉 林	104.0	95.9	92.9	99.0	98.3	108.0	101.8	112.2	104.0	103.2
黑 龙 江	115.1	107.9	98.6	91.8	98.0	104.1	97.8	102.6	105.5	102.3
安 徽	106.7	97.3	82.5	103.7	107.9	102.7	97.2	105.4	103.6	101.1
江 西	108.5	100.1	97.0	104.9	103.5	103.4	97.4	110.1	106.2	101.4
河 南	103.9	103.1	92.7	102.0	110.4	102.0	94.4	130.4	98.0	102.5
湖 北	103.8	88.3	75.0	107.2	100.8	114.0	108.9	108.4	100.7	98.9
湖 南	106.4	99.0	87.1	103.5	108.1	104.0	101.0	110.3	102.8	96.9
中部平均	106.3	98.3	88.3	103.6	104.6	105.1	100.4	110.1	101.6	100.4
内 蒙 古	105.7	103.9	97.2	102.7	111.2	105.4	105.0	107.6	101.3	101.4
广 西	110.2	88.5	74.1	101.2	121.8	106.3	101.4	113.5	98.8	108.2
重 庆	103.6	91.0	81.7	115.7	108.1	106.9	107.7	108.3	102.6	102.5
四 川	103.9	85.9	77.2	167.7	101.6	103.0	87.6	103.8	104.9	104.2
贵 州	105.2	85.1	94.3	109.2	91.6	114.5	87.9	106.3	104.2	99.6
云 南	99.5	96.1	84.4	101.4	94.2	102.1	94.3	115.1	108.5	99.1
陕 西	101.4	93.3	88.6	112.6	103.1	107.0	97.0	118.9	106.5	101.4
甘 肃	119.5	89.6	69.1	158.0	109.7	98.3	100.0	98.8	105.9	102.6
青 海	133.5	108.0	102.1	104.2	116.0	95.2	106.4	111.9	101.6	99.0
宁 夏	110.7	91.3	77.6	117.0	86.1	109.0	132.3	108.6	99.7	100.1
新 疆	106.1	95.5	107.4	99.9	103.9	103.0	98.6	109.9	93.2	95.4
西部平均	107.5	93.0	86.8	114.7	103.8	104.3	100.6	109.3	101.1	100.7
全国平均	106.3	98.5	88.4	105.7	105.1	103.3	98.1	108.7	101.6	101.0

表 17　中国各省区市 1990～2009 年政府运行效率指数（以 1990 年为基期）

地区\年份	1990	1991	1992	1993	1994	1995	1996	1997	1998	1999
北　京	100	101.3	101.8	102.3	104.6	110.4	111.6	112.4	122.4	123.3
天　津	100	99.5	102.5	102.1	108.7	107.8	109.1	118.6	153.5	182.2
河　北	100	100.3	103.3	98.8	95.9	109.8	110.1	126.9	116.5	131.8
辽　宁	100	99.9	100.8	101.7	115.0	104.7	121.2	113.7	118.8	119.0
上　海	100	96.5	102.1	113.2	131.7	140.1	147.2	203.4	194.3	207.6
江　苏	100	100.2	100.0	99.2	104.4	110.7	117.0	112.8	118.0	131.0
浙　江	100	99.8	103.9	103.6	109.0	113.3	115.4	111.1	114.1	116.7
福　建	100	100.6	102.1	101.0	103.7	106.7	106.0	106.6	116.4	127.7
山　东	100	100.2	100.0	95.8	100.4	107.3	116.3	128.7	112.8	119.4
广　东	100	100.4	101.7	93.7	96.7	102.3	103.2	96.4	101.2	116.2
海　南	100	100.6	100.3	103.4	102.3	104.5	108.6	113.0	109.4	139.0
东部平均	100	100.1	101.7	100.5	104.9	109.4	113.7	117.8	119.7	130.9
山　西	100	100.7	103.3	97.7	99.5	102.8	101.3	101.0	109.2	113.9
吉　林	100	99.5	102.6	101.2	106.2	114.9	120.4	128.2	139.3	141.9
黑龙江	100	100.2	98.9	102.4	105.0	106.9	117.9	125.8	132.2	128.2
安　徽	100	100.0	100.4	99.5	107.6	110.4	115.8	132.4	123.9	123.7
江　西	100	99.7	99.2	99.0	100.9	106.7	106.0	108.9	117.2	123.5
河　南	100	100.0	101.4	101.2	97.7	102.7	103.2	112.1	116.9	119.0
湖　北	100	100.1	99.1	101.3	103.9	106.1	103.8	114.4	122.9	
湖　南	100	100.0	99.9	98.6	101.9	109.5	114.4	105.0	110.7	119.8
中部平均	100	100.0	100.7	99.8	102.5	107.1	110.6	114.4	119.9	123.8
内蒙古	100	100.1	101.4	102.5	103.9	105.2	104.4	111.7	125.8	133.1
广　西	100	99.9	99.8	99.1	101.0	102.3	108.0	117.8	120.4	121.9
重　庆	100	100.0	101.0	100.3	101.5	103.4	103.6	104.6	113.7	119.3
四　川	100	102.7	105.2	99.0	102.6	112.1	115.8	118.0	112.6	108.5
贵　州	100	100.0	100.3	102.2	102.6	103.5	104.8	104.5	118.1	119.2
云　南	100	100.2	100.2	101.1	102.2	104.1	106.4	110.2	114.9	122.3
陕　西	100	100.7	101.4	105.8	107.3	114.2	116.8	125.1	137.8	143.0
甘　肃	100	95.0	95.8	86.0	88.2	89.5	90.0	98.0	105.8	109.9
青　海	100	100.7	100.3	100.4	102.4	101.7	102.9	89.8	106.2	114.7
宁　夏	100	99.9	101.3	101.7	103.0	104.1	105.1	112.9	121.8	141.0
新　疆	100	98.6	98.2	102.1	102.8	105.6	109.7	123.0	128.5	131.4
西部平均	100	99.9	100.6	100.1	101.7	104.6	106.7	111.4	118.7	123.4
全国平均	100	100.0	101.1	100.2	103.2	107.2	110.6	114.8	119.4	126.6

地区\年份	2000	2001	2002	2003	2004	2005	2006	2007	2008	2009
北　京	136.1	138.0	145.1	160.5	152.6	143.4	155.5	137.0	142.1	151.1
天　津	189.2	202.8	189.4	191.5	196.8	204.4	218.0	193.0	211.0	215.2
河　北	130.9	138.2	121.3	122.8	122.4	124.2	122.9	130.9	132.8	135.7
辽　宁	131.1	132.3	138.2	132.5	141.3	136.6	126.5	141.9	142.9	141.5
上　海	239.1	258.1	254.9	261.2	307.2	255.3	245.1	275.5	259.7	275.9
江　苏	148.2	157.3	139.9	142.1	144.5	152.6	136.7	159.0	166.1	163.8
浙　江	129.1	134.7	112.9	123.8	133.5	143.7	115.1	138.2	136.4	144.2
福　建	134.6	128.4	102.3	120.7	127.4	143.4	112.3	126.6	134.4	135.0
山　东	124.1	111.6	88.4	89.5	96.5	99.8	126.5	135.8	140.7	141.6
广　东	111.8	124.4	112.8	99.0	113.0	120.7	99.2	110.1	127.5	133.0
海　南	128.2	129.9	100.7	75.5	95.2	94.0	93.0	92.4	91.6	98.2
东部平均	138.0	141.8	127.1	128.4	136.7	138.5	131.3	140.8	143.5	145.8
山　西	117.0	113.2	92.0	116.6	128.0	133.2	140.2	141.0	146.2	146.2
吉　林	147.5	141.4	131.3	130.0	127.7	137.9	140.4	157.5	163.8	169.1
黑龙江	147.6	159.2	156.9	144.0	141.1	146.9	143.6	147.4	155.5	159.1
安　徽	132.0	128.4	106.0	109.9	118.6	121.8	118.4	124.8	129.2	130.7
江　西	134.0	134.1	130.2	136.5	141.3	146.2	142.4	156.7	166.5	168.8
河　南	123.6	127.5	118.2	120.6	133.1	135.7	128.1	167.0	163.7	167.7
湖　北	127.5	112.6	84.4	90.5	91.2	104.0	113.2	122.7	123.6	122.2
湖　南	127.4	126.2	109.9	113.7	122.8	127.8	129.1	142.4	146.4	142.0
中部平均	131.6	129.3	114.1	118.2	123.6	129.9	130.4	143.5	145.8	146.4
内蒙古	140.7	146.2	142.1	145.9	162.3	171.1	179.7	193.2	195.7	198.4
广　西	134.3	118.8	88.0	89.1	108.5	115.4	117.0	132.8	131.1	141.9
重　庆	123.7	112.6	92.0	106.4	115.1	123.0	132.4	143.4	147.1	150.7
四　川	112.8	96.9	74.8	125.4	127.4	131.2	115.0	119.4	125.2	130.5
贵　州	125.3	106.7	100.7	109.9	100.8	115.4	101.5	107.9	112.4	111.9
云　南	121.6	116.8	98.6	100.0	94.2	96.2	90.7	104.4	113.3	112.2
陕　西	145.0	135.3	119.8	134.9	139.0	148.7	144.3	171.6	182.7	185.3
甘　肃	131.3	117.7	81.3	128.5	141.0	138.5	138.5	136.8	144.9	148.7
青　海	153.1	165.4	168.9	176.0	204.0	194.2	206.7	231.3	235.1	232.7
宁　夏	156.0	142.4	110.6	129.3	111.3	121.3	160.5	174.4	173.8	174.0
新　疆	139.5	133.2	143.2	143.1	148.7	153.1	151.0	165.9	154.7	147.6
西部平均	132.6	123.3	107.0	122.7	127.4	132.9	133.8	146.2	147.9	148.9
全国平均	134.5	132.5	117.1	123.8	130.1	134.4	131.8	143.3	145.5	146.9

30 个省区市以 1990 年为基期的政府运行效率指数图见图 9。从图 9 中可以看出，20 年来上海市的政府运行效率指数改善最大，海南省的政府运行效率指数改善最小。

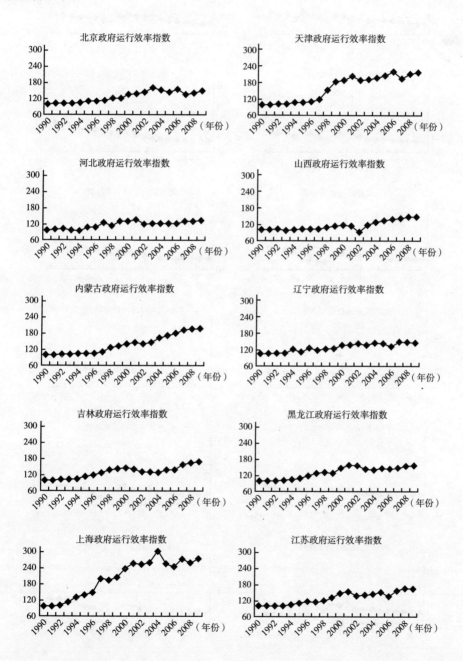

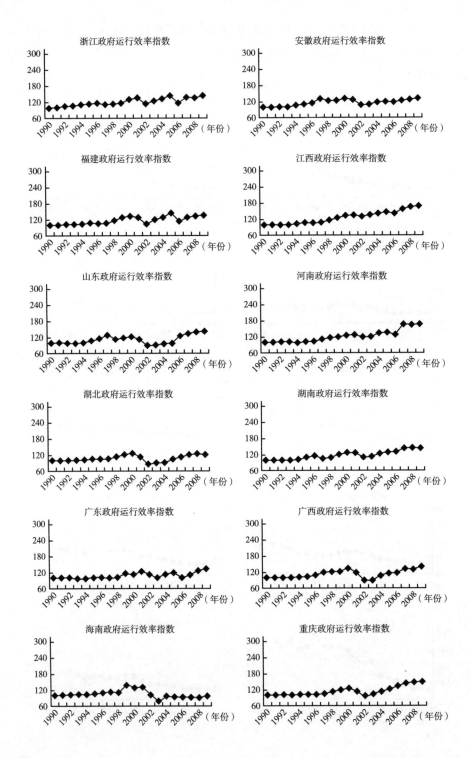

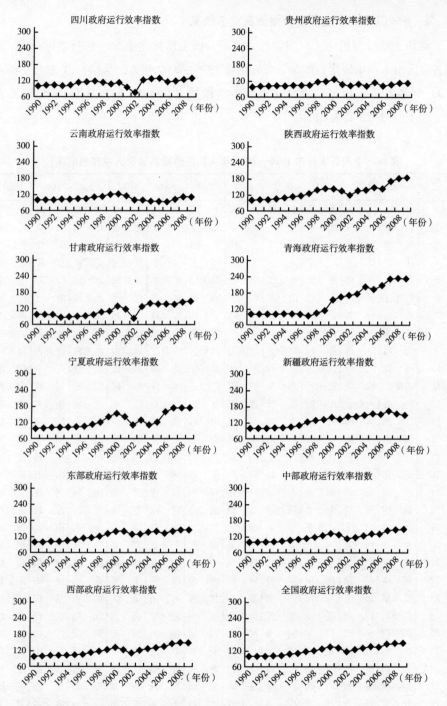

图 9　30 个省区市 1990～2009 年政府运行效率指数图（以 1990 年为基期）

4. 各省区市人民生活增长指数及排名情况

运用主成分分析法得出中国各省区市人民生活排名情况（按排名顺序）、中国各省区市人民生活排名情况、各省区市1990～2009年人民生活指数（上一年＝100）和各省区市1990～2009年人民生活指数（以1990年为基期），分别见表18、表19、表20和表21。

表18　中国各省区市1990～2009年人民生活排名情况（按排名顺序）

排名＼年份	1990	1991	1992	1993	1994	1995	1996	1997	1998	1999	2000
1	上海	上海	上海	上海	上海	上海	上海	上海	上海	上海	上海
2	北京	北京	北京	北京	北京	北京	北京	北京	北京	北京	北京
3	天津	天津	天津	天津	天津	天津	天津	天津	天津	天津	天津
4	辽宁	辽宁	辽宁	辽宁	辽宁	辽宁	辽宁	辽宁	辽宁	辽宁	辽宁
5	吉林	新疆	黑龙江	黑龙江	黑龙江	黑龙江	黑龙江	黑龙江	吉林	江苏	浙江
6	黑龙江	黑龙江	新疆	山西	山西	山西	江苏	江苏	江苏	浙江	江苏
7	新疆	吉林	吉林	吉林	吉林	吉林	吉林	吉林	山西	黑龙江	黑龙江
8	江苏	浙江	山西	陕西	江苏	江苏	山西	山西	浙江	吉林	内蒙古
9	山西	江苏	浙江	内蒙古	内蒙古	内蒙古	内蒙古	内蒙古	内蒙古	内蒙古	吉林
10	浙江	山西	内蒙古	江苏	浙江	浙江	新疆	浙江	浙江	广东	广东
11	内蒙古	海南	江苏	浙江	新疆	广东	浙江	新疆	广东	河北	山西
12	青海	内蒙古	海南	新疆	青海	新疆	广东	广东	新疆	山西	福建
13	江西	青海	青海	青海	广东	山东	海南	海南	海南	海南	河北
14	海南	江西	广东	海南	海南	海南	青海	山东	山东	福建	山东
15	广东	广东	江西	广东	山东	江西	江西	福建	河北	新疆	海南
16	湖北	陕西	陕西	江西	陕西	陕西	河北	江西	福建	山西	新疆
17	陕西	湖北	福建	山东	江西	河北	海南	河北	陕西	青海	青海
18	福建	福建	湖北	福建	福建	福建	青海	青海	青海	江西	四川
19	山东	山东	山西	宁夏	湖北	湖北	陕西	陕西	江西	湖南	四川
20	河北	河北	河北	湖北	宁夏	宁夏	宁夏	湖北	宁夏	宁夏	湖南
21	宁夏	宁夏	宁夏	河北	河北	河北	湖北	湖南	湖北	四川	重庆
22	湖南	湖南	湖南	安徽	四川	四川	河南	宁夏	湖南	重庆	河北
23	安徽	云南	云南	湖南	湖南	重庆	甘肃	河南	重庆	湖北	宁夏
24	四川	四川	重庆	重庆	重庆	四川	湖南	甘肃	四川	陕西	陕西
25	河南	河南	四川	河南	河南	湖南	四川	四川	河南	河南	河南
26	广西	重庆	安徽	安徽	四川	甘肃	安徽	重庆	甘肃	广西	广西
27	云南	广西	广西	河南	甘肃	安徽	重庆	安徽	广西	甘肃	云南
28	重庆	安徽	广西	广西	云南	云南	云南	广西	安徽	云南	安徽
29	甘肃	甘肃	甘肃	甘肃	广西	广西	广西	贵州	云南	安徽	甘肃
30	贵州	贵州	贵州	贵州	贵州	贵州	贵州	云南	贵州	贵州	贵州

续表18

排名＼年份	2001	2002	2003	2004	2005	2006	2007	2008	2009	平均	2000后
1	上海	上海	上海	上海	上海	上海	上海	上海	北京	上海	上海
2	北京	北京	北京	北京	北京	北京	北京	北京	上海	北京	北京
3	天津	天津	天津	天津	天津	天津	天津	天津	天津	天津	天津
4	辽宁	辽宁	辽宁	辽宁	辽宁	辽宁	浙江	浙江	浙江	辽宁	辽宁
5	浙江	浙江	海南	浙江	浙江	浙江	辽宁	辽宁	辽宁	浙江	浙江
6	江苏	江苏	青海	江苏	江苏	江苏	江苏	江苏	江苏	江苏	江苏
7	黑龙江	广东	浙江	广东	广东	广东	广东	广东	广东	黑龙江	广东
8	广东	黑龙江	江苏	吉林	黑龙江	黑龙江	黑龙江	黑龙江	黑龙江	广东	黑龙江
9	吉林	福建	广东	黑龙江	吉林	吉林	吉林	吉林	福建	吉林	吉林
10	山西	吉林	山西	新疆	新疆	福建	山东	山东	吉林	山西	福建
11	内蒙古	山东	宁夏	福建	福建	山东	福建	福建	山东	内蒙古	山东
12	福建	内蒙古	黑龙江	山东	山东	新疆	新疆	内蒙古	内蒙古	新疆	内蒙古
13	山东	山西	吉林	内蒙古	内蒙古	内蒙古	内蒙古	新疆	山西	福建	山西
14	河北	新疆	福建	海南	海南	山西	山西	新疆	海南	山东	新疆
15	新疆	海南	新疆	河北	湖北	海南	河北	江西	湖北	海南	海南
16	海南	河北	山东	山西	山西	湖北	海南	河北	河北	河北	河北
17	湖南	江西	内蒙古	湖北	河北	河北	湖北	湖北	海南	青海	湖北
18	江西	湖南	河北	宁夏	四川	四川	四川	河北	四川	江西	青海
19	青海	陕西	湖北	江西	湖南	湖南	湖南	四川	湖南	湖北	四川
20	重庆	四川	陕西	四川	宁夏	宁夏	陕西	重庆	重庆	陕西	江西
21	湖北	青海	湖南	陕西	陕西	江西	重庆	湖南	江西	宁夏	湖南
22	四川	宁夏	广西	青海	江西	陕西	宁夏	陕西	湖南	湖南	宁夏
23	陕西	湖北	四川	湖南	青海	青海	江西	青海	青海	四川	陕西
24	宁夏	河南	江西	重庆	重庆	重庆	青海	宁夏	宁夏	重庆	重庆
25	河南	安徽	安徽	河南	河南	河南	河南	安徽	河南	河南	河南
26	安徽	重庆	河南	安徽	安徽	安徽	安徽	河南	安徽	安徽	安徽
27	广西	广西	重庆	甘肃	广西	广西	广西	甘肃	甘肃	广西	广西
28	甘肃	甘肃	甘肃	广西	甘肃	甘肃	甘肃	广西	广西	甘肃	甘肃
29	云南	云南	贵州	云南	云南	云南	云南	云南	云南	云南	云南
30	贵州	贵州	云南	贵州	贵州	贵州	贵州	贵州	贵州	贵州	贵州

表19　中国各省区市1990～2009年人民生活排名情况

地区\年份	1990	1991	1992	1993	1994	1995	1996	1997	1998	1999	2000
北　京	2	2	2	2	2	2	2	2	2	2	2
天　津	3	3	3	3	3	3	3	3	3	3	3
河　北	20	20	20	21	21	19	16	17	15	11	13
山　西	9	10	8	6	6	6	8	8	8	16	11
内蒙古	11	12	10	9	9	9	9	9	9	9	8
辽　宁	4	4	4	4	4	4	4	4	4	4	4
吉　林	5	7	7	7	7	7	7	7	5	8	9
黑龙江	6	6	5	5	5	5	5	5	6	7	7
上　海	1	1	1	1	1	1	1	1	1	1	1
江　苏	8	9	11	10	8	8	6	6	7	5	6
浙　江	10	8	9	11	10	10	11	10	10	6	5
安　徽	23	28	26	22	27	26	27	28	28	29	28
福　建	18	18	17	18	18	18	17	15	16	14	12
江　西	13	14	15	16	17	15	15	16	19	18	18
山　东	19	19	19	17	15	13	14	14	14	12	14
河　南	25	25	27	25	25	22	23	25	25	26	25
湖　北	16	17	18	20	19	20	21	20	21	19	22
湖　南	22	22	22	23	24	24	22	21	23	22	20
广　东	15	15	14	15	13	11	12	12	11	10	10
广　西	26	27	28	29	29	29	28	27	26	25	26
海　南	14	11	12	14	14	17	13	13	13	13	15
重　庆	28	26	24	24	23	27	26	23	22	23	21
四　川	24	24	25	26	22	25	25	24	24	21	19
贵　州	30	30	30	30	30	30	29	30	30	30	30
云　南	27	23	23	28	28	28	30	29	29	28	27
陕　西	17	16	16	8	16	16	19	19	17	24	24
甘　肃	29	29	29	27	26	23	24	26	27	27	29
青　海	12	13	13	13	12	14	18	18	18	17	17
宁　夏	21	21	21	19	20	21	20	22	20	20	23
新　疆	7	5	6	12	11	12	10	11	12	15	16

续表 19

地区＼年份	2001	2002	2003	2004	2005	2006	2007	2008	2009	平均	2000后
北 京	2	2	2	2	2	2	2	2	1	2	2
天 津	3	3	3	3	3	3	3	3	3	3	3
河 北	14	16	18	15	17	17	15	18	16	16	16
山 西	10	13	10	16	16	14	14	14	13	10	13
内蒙古	11	12	17	13	13	13	13	12	12	11	12
辽 宁	4	4	4	4	4	4	5	5	5	4	4
吉 林	9	10	13	8	9	9	9	9	10	9	9
黑龙江	7	8	12	9	8	8	8	8	8	7	8
上 海	1	1	1	1	1	1	1	1	2	1	1
江 苏	6	6	8	6	6	6	6	6	6	6	6
浙 江	5	5	7	5	5	5	4	4	4	5	5
安 徽	26	25	25	26	26	26	26	25	26	26	26
福 建	12	9	14	11	11	10	11	11	9	13	10
江 西	18	17	24	19	22	21	23	15	21	18	20
山 东	13	11	16	12	12	11	10	10	11	15	11
河 南	25	24	26	25	25	25	25	26	25	25	25
湖 北	21	23	19	17	15	16	17	17	15	19	17
湖 南	17	18	21	23	19	19	19	21	19	22	21
广 东	8	7	9	7	7	7	7	7	7	8	7
广 西	27	27	22	28	27	27	27	27	28	28	27
海 南	16	15	5	14	14	15	16	16	17	14	15
重 庆	20	26	27	24	24	24	21	20	20	24	24
四 川	22	20	23	20	18	18	18	19	18	23	19
贵 州	30	30	29	30	30	30	30	30	30	30	30
云 南	29	29	30	29	29	29	29	29	29	29	29
陕 西	23	19	20	21	21	22	20	22	22	20	23
甘 肃	28	28	28	27	28	28	28	28	28	27	28
青 海	19	21	6	22	23	23	24	23	23	17	18
宁 夏	24	22	11	18	20	20	22	24	24	21	22
新 疆	15	14	15	10	10	12	12	13	14	12	14

表20　中国各省区市1990～2009年人民生活指数（上一年＝100）

地区\年份	1990	1991	1992	1993	1994	1995	1996	1997	1998	1999
北　京	100	92.3	99.9	98.5	98.8	104.7	101.7	100.5	99.5	106.1
天　津	100	99.7	97.4	96.3	95.2	102.6	106.0	99.1	100.8	98.7
河　北	100	98.3	86.0	91.8	99.9	118.0	112.1	100.3	109.6	101.1
辽　宁	100	101.2	101.2	95.0	99.6	100.7	104.8	99.8	105.7	98.0
上　海	100	99.1	98.5	95.7	98.1	100.7	101.2	100.8	101.9	97.3
江　苏	100	92.5	90.6	89.4	106.5	106.9	114.0	98.8	97.5	98.1
浙　江	100	99.2	91.7	85.5	96.7	104.6	107.2	102.2	107.5	102.6
福　建	100	96.0	97.4	84.1	101.9	109.2	108.6	106.1	100.4	100.3
山　东	100	99.8	88.2	96.2	115.3	103.0	106.8	101.2	103.1	98.8
广　东	100	93.6	95.7	98.1	101.2	103.1	109.0	103.2	104.6	99.9
海　南	100	104.6	90.5	92.5	94.3	97.5	112.7	105.4	102.8	93.4
东部平均	100	97.6	95.7	94.1	99.6	103.6	106.0	101.1	102.4	99.7
山　西	100	94.1	96.4	97.6	99.1	112.4	92.2	101.4	104.3	77.2
吉　林	100	89.1	92.6	91.8	103.4	104.2	104.3	97.4	105.2	94.0
黑龙江	100	95.2	103.3	97.7	95.7	104.0	101.9	98.1	94.8	94.8
安　徽	100	85.0	95.0	105.6	80.1	93.8	109.1	105.9	98.6	101.3
江　西	100	95.5	89.4	88.1	97.9	108.2	109.1	99.1	95.1	90.5
河　南	100	95.2	87.9	93.8	98.4	111.6	110.6	98.7	101.8	95.3
湖　北	100	89.4	89.0	84.2	103.3	104.2	104.3	103.2	98.6	96.6
湖　南	100	97.1	92.2	84.6	94.1	100.3	122.8	107.3	101.4	97.6
中部平均	100	92.6	93.9	93.1	97.2	105.5	104.6	100.7	100.0	92.2
内蒙古	100	90.5	105.7	89.8	98.9	110.1	103.0	100.9	104.3	93.1
广　西	100	94.6	85.6	68.9	88.0	116.6	120.8	121.9	110.3	103.7
重　庆	100	99.6	96.0	91.8	96.5	77.5	121.0	136.9	105.9	93.0
四　川	100	94.3	92.7	86.4	104.9	97.3	105.1	125.1	100.1	100.5
贵　州	100	93.7	84.2	104.0	83.4	121.4	129.8	90.1	102.0	94.3
云　南	100	108.5	86.0	68.8	96.8	102.0	90.9	109.5	100.7	130.8
陕　西	100	96.5	95.5	116.9	79.3	101.3	100.3	101.5	106.0	78.0
甘　肃	100	100.5	94.6	91.1	111.7	105.4	115.8	96.8	100.8	91.3
青　海	100	93.4	92.2	98.6	96.9	97.5	97.6	101.4	103.2	96.8
宁　夏	100	96.1	91.2	94.1	101.0	102.8	109.7	94.3	113.3	89.2
新　疆	100	100.3	91.8	74.8	98.9	97.9	119.3	98.9	101.4	88.2
西部平均	100	96.8	93.1	89.3	95.7	101.4	108.5	105.1	104.4	94.2
全国平均	100	96.2	94.6	92.6	98.0	103.5	106.3	102.0	102.4	96.6

续表 20

地区＼年份	2000	2001	2002	2003	2004	2005	2006	2007	2008	2009
北　京	98.8	104.1	97.3	102.6	112.8	109.3	111.1	98.0	106.6	112.1
天　津	99.9	99.3	97.9	106.9	108.7	104.0	105.0	102.8	100.9	109.8
河　北	95.4	99.5	92.8	92.4	114.8	98.8	105.9	111.0	102.8	139.4
辽　宁	96.1	100.9	92.8	104.0	115.3	106.2	103.3	100.5	104.8	119.6
上　海	96.8	102.8	101.7	103.7	114.8	100.2	109.3	99.9	103.9	111.5
江　苏	98.5	100.8	100.9	102.6	114.1	107.5	109.3	107.5	103.8	122.2
浙　江	103.9	103.9	103.4	104.5	111.4	104.7	109.0	109.0	109.8	118.2
福　建	99.8	102.1	105.3	97.3	108.7	103.2	111.8	100.4	107.7	138.0
山　东	97.2	101.0	99.0	96.4	111.8	108.8	105.6	107.6	107.3	130.8
广　东	96.9	105.9	104.5	104.6	109.8	103.8	109.1	108.4	109.3	124.3
海　南	95.6	89.9	106.6	167.1	66.7	99.0	104.2	106.6	108.1	130.2
东部平均	98.1	101.5	99.7	106.0	108.5	104.4	108.0	103.2	105.6	119.6
山　西	104.1	108.5	85.5	121.7	81.7	103.8	110.9	106.6	109.1	141.6
吉　林	92.0	102.4	89.4	103.8	116.6	95.2	114.3	101.9	105.0	134.5
黑龙江	97.5	99.8	92.3	97.9	115.6	109.0	104.0	107.0	105.8	127.5
安　徽	103.2	106.7	97.0	103.6	104.2	109.2	106.3	105.2	108.5	140.1
江　西	97.0	93.9	97.4	92.3	121.7	100.4	104.3	103.4	137.5	116.5
河　南	97.0	96.6	95.7	97.5	114.9	106.6	107.8	105.3	104.1	151.4
湖　北	95.0	96.8	89.5	124.0	108.9	114.4	106.1	105.9	108.2	134.5
湖　南	98.5	102.4	90.9	98.1	108.7	119.8	102.9	103.6	109.9	143.9
中部平均	97.7	101.1	91.6	105.0	107.8	106.5	107.2	104.9	110.2	135.0
内蒙古	98.3	94.2	90.5	97.4	112.9	107.0	103.0	105.4	106.3	139.9
广　西	87.3	94.6	97.7	119.6	86.6	114.9	103.2	102.3	105.2	139.7
重　庆	99.7	96.3	82.8	96.4	119.8	114.9	103.4	111.1	115.2	142.0
四　川	98.5	95.1	97.1	97.3	116.6	114.5	103.0	106.0	109.2	140.1
贵　州	98.9	93.1	89.9	108.4	94.8	101.2	98.9	116.0	112.7	164.6
云　南	96.9	76.6	89.2	78.3	132.8	115.0	110.1	109.6	105.1	133.8
陕　西	92.8	102.6	98.6	104.5	106.2	107.8	102.6	109.8	103.6	145.5
甘　肃	94.5	98.4	94.6	99.7	113.4	105.0	100.0	105.5	108.9	149.0
青　海	89.7	88.6	92.6	220.2	51.1	108.5	104.3	102.7	109.9	137.6
宁　夏	93.3	88.7	100.0	174.5	73.1	101.8	104.3	103.1	104.9	138.8
新　疆	94.7	93.8	104.6	108.5	114.7	102.1	102.5	102.1	103.7	129.4
西部平均	94.8	93.1	94.7	119.7	95.0	108.0	103.2	105.9	107.4	140.4
全国平均	97.2	99.3	96.7	108.9	104.9	105.6	106.7	104.2	107.0	127.8

表 21　中国各省区市 1990～2009 年人民生活指数（以 1990 年为基期）

地区＼年份	1990	1991	1992	1993	1994	1995	1996	1997	1998	1999
北　京	100	92.3	92.3	90.9	89.9	94.1	95.7	96.1	95.6	101.4
天　津	100	99.7	97.1	93.5	89.0	91.4	96.8	95.9	96.7	95.4
河　北	100	98.3	84.5	77.5	77.5	91.4	102.5	102.8	112.7	114.0
辽　宁	100	101.2	102.4	97.2	96.8	97.5	102.2	101.9	107.7	105.5
上　海	100	99.1	97.6	93.4	91.7	92.3	93.4	94.1	95.9	93.4
江　苏	100	92.5	83.8	74.9	79.8	85.2	97.1	96.0	93.6	91.8
浙　江	100	99.2	91.0	77.7	75.2	78.7	84.3	86.2	92.7	95.1
福　建	100	96.0	93.5	78.6	80.1	87.5	95.0	100.8	101.2	101.5
山　东	100	99.8	88.1	84.7	97.6	100.5	107.4	108.7	112.0	110.7
广　东	100	93.6	89.6	87.8	88.9	91.6	99.8	103.0	107.8	107.7
海　南	100	104.6	94.6	87.5	82.5	80.5	90.7	95.5	98.2	91.8
东部平均	100	97.6	93.4	87.9	87.5	90.7	96.1	97.2	99.5	99.3
山　西	100	94.1	90.8	88.6	87.8	98.7	91.0	92.3	96.2	74.3
吉　林	100	89.1	82.6	75.8	78.4	81.7	85.2	83.0	87.4	82.1
黑龙江	100	95.2	98.3	96.1	92.0	95.7	97.5	95.6	90.7	85.9
安　徽	100	85.0	80.7	85.2	68.3	64.0	69.8	73.9	72.9	73.8
江　西	100	95.5	85.3	75.2	73.6	79.6	86.9	86.1	81.9	74.1
河　南	100	95.2	83.7	78.5	77.3	86.3	95.4	94.2	95.9	91.4
湖　北	100	89.4	79.6	67.0	69.2	72.1	75.2	77.6	76.6	73.9
湖　南	100	97.1	89.5	75.7	71.2	71.5	87.7	94.2	95.5	93.2
中部平均	100	92.6	87.0	81.0	78.7	83.0	86.8	87.4	87.5	80.6
内蒙古	100	90.5	95.7	85.9	84.9	93.5	96.3	97.2	101.4	94.4
广　西	100	94.6	81.0	55.8	49.1	57.3	69.2	84.4	93.0	96.5
重　庆	100	99.6	95.5	87.7	84.6	65.6	79.4	108.7	115.1	107.1
四　川	100	94.3	87.4	75.5	79.1	77.0	80.9	101.2	101.2	101.7
贵　州	100	93.7	79.0	82.1	68.5	83.2	108.0	97.3	99.2	93.6
云　南	100	108.5	93.3	64.2	62.1	63.3	57.6	63.0	63.4	83.0
陕　西	100	96.5	92.1	107.7	85.5	86.5	86.8	88.1	93.3	72.8
甘　肃	100	100.5	95.1	86.6	96.8	102.1	118.2	114.5	115.4	105.3
青　海	100	93.4	86.1	84.9	82.3	80.2	78.3	79.5	82.0	79.4
宁　夏	100	96.1	87.6	82.5	83.3	85.6	93.9	88.6	100.4	89.6
新　疆	100	100.3	92.0	68.9	68.1	66.7	79.5	78.6	79.8	70.3
西部平均	100	96.8	90.1	80.5	77.1	78.2	84.8	89.2	93.2	87.7
全国平均	100	96.2	91.0	84.2	82.5	85.4	90.8	92.6	94.9	91.6

地区＼年份	2000	2001	2002	2003	2004	2005	2006	2007	2008	2009
北　京	100.2	104.3	101.4	104.0	117.3	128.2	142.4	139.5	148.8	166.7
天　津	95.3	94.6	92.6	99.0	107.6	111.9	117.5	120.8	121.9	133.8
河　北	108.7	108.2	100.4	92.8	106.5	105.2	111.3	123.5	127.0	177.0
辽　宁	101.4	102.4	95.0	98.8	113.9	121.0	124.9	125.5	131.5	157.3
上　海	90.4	92.9	94.5	98.0	112.5	112.7	123.2	123.0	127.8	142.6
江　苏	90.4	91.1	91.9	94.3	107.6	115.7	126.5	136.0	141.2	172.6
浙　江	98.8	102.7	106.1	110.9	123.5	129.3	141.2	153.9	169.0	199.8
福　建	101.3	103.4	108.9	105.9	115.1	118.9	132.9	133.3	143.6	198.2
山　东	107.6	108.7	107.6	103.7	115.9	126.1	133.1	143.3	153.7	201.0
广　东	104.4	110.6	115.6	120.8	132.6	137.7	150.2	162.9	178.0	221.2
海　南	87.8	78.9	84.2	140.7	93.8	92.8	96.7	103.1	111.5	145.1
东部平均	97.4	98.8	98.5	104.4	113.3	118.2	127.7	131.8	139.1	166.4
山　西	77.4	84.0	71.7	87.3	71.3	74.0	81.6	87.0	94.9	134.4
吉　林	75.5	77.3	69.2	71.8	83.7	79.7	91.1	92.8	97.4	131.1
黑龙江	83.8	83.7	77.2	75.6	87.3	95.2	99.9	106.1	112.3	143.1
安　徽	76.2	81.3	78.9	81.7	85.1	93.0	98.9	104.0	112.8	158.1
江　西	71.9	67.5	65.7	60.6	73.8	74.1	77.3	79.9	109.8	127.9
河　南	88.6	85.6	81.9	79.9	91.8	97.8	105.5	111.0	115.6	175.0
湖　北	70.2	68.0	60.9	75.5	82.2	94.0	99.7	105.6	114.3	153.8
湖　南	91.7	93.9	85.3	83.7	91.0	109.0	112.1	116.1	127.6	183.7
中部平均	78.7	79.6	72.9	76.5	82.4	87.8	94.1	98.7	108.8	146.9
内蒙古	92.8	87.5	79.2	77.1	87.1	93.2	95.9	101.1	107.4	150.2
广　西	84.2	79.7	77.9	93.2	80.6	92.7	95.6	97.8	102.9	143.8
重　庆	106.8	102.8	85.1	82.0	98.2	112.8	116.7	129.6	149.4	212.1
四　川	100.2	95.2	92.4	89.9	104.9	120.2	123.9	132.2	145.4	203.8
贵　州	92.5	86.2	77.5	83.9	79.6	80.5	79.6	92.3	104.0	171.2
云　南	80.4	61.6	54.9	43.0	57.1	65.7	72.3	79.2	83.3	111.4
陕　西	67.6	69.3	68.4	71.4	75.9	81.8	84.0	92.2	95.5	139.0
甘　肃	99.5	97.8	92.5	92.2	104.6	109.9	109.9	115.9	126.3	188.2
青　海	71.2	63.0	58.4	128.6	65.8	71.4	74.5	76.2	83.7	115.2
宁　夏	83.5	74.1	74.1	129.3	94.6	96.2	100.3	103.5	108.6	150.7
新　疆	66.6	62.5	65.4	70.9	81.3	83.0	84.8	86.6	89.8	116.2
西部平均	83.2	77.4	73.3	87.7	83.3	90.0	92.9	98.4	105.7	148.4
全国平均	89.0	88.3	85.4	93.1	97.7	103.2	110.1	114.7	122.7	156.8

30 个省区市以 1990 年为基期的人民生活指数图见图 10。从图 10 中可以看出，20 年来广东省的人民生活指数改善最大，云南省的人民生活指数改善最小。

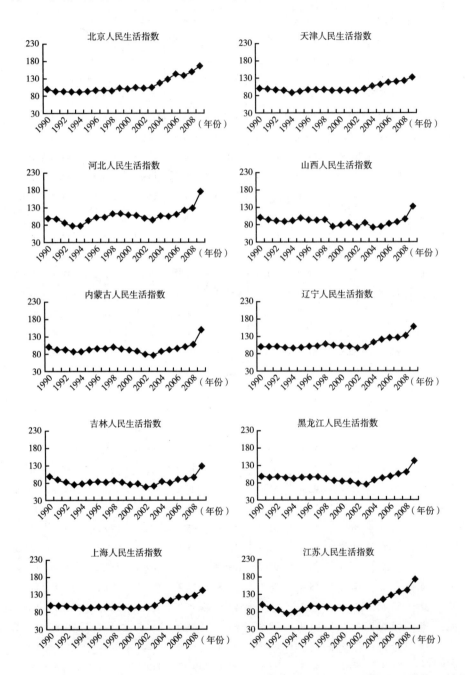

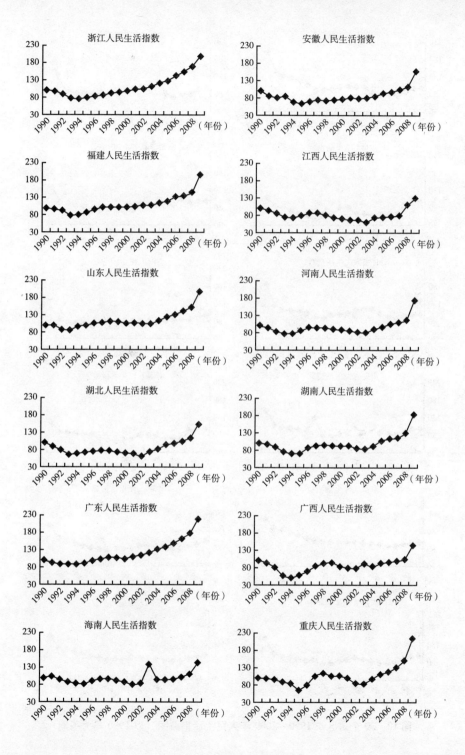

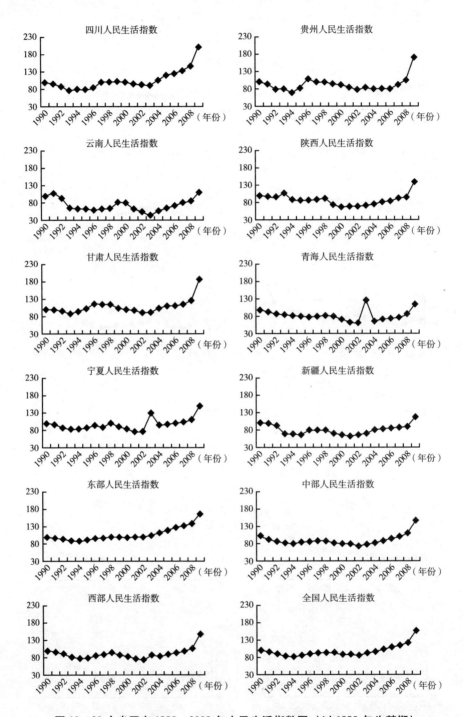

图10　30个省区市1990～2009年人民生活指数图（以1990年为基期）

四　各省区市发展前景分级情况

（一）各省区市发展前景分级情况

1. 1990 年以来各省区市平均发展前景分级情况

将 1990 年以来平均的各省区市发展前景综合得分按权重比 3∶3∶2∶1∶1 分为五级，第一级为上海市、北京市和广东省，3 个省区市权重之和占总权重的比例约为 30%。第二级为浙江省、江苏省、天津市、山东省、辽宁省、福建省，6 个省区市权重之和占总权重的比例约为 30%。第三级为海南省、云南省、湖北省、青海省、四川省、广西壮族自治区、湖南省、吉林省，8 个省区市权重之和占总权重的比例约为 20%。第四级为黑龙江省、安徽省、新疆维吾尔自治区、陕西省、河北省，5 个省区市权重之和占总权重的比例约为 10%。第五级为贵州省、甘肃省、内蒙古自治区、江西省、宁夏回族自治区、山西省、重庆市、河南省，8 个省区市权重之和占总权重的比例约为 10%。中国 30 个省区市 1990 年以来发展前景的分级情况见表 22 和图 11。

表 22　30 个省区市 1990 年以来发展前景等级划分

经济发展水平等级	省　　　区　　　市
Ⅰ级	上海市、北京市和广东省
Ⅱ级	浙江省、江苏省、天津市、山东省、辽宁省和福建省
Ⅲ级	海南省、云南省、湖北省、青海省、四川省、广西壮族自治区、湖南省和吉林省
Ⅳ级	黑龙江省、安徽省、新疆维吾尔自治区、陕西省和河北省
Ⅴ级	贵州省、甘肃省、内蒙古自治区、江西省、宁夏回族自治区、山西省、重庆市和河南省

2. 2000 年以来各省区市平均发展前景分级情况

将 2000 年以来平均的各省区市发展前景综合得分按权重比 3∶3∶2∶1∶1 分为五级。第一级为上海市、北京市和广东省，3 个省区市权重之和占总权重的比例约为 30%。第二级为浙江省、江苏省、天津市、山东省、辽宁省，5 个省区市权重之和占总权重的比例约为 30%。与 1990 年平均比较，本级少了福建省。第三级为福建省、海南省、黑龙江省、湖北省、青海省、四川省、云南省、新疆维

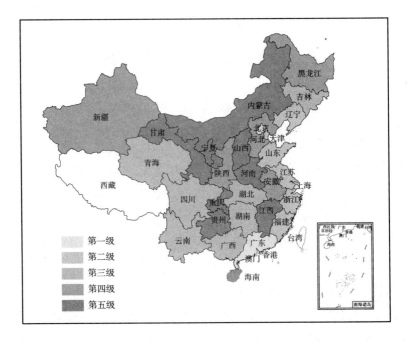

图11　30个省区市1990年以来发展前景分级情况

注：西藏由于数据原因暂不列入。香港、澳门和台湾因为数据统计口径差别，也暂不列入。

吾尔自治区，8个省区市权重之和占总权重的比例约为20%。第四级为湖南省、安徽省、吉林省、广西壮族自治区、陕西省、内蒙古自治区，6个省区市权重之和占总权重的比例约为10%。第五级为贵州省、河北省、甘肃省、宁夏回族自治区、江西省、山西省、重庆市、河南省，8个省区市权重之和占总权重的比例约为10%。中国30个省区市2000年来的可持续发展的分级情况见表23和图12。

表23　30个省区市2000年以来发展前景等级划分

经济发展水平等级	省　　　区　　　市
Ⅰ级	上海市、北京市和广东省
Ⅱ级	浙江省、江苏省、天津市、山东省和辽宁省
Ⅲ级	福建省、海南省、黑龙江省、湖北省、青海省、四川省、云南省和新疆维吾尔自治区
Ⅳ级	湖南省、安徽省、吉林省、广西壮族自治区、陕西省和内蒙古自治区
Ⅴ级	贵州省、河北省、甘肃省、宁夏回族自治区、江西省、山西省、重庆市和河南省

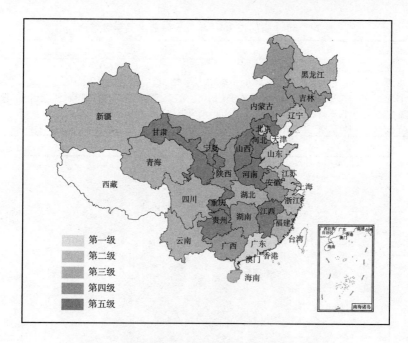

图 12 30 个省区市 2000 年以来发展前景分级情况

注：西藏由于数据原因暂不列入。香港、澳门和台湾因为数据统计口径的差
别，也暂不列入。

3. 2007 年各省区市发展前景分级情况

将 2007 年的各省区市发展前景综合得分按权重比 3∶3∶2∶1∶1 分为五级，第一
级为上海市、北京市和浙江省，3 个省区市权重之和占总权重的比例约为 30%。第
二级为广东省、江苏省、天津市、山东省、辽宁省和海南省，6 个省区市权重之和
占总权重的比例约为 30%。第三级为黑龙江省、福建省、青海省、宁夏回族自治
区、湖北省、四川省、新疆维吾尔自治区和贵州省，8 个省区市权重之和占总权重
的比例约为 20%。第四级为吉林省、云南省、内蒙古自治区、湖南省、安徽省，5
个省区市权重之和占总权重的比例约为 10%。第五级为重庆市、甘肃省、山西省、
陕西省、河北省、广西壮族自治区、江西省和河南省，8 个省区市权重之和占总权
重的比例约为 10%。中国 30 个省区市 2007 年发展前景的分级情况见表 24 和图 13。

4. 2008 年各省区市发展前景分级情况

将 2008 年的各省区市发展前景综合得分按权重比 3∶3∶2∶1∶1 分为五级，第
一级为上海市、北京市、广东省和浙江省，4 个省区市权重之和占总权重的比例

表24　30个省区市2007年发展前景水平等级划分

经济发展水平等级	省 区 市
Ⅰ级	上海市、北京市和浙江省
Ⅱ级	广东省、江苏省、天津市、山东省、辽宁省和海南省
Ⅲ级	黑龙江省、福建省、青海省、宁夏回族自治区、湖北省、四川省、新疆维吾尔自治区和贵州省
Ⅳ级	吉林省、云南省、内蒙古自治区、湖南省和安徽省
Ⅴ级	重庆市、甘肃省、山西省、陕西省、河北省、广西壮族自治区、江西省和河南省

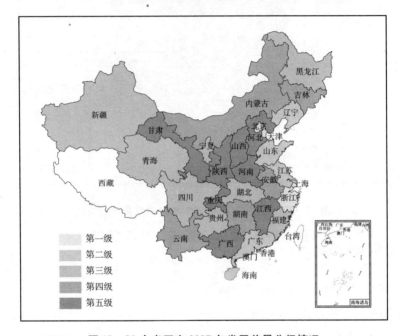

图13　30个省区市2007年发展前景分级情况

注：西藏由于数据原因暂不列入。香港、澳门和台湾因为数据统计口径的差别，也暂不列入。

约为30%。第二级为江苏省、天津市、山东省、辽宁省、福建省、海南省、青海省和宁夏回族自治区，8个省区市权重之和占总权重的比例约为30%。第三级为黑龙江省、湖北省、江西省、吉林省、云南省、四川省、内蒙古自治区、新疆维吾尔自治区、贵州省，9个省区市权重之和占总权重的比例约为20%。第四级为安徽省、湖南省、重庆市、广西壮族自治区、陕西省，5个省区市权重之和占总权重的比例约为10%。第五级为山西省、甘肃省、河北省、河南省，4个省区市权重之和占总权重的比例约为10%。中国30个省区市2008年发展前景的分级情况见表25和图14。

表25　30 个省区市 2008 年发展前景等级划分

经济发展水平等级	省　区　市
Ⅰ级	上海市、北京市、广东省和浙江省
Ⅱ级	江苏省、天津市、山东省、辽宁省、福建省、海南省、青海省和宁夏回族自治区
Ⅲ级	黑龙江省、湖北省、江西省、吉林省、云南省、四川省、内蒙古自治区、新疆维吾尔自治区和贵州省
Ⅳ级	安徽省、湖南省、重庆市、广西壮族自治区和陕西省
Ⅴ级	山西省、甘肃省、河北省和河南省

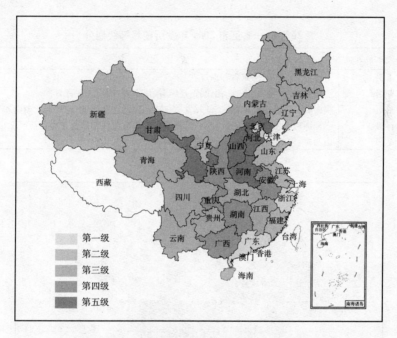

图14　30 个省区市 2008 年发展前景分级情况

注：西藏由于数据原因暂不列入。香港、澳门和台湾因为数据统计口径的差别，也暂不列入。

5. 2009 年各省区市发展前景分级情况

将 2009 年的各省区市发展前景综合得分按权重比 3：3：2：1：1 分为五级，第一级为上海市、北京市、广东省和浙江省，4 个省区市权重之和占总权重的比例约为 30%，与 2008 年比，第一级的省区市没有变化。第二级为江苏省、天津市、山东省、福建省、辽宁省、海南省、四川省、青海省，8 个省区市权重之和占总权重的比例约为 30%。第二级比 2008 年多了四川省，少了宁夏回族自治区。第三级为陕西省、黑龙江省、江西省、湖北省、重庆市、内蒙古自治区、吉林省、湖南省，8个省区市权重之和占总权重的比例约为20%。多了陕西省、重庆市和湖南省。第四级为宁夏回族自治区、安徽省、贵州省、新疆维吾尔自治区和广西壮族自治区，5个省区市权重之和占总权重的比例约为10%。第五级为山西省、河南省、河北省、云南省和甘肃省，5个省区市权重之和占总权重的比例约为10%，与2008年比，第五级多了云南省。中国30个省区市2009年发展前景的分级情况见表26和图15。

表26　30个省区市2009年发展前景等级划分

经济发展水平等级	省　区　市
Ⅰ级	上海市、北京市、广东省和浙江省
Ⅱ级	江苏省、天津市、山东省、福建省、辽宁省、海南省、四川省和青海省
Ⅲ级	陕西省、黑龙江省、江西省、湖北省、重庆市、内蒙古自治区、吉林省和湖南省
Ⅳ级	宁夏回族自治区、安徽省、贵州省、新疆维吾尔自治区和广西壮族自治区
Ⅴ级	山西省、河南省、河北省、云南省和甘肃省

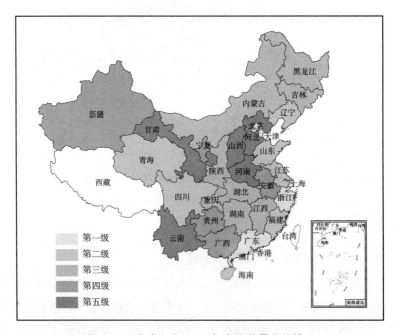

图15　30个省区市2009年发展前景分级情况

注：西藏由于数据原因暂不列入。香港、澳门和台湾因为数据统计口径的差别，也暂不列入。

（二）各省区市经济增长分级

1990 年和 2000 年以来、2007 年、2008 年和 2009 年 30 个省区市经济增长分级情况见图 16、图 17、图 18、图 19 和图 20。

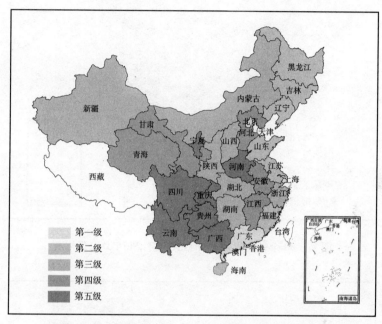

图 16　30 个省区市 1990 年以来经济增长平均分级情况

（三）各省区市增长可持续性分级

1990 年和 2000 年以来、2007 年、2008 年和 2009 年 30 个省区市增长可持续性分级情况见图 21、图 22、图 23、图 24 和图 25。

（四）各省区市政府运行效率分级

1990 年和 2000 年以来、2007 年、2008 年和 2009 年 30 个省区市政府运行效率分级情况见图 26、图 27、图 28、图 29 和图 30。

（五）各省区市人民生活分级

1990 年和 2000 年以来、2007 年、2008 年和 2009 年 30 个省区市人民生活分级情况见图 31、图 32、图 33、图 34 和图 35。

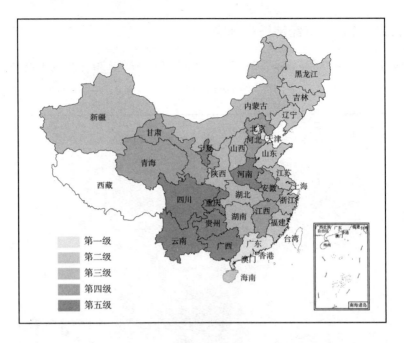

图17　30个省区市2000年以来经济增长平均分级情况

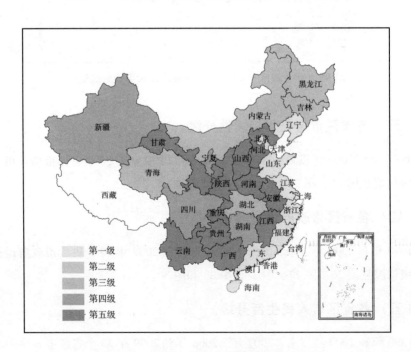

图18　30个省区市2007年经济增长分级情况

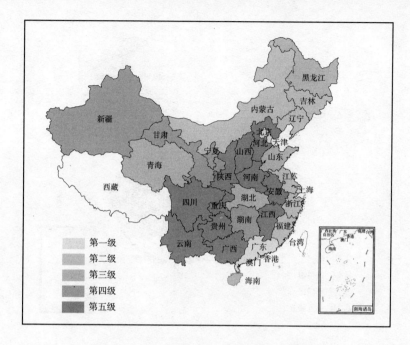

图 19　30 个省区市 2008 年经济增长分级情况

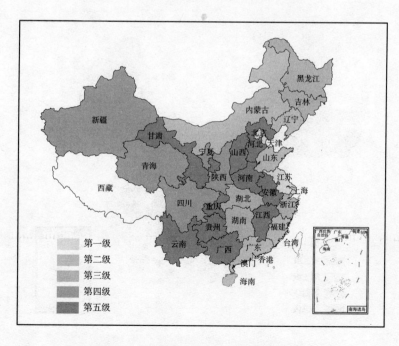

图 20　30 个省区市 2009 年经济增长分级情况

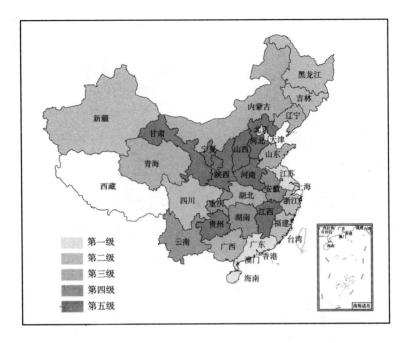

图21　30个省区市1990年以来增长可持续性平均分级情况

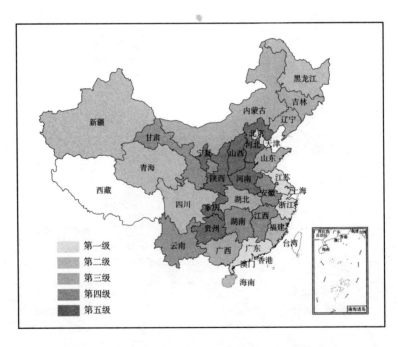

图22　30个省区市2000年以来增长可持续性平均分级情况

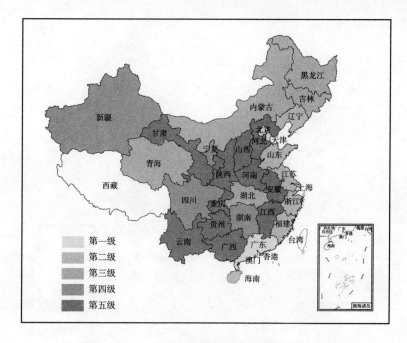

图 23　30 个省区市 2007 年增长可持续性分级情况

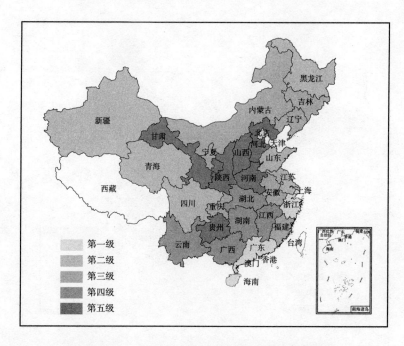

图 24　30 个省区市 2008 年增长可持续性分级情况

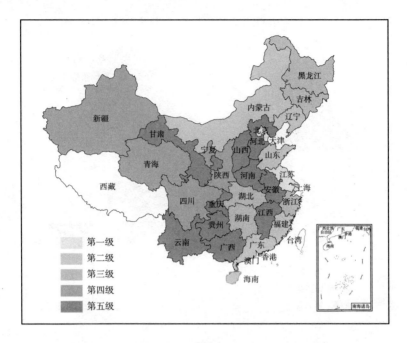

图 25　30 个省区市 2009 年增长可持续性分级情况

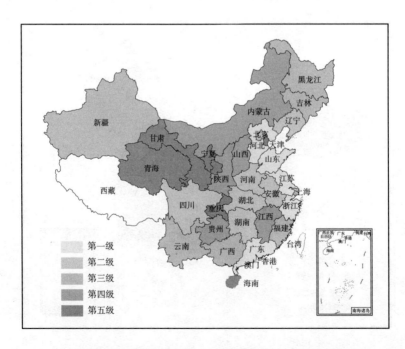

图 26　30 个省区市 1990 年以来政府运行效率平均分级情况

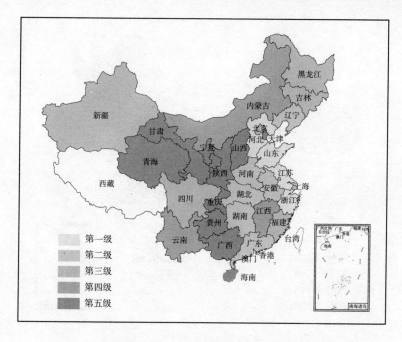

图 27 30 个省区市 2000 年以来政府运行效率平均分级情况

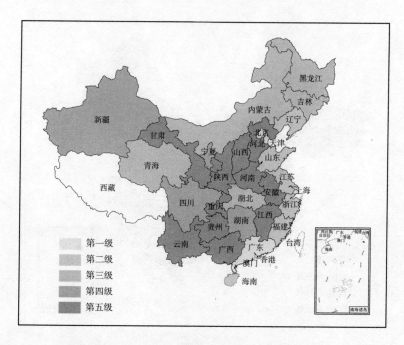

图 28 30 个省区市 2007 年政府运行效率分级情况

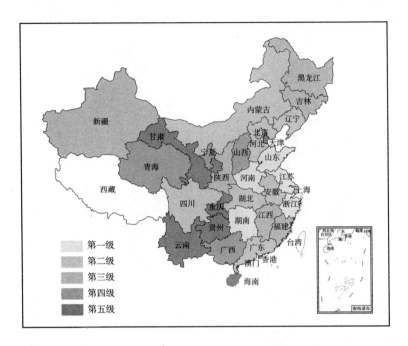

图 29　30 个省区市 2008 年政府运行效率分级情况

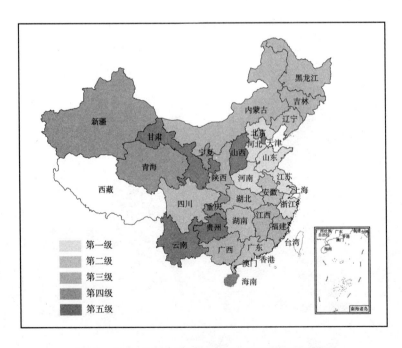

图 30　30 个省区市 2009 年政府运行效率分级情况

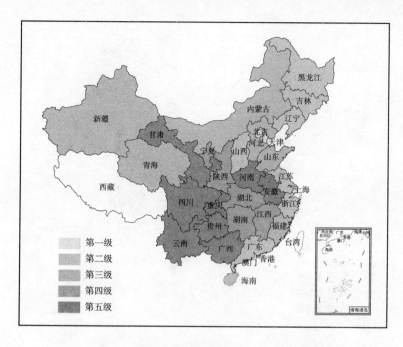

图 31　30 个省区市 1990 年以来人民生活平均分级情况

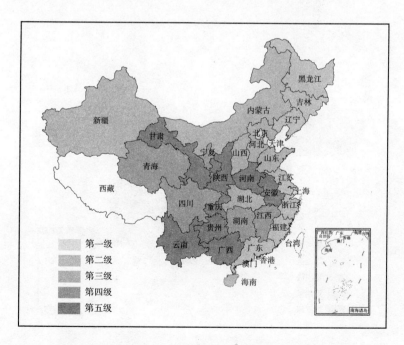

图 32　30 个省区市 2000 年以来人民生活平均分级情况

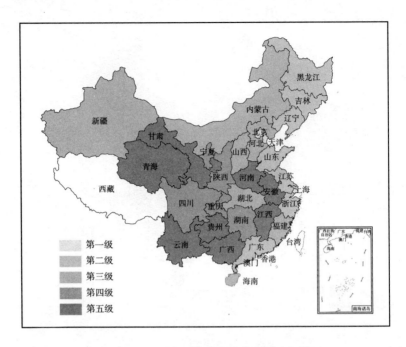

图33 30个省区市2007年人民生活分级情况

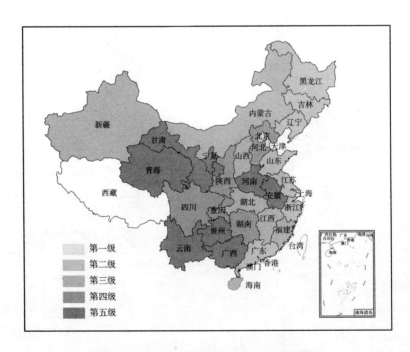

图34 30个省区市2008年人民生活分级情况

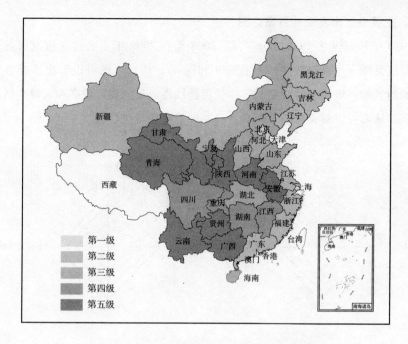

图35 30 个省区市 2009 年人民生活分级情况

五 各省区市发展前景的影响因素分析

（一）一级指标

1. 一级指标权重

在一级指标中，人民生活社会保障占 41.97% 的权重，增长潜力占 38.86%，经济增长占 16.74%，而政府运行效率仅占 2.43%。

表27 发展前景一级指标权重

一级指标	编号	权重（%）	一级权重
经济增长	1	16.74	0.1674
增长潜力	2	38.86	0.3886
政府运行效率	3	2.43	0.0243
人民生活社会保障	4	41.97	0.4197

2. 主要省区市发展前景雷达图

1990 年和 2000 年以来、2007 年、2008 年和 2009 年主要省区市发展前景雷达图分别见图 36、图 37、图 38、图 39 和图 40，从雷达图可以看出影响各省区市发展前景的一级指标经济增长、增长可持续性、政府运行效率和人民生活的权重情况，从而可以对省区市之间和自身发展状况进行比较。

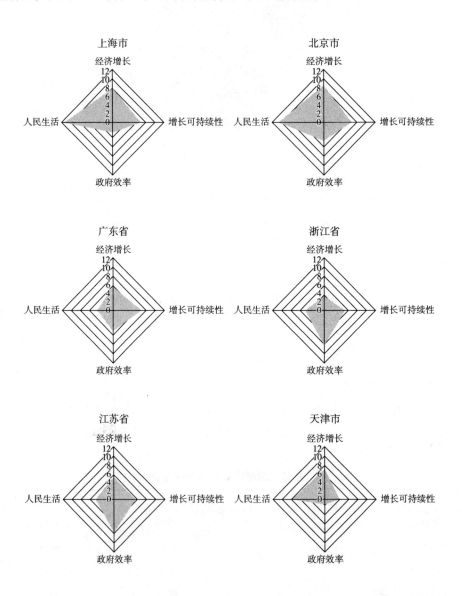

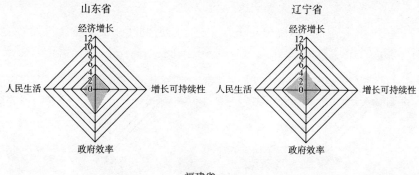

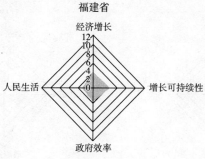

图36 1990年以来主要省区市发展前景雷达图

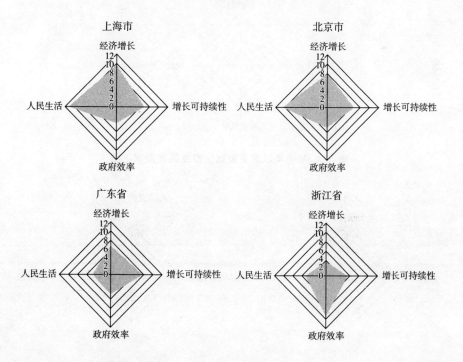

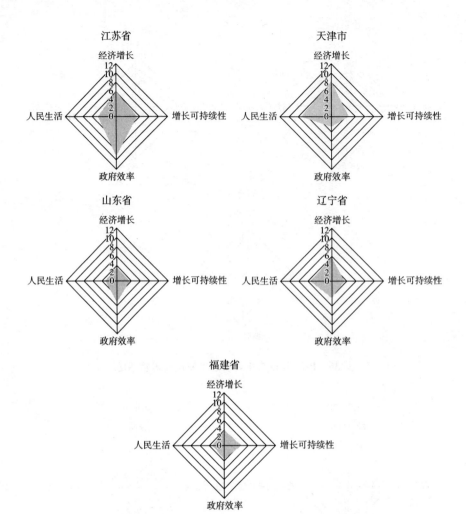

图37　2000年以来主要省区市发展前景雷达图

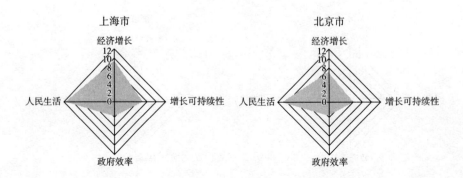

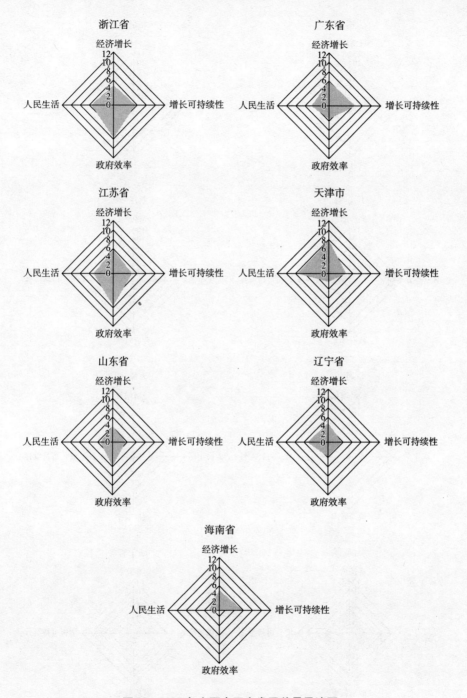

图38　2007 年主要省区市发展前景雷达图

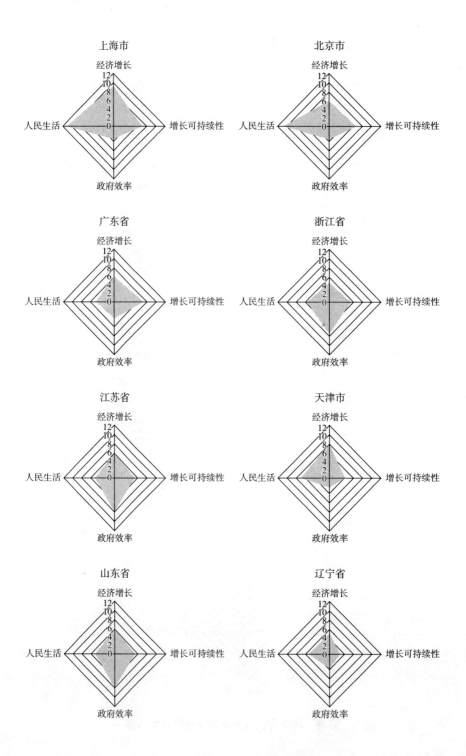

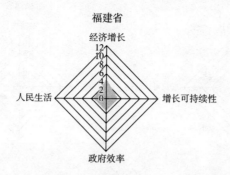

图 39 2008 年主要省区市发展前景雷达图

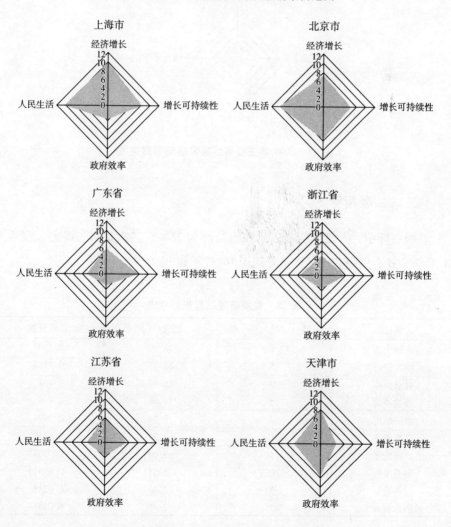

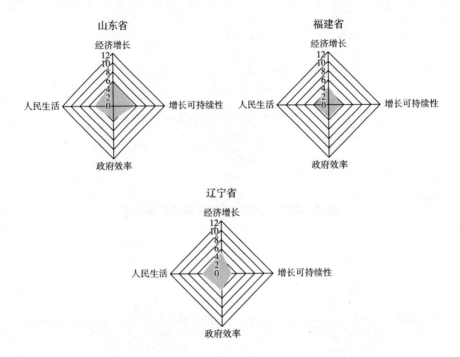

图40 2009年主要省区市发展前景雷达图

（二）二级指标

二级指标中，人民生活所占的权重最高为23%，其次是增长潜力，权重为21.13%，社会保障和环境质量分别为16.47%和14.69%。

表28 发展前景二级指标权重

二级指标	编号	权重（%）	二级权重
人民生活	8	23.00	0.2300
增长潜力	5	21.13	0.2113
社会保障	9	16.47	0.1647
环境质量	6	14.69	0.1469
经济结构	2	9.94	0.0994
产出效率	1	4.35	0.0435
产出消耗	4	3.04	0.0304
消费结构	10	2.51	0.0251
经济稳定	3	2.45	0.0245
政府运行效率	7	2.43	0.0243

（三）具体指标

共有 22 个权重比较高的指标，占总权重的 76.5%，详见表29。

表 29　具体指标权重

指标	名称	编号	权重(%)
	主要指标权重和		76.49
sciFin	地方财政科学事业费支出比	22	4.77
urbanMedicare	城镇基本医疗保险覆盖率	50	4.70
urbanEndowmentInsurance	城镇基本养老保险覆盖率	49	4.51
urban	城市化率	7	4.32
save	人均储蓄存款额	48	4.15
postCount	人均邮电业务量	24	4.08
beds	万人床位数	54	3.95
pgdp	人均 GDP	41	3.94
unemploymentInsurance	城镇失业保险率覆盖率	51	3.91
HC	人力资本	20	3.75
sanitationFin	地方财政卫生事业费支出	45	3.64
productivity	全社会劳动生产率	2	3.61
parkVirescence	万人城市园林绿地面积	34	3.45
GDP3	GDP3	6	3.31
doctors	万人拥有医生数	53	3.22
patent	专利授权量	18	3.03
eduFin	地方财政教育事业费支出比	19	2.76
countryEngel	农村居民恩格尔系数	47	2.48
sanitaryInstitution	万人卫生机构数	55	2.34
establishmentLevel	城市设施水平	40	2.27
TFP	全要素生产率	1	2.21
consumestruct	消费结构	58	2.09

六　结论

在中国各省区市发展前景评价指标中，我们认为外国直接投资和对外贸易依存度不能反映中国各省区市的自身努力程度，因此在评价各省区市发展前景时将

外国直接投资和对外贸易依存度剔除。

中国各省区市 1990~2009 年发展前景评价的基本结论是，在经济高速增长的同时，中国各省区市发展前景指数得到改善，经济增长质量和经济可持续发展能力不断提高。1990~2009 年，全国发展前景指数平均上升了 238.34%，东部、中部和西部地区发展前景指数分别改善了 267.41%、219.66% 和 214.83%，东部与中、西部地区之间发展前景综合得分方面仍存在较大的差距。而 1990~2009 年中国各省区市发展前景指数方面，四川省改善最大，云南省改善最小。一级指标的改善情况如下：经济增长方面，重庆市改善最大，甘肃省改善最小。增长可持续性方面，甘肃省改善最大，云南省改善最小。政府运行效率方面，上海市改善最大，海南省改善最小。人民生活方面，广东省改善最大，云南省改善最小。

本文将 1990 年后、2000 年后平均、2007 年、2008 年和 2009 年按权重比 3:3:2:1:1 将各省区市分为五级，并将影响各省区市发展前景的主要因素进行分析。其中发展前景方面，1990 年和 2000 年以来，上海、北京和广东处于发展前景的第一级，2008 年、2009 年，浙江开始进入第一级，即上海、北京、广东和浙江为发展前景的第一级。并绘制了 1990 年和 2000 年以来、2007 年、2008 年、2009 年的影响主要省区市发展前景的一级指标的雷达图，从中可以看出主要省区市一级指标在全部省区市中的地位和自身一级指标发展的均衡情况。

附录

中国各省区市发展前景评价过程

发展前景的评价方法主要有德尔菲法、主成分分析法、因子分析法、层次分析法等。德尔菲法和层次分析法评价结果的可靠性主要依赖建模人所建的概念模型的水平和打分人的专业水平，主观性较强。而主成分分析法和因子分析法的评价结果的可靠性主要依赖于分析过程和结果的可解释性以及主成分和公因子的方差贡献率，主成分分析法和因子方法较为客观。本文采用主成分分析法来评价中国各省区市的发展前景。

主成分分析（principal component analysis）是将分散在一组变量上的信息，

集中到某几个综合指标（主成分）上的一种探索性统计分析方法。它利用"降维"的思想，将多个变量转化为少数几个互不相关的主成分，简化整个分析过程。主成分分析的目的是通过线性变换，将原来的多个具有一定相关性的指标组合成相对独立的少数几个能充分反映总体信息的指标，从而在不丢掉主要信息的前提下避开变量间的共线性问题，并进而简化分析。

主成分分析法包括以下七步：第一步，选取指标，建立评价的指标体系；第二步，收集和整理数据；第三步，将数据进行正向化处理（并对数据进行标准化处理，标准化过程由 SPSS 软件自动执行）；第四步，指标数据之间的 KMO 和 Bartlett 球形检验；第五步，确定主成分个数；第六步，确定权重；第七步，计算主成分综合评价值。最后得出各省区市的发展前景指数和排名。

主成分分析法采用 SPSS 16 软件进行分析。按特征值大于 1，只能提取 13 个主成分，此时主成分的累计贡献率仅为 77.334%，效果不太理想。当提取了 24 个主成分时，累计贡献率超过 90%，足以对所选择变量进行解释，达到主成分分析法的要求。

（1）KMO 和 Bartlett 球形检验结果

KMO 检验用于检查变量间的偏相关性，取值在 0～1 之间。KMO 统计量接近于 1，变量间的偏相关性越强，主成分分析法的效果越好。一般 KMO 统计大于 0.7 时效果比较好；当 KMO 统计量小于 0.5 时，此时不适合应用主成分分析法。本文的 KMO 统计量为 0.862，检验效果良好，适合进行主成分分析法，见附表 1。

Bartlett 球形检验是用来判断相关矩阵是否为单位矩阵的。从 Bartlett 检验可以看出，应拒绝各变量独立的假设，及变量间具有较强的相关性。

附表 1　KMO 和 Bartlett 球形检验结果

Kaiser-Meyer-Olkin Measure of Sampling Adequacy	0.862	df	1653
Bartlett's Test of Sphericity Approx. Chi-Square	4.116E4	Sig.	.000

（2）变量共同度

变量共同度表示各变量中所含原始信息能被提取的公因子所表示的程度，从附表 2 可以看到所有变量共同度都在 80% 以上，提取的这些公因子对各变量的解释能力非常强。

附表2 变量共同度

变　量	变量名称	提取比例	变　量	变量名称	提取比例
TFP	全要素生产率	0.9067	ind3deposeVal	工业"三废"综合利用产品产值比	0.9401
productivity	全社会劳动生产率	0.9254	polluteInvest	治理工业污染项目投资占GDP比	0.9303
Koutput	资本产出率	0.9251	productQuality	产品质量	0.8849
invEff	投资效果系数	0.9556	protectArea	自然保护区面积	0.8543
GDP2	GDP2	0.9289	parkVirescence	万人城市园林绿地面积	0.8428
GDP3	GDP3	0.9253	marketDegree	市场化程度	0.9364
urban	城市化率	0.9337	serviceEstablishment	城镇社区服务设施数	0.8367
gdpVolatility	经济增长波动指标	0.9653	traffic	交通事故指标	0.8812
foreignVolatility	对外开放稳定性	0.9713	fire	火灾事故指标	0.9151
pgdpi	人均GDP增长率	0.8979	antiCorruption	反贪腐情况	0.9541
inflation	通货膨胀率指标	0.8702	establishmentLevel	城市设施水平	0.9225
unemployment	失业率指标	0.8607	pgdp	人均GDP	0.9734
LaborE	劳动投入弹性指标	0.9951	urbanIncome	城镇家庭平均每人可支配收入	0.9274
KE	资本投入弹性指标	0.8863	countryIncome	农村居民家庭人均年纯收入	0.9085
energyExp	万元GDP能耗指标	0.9214	urbanCountry	城乡人均纯收入比指标	0.8990
energyE	能源消耗弹性指标	0.9924	sanitationFin	地方财政卫生事业费支出	0.9292
eleExp	万元GDP电力消耗指标	0.8998	urbanEngel	城镇居民恩格尔系数	0.9201
patent	专利授权量	0.8837	countryEngel	农村居民恩格尔系数	0.8082
eduFin	地方财政教育事业费支出比	0.9014	save	人均储蓄存款额	0.9551
HC	人力资本	0.8926	doctors	万人拥有医生数	0.8119
birthrate	人口出生率	0.8575	beds	万人床位数	0.8948
sciFin	地方财政科学事业费支出比	0.8679	sanitaryInstitution	万人卫生机构数	0.9319
population15_64	有效劳动力比例	0.8205	urbanCountryConsume	城乡消费水平比指标	0.8705
postCount	人均邮电业务量	0.9541	consumeLevel	消费水平	0.8916
water	人均水资源量	0.9083	urbanEndowmentInsurance	城镇基本养老保险覆盖率	0.9526

变　量	变量名称	提取比例	变　量	变量名称	提取比例
infield	万人耕地面积	0.9084	urbanMedicare	城镇基本医疗保险覆盖率	0.9332
solidUseful	工业固体废物综合利用率	0.8257	unemployment Insurance	城镇失业保险率覆盖率	0.9403
wasteWaterEligible	工业废水排放达标率	0.8987	countryEndowment Insurance	农村社会养老保险覆盖率	0.8314
exhaustGasDisposal	工业废气处理率	0.8783	consumestruct	消费结构	0.9024

注：初始值均为 1。以上是通过主成分分析法提取的。

（3）碎石图

碎石图用于显示各个因子的重要程度，横轴表示因子序号，纵轴表示特征值大小。从碎石图可以直观地看出前面陡峭部分对应较大的特征值，作用明显，后面对应较小的特征值，其影响相对要小，见附图 1。

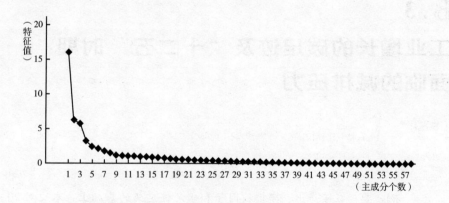

附图 1　碎石图

面向"十二五"的经济增长

Economic Growth towards the
Twelfth Five-Year Plan

B.3
工业增长的碳足迹及"十二五"时期
面临的减排压力

袁富华[*]

摘　要：在碳产出、碳排放因子和碳足迹定义的基础上，本文对20世纪中期以来中国工业行业碳排放的趋势进行了数据描述和分析，主要结论如下：（1）工业部门终端能源消费的碳排放经历了泾渭分明的两个阶段。第一个阶段是1996~2002年工业部门碳排放总体水平基本稳定的时期，但是，2003年以来，由于工业规模的迅速扩张，导致了碳排放迅速增长的趋势。（2）总体来看，在本文所考察的33个工业行业中，尽管碳排放因子表现出普遍的基本稳定或下降趋势，但是碳排放因子明显下降的行业较少。（3）10

---

* 袁富华，中国社会科学院经济研究所副研究员、博士，研究方向为就业与经济增长。

余年中，尽管中国工业行业总体上出现了增长过程中的低碳化倾向，但是，碳产出与碳排放因子（倒数）显著的正相关只出现在少数行业中。（4）由于工业部门以煤炭为主的能源消费格局短时间内不可能得到根本改观，这为工业部门节能减排带来了压力，前景不容乐观。

关键词：碳排放　碳产出　碳排放因子　碳足迹

中国经济增长过程中节能减排面临巨大压力的原因有二：一是经济处于工业化过程中，工业部门能源消费规模不断扩大，尤其是制造业部门能源消费迅速增加；二是中国工业增长过程中能源消费结构的问题，以煤为主的能源结构成为碳减排的最大挑战。作为能耗总量最大的国民经济部门，工业部门的碳排放在近10年内表现出了亦喜亦忧的趋势：在本文考察的工业行业中，能源消费的"低碳化"倾向正在出现；但是，碳排放与能源消费之比的快速下降只出现在为数不多的几个工业行业当中，在工业部门能源消费格局短时间内不可能得到根本改观的条件下，工业部门碳减排压力前景不容乐观。

一　工业增长的碳足迹标定方法

我们立足于4个综合指标，对近10年来中国工业增长的碳足迹进行标定，并对未来趋势进行观察。

（1）碳排放：基于工业能源消费，对工业增长中碳（C）排放状况进行描述。由于工业行业能源结构及生产效率的差异，工业部门碳排放在不同行业和趋势上可能表现出差异。这是关于工业碳排放总体状况的标定。

（2）碳产出：基于工业部门增加值产出与碳排放的对比，可以对碳排放之于产出的影响进行标定。这是关于碳生产率的标定。

（3）碳排放因子：基于碳排放与能源消费的对比，可以对工业部门生产的技术洁净状况进行分析。这是关于洁净技术程度的标定。

（4）碳足迹：在坐标平面上标定碳足迹时，以碳产出作为纵轴，以碳排放因子（的倒数）作为横轴。这种标定的经济含义是，既环保又高效的工业生产行业位于坐标平面右上角的位置，见图1。

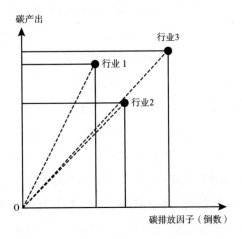

图1 碳足迹标定

在进行碳核算时，我们依据2006年IPCC《国家温室气体清单指南》第二章表2.2"能源工业中固定源燃烧的缺省排放因子"，参照以下技术参数估算：$1tec = 29.3076GJ$；1吨碳 = 3.67吨二氧化碳。算式为：行业碳排放量 = Σ（行业能源i消费量×能源i碳排放系数）。工业能源数据来源于历年《中国能源统计年鉴》，碳排放系数估算如表1：

表1 能源的碳排放系数

能源种类	碳排放系数：t C/1tec	能源种类	碳排放系数：t C/1tec
原 煤	0.76	燃料油	0.62
洗精煤	0.76	其他石油制品	0.59
焦 炭	0.89	液化石油气	0.50
其他焦化产品	0.64	天然气	0.45
原 油	0.59	焦炉煤气	0.35
汽 油	0.55	炼厂干气	0.46
煤 油	0.57	其他煤气	0.35
柴 油	0.59	水电、核电	0.00

资料来源：赵敏、张卫国、俞立中《上海市能源消费碳排放分析》，《环境科学研究》2009年第8期。

二 工业增长的碳排放

（一） 能源消费及能源结构

长期以来，受经济发展方式以及能源结构的制约，中国工业增长中高能耗的问题一直非常突出。表2提供了20世纪中期以来中国能源消费结构、工业能源消费以及工业能源消费结构的一个概览。从数据来看，尽管煤炭占能源消费总量的比重一直处于下降趋势，但是截至目前，煤炭消费占能源消费总量的比重仍在70%左右，中国能源消费中以煤为主的特征在短时期内很难得到有效改观。不断深化的工业化进程决定了工业能源消费在能源消费总量中仍然占有绝大部分比重，就1995～2008年的情况看，这个比重基本维持在70%左右。而在工业能源消费中，以煤为主的格局比较显著，1995～2008年，工业煤炭消费量在煤炭消费总量中的占比处于一个持续上升的趋势，2008年煤炭消费总量的工业占比约为95%。中国经济增长中能源消费的这种状况，决定了工业部门增长仍然是碳排放压力的主要来源。

表2 1995～2008年能源消费概况

单位：%

年份 \ 指标	能源消费总量的工业占比	煤炭消费总量的工业占比	煤炭占能源消费总量之比
1995	73.3	85.4	74.6
1996	72.2	88.2	73.5
1997	72.4	88.6	71.4
1998	71.4	89.0	70.9
1999	69.8	90.1	70.6
2000	68.9	90.6	69.2
2001	67.9	90.9	68.3
2002	68.6	91.3	68.0
2003	69.8	92.0	69.8
2004	70.5	92.4	69.5
2005	71.0	92.9	70.8
2006	71.1	93.5	71.1
2007	71.6	93.9	71.1
2008	71.8	94.5	70.3

资料来源：《中国能源统计年鉴2009》。

（二）基于时间序列的工业碳排放

依托工业能源消费及碳排放系数，本部分及下文主要对工业部门增长的碳排放问题给出一个趋势性评估，为简洁起见，我们以工业部门终端能源消费及相关碳排放问题进行分析。工业行业碳排放估算结果见附表1。

1. 工业增长碳排放的动态趋势

从20世纪90年代中期以来的情况看，如图2所示，工业部门终端能源消费的碳排放经历了泾渭分明的两个阶段。第一个阶段是1996~2002年工业部门碳排放总体水平基本稳定的时期，碳排放没有明显的增长，基本维持在4亿吨的规模；形成鲜明对比的是，2003~2008年，由于工业规模的迅速扩张，导致了碳排放迅速增长，工业部门终端能源消费的碳排放量增加了0.9倍，2008年达到约8亿吨的规模。2003年以来工业部门碳排放的迅速增长，主要归因于制造业部门碳排放的增加，这个判断是依据终端能源消费估算得到的，从1996~2008年的趋势看，制造业终端能源消费的碳排放在工业部门碳排放中的占比基本维持在90%左右。

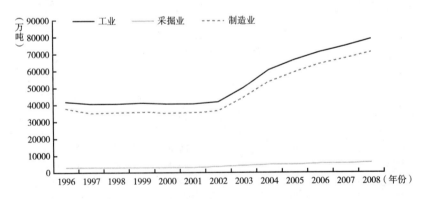

图2　1996~2008年工业、采掘业和制造业终端能源消费的碳（C）排放

2. 工业部门煤炭消费的碳排放趋势

工业部门能源消费以煤为主的格局，是该部门碳排放规模不断增长的主因。表3列示了1996~2008年工业部门煤炭消费的碳排放占工业行业终端能源消费碳排放的比重。首先，从工业部门煤炭消费碳排放占比的总体状况看，在1996~2008年曾出现小幅下降的趋势，但是这种趋势随着2003年以来的工业产出扩张很快终止，近年来一直处于80%以上的高位。其次，除个别行业外，无论是重工业部门还是轻工业部门，煤炭消费碳排放占比居高不下的趋势在所考察样本期内没有扭转的迹象。因此，可以认为，在现有中国工业能源消费结构主导下，解决碳排放问题任重道远。

表3　1996～2008年煤炭消费的碳排放占工业行业终端能源消费碳排放的比重

单位：%

工业分行业	1996 年	1997 年	1998 年	1999 年	2000 年	2001 年	2002 年
工业	85.7	83.5	82.7	81.5	79.6	79.2	78.2
（一）采掘业	77.1	67.7	70.6	64.4	61.0	59.2	59.0
煤炭开采和洗选业	97.0	96.2	96.4	94.7	94.0	94.2	94.2
石油和天然气开采业	19.0	17.0	13.2	10.0	9.3	7.8	7.4
黑色金属矿采选业	92.6	84.0	90.5	83.7	83.7	83.9	83.0
有色金属矿采选业	89.2	80.2	86.6	79.7	78.9	79.2	79.9
非金属矿采选业	91.6	89.5	88.6	85.8	84.9	83.1	83.0
其他采矿业	87.9	80.1	81.5	71.3	69.7	68.3	66.7
（二）制造业	86.1	84.4	83.2	82.4	80.7	80.6	79.5
农副食品加工业	93.0	93.1	93.0	90.3	89.5	88.8	89.1
食品制造业	96.2	94.7	93.7	93.0	91.4	91.1	90.3
饮料制造业	96.5	95.1	95.1	94.3	93.2	92.5	93.2
烟草制品业	86.0	89.2	82.5	78.0	69.8	71.4	72.8
纺织业	90.3	93.2	90.2	85.4	84.9	84.1	85.2
纺织服装鞋帽	87.3	82.0	78.7	74.0	69.0	66.4	67.2
皮革毛皮	88.3	83.1	78.5	73.0	67.4	68.6	70.6
木材加工	95.0	94.3	94.2	94.0	92.0	91.2	92.9
家具制造业	92.3	88.8	86.1	86.0	80.9	80.9	79.1
造纸及纸制品业	97.4	96.3	95.3	94.2	93.3	93.1	92.6
印刷业和记录媒介	74.7	82.0	73.3	65.2	59.0	59.1	59.7
文教体育用品	76.4	68.4	31.5	52.9	45.0	45.3	43.0
石油加工炼焦	42.0	18.5	19.2	19.4	19.2	19.1	17.7
化学原料及化学制品	66.0	74.3	75.1	71.9	70.0	70.0	69.0
医药制造业	94.5	94.0	94.5	93.8	92.3	91.6	91.8
化学纤维制造业	68.6	46.7	53.7	45.2	40.5	38.7	37.5
橡胶制品业	94.6	93.9	90.8	90.0	85.4	85.8	86.6
塑料制品业	79.8	79.6	70.4	68.6	58.4	57.1	57.0
非金属矿物制品业	95.3	94.9	92.6	92.3	91.4	90.5	89.1

续表 3

工业分行业	1996 年	1997 年	1998 年	1999 年	2000 年	2001 年	2002 年
黑色金属冶炼及压延	97.0	97.0	96.6	96.6	96.4	96.7	96.9
有色金属冶炼及压延	91.9	89.1	87.6	87.1	84.7	83.5	84.4
金属制品业	90.4	87.3	86.2	83.1	77.0	75.2	75.7
通用设备	92.6	89.1	90.6	88.9	86.8	87.2	86.3
专用设备	89.1	90.1	84.6	83.5	80.1	80.1	78.4
交通运输设备	87.3	85.4	84.0	83.0	78.5	77.7	81.8
电气机械及器材	81.3	77.2	77.3	73.6	67.3	63.1	61.4
通信设备计算机	70.8	50.1	56.7	44.0	36.7	30.7	27.2
仪器仪表	91.4	84.7	71.3	72.5	64.8	61.3	61.3
工艺品及其他	95.0	86.4	84.0	74.4	71.3	69.0	66.4
(三)电力煤气及水生产和供应业	90.0	91.8	92.6	90.5	88.8	87.8	87.9
电力热力生产供应业	89.8	92.4	93.1	90.8	89.5	88.6	89.0
燃气生产供应业	92.0	87.4	86.4	89.2	84.1	83.3	78.3
水的生产供应业	84.6	72.0	83.5	82.6	79.2	75.9	75.8

工业分行业	2003 年	2004 年	2005 年	2006 年	2007 年	2008 年
工业	80.4	82.3	84.2	84.1	83.5	83.4
(一)采掘业	63.9	75.8	76.5	75.3	76.0	72.0
煤炭开采和洗选业	95.9	97.3	97.5	97.4	97.5	97.0
石油和天然气开采业	8.2	9.5	9.4	8.7	7.9	5.4
黑色金属矿采选业	84.6	77.6	81.7	82.9	83.1	78.7
有色金属矿采选业	80.4	80.2	83.6	83.7	82.6	75.5
非金属矿采选业	84.4	80.7	83.3	83.4	82.7	76.6
其他采矿业	71.9	52.7	58.3	58.4	59.2	32.8
(二)制造业	81.5	82.6	84.6	84.5	83.9	84.3
农副食品加工业	91.2	90.4	89.5	89.8	90.1	90.1
食品制造业	91.2	89.2	90.1	90.3	90.4	88.3
饮料制造业	95.0	93.6	93.2	92.9	92.4	91.3
烟草制品业	78.4	91.2	90.5	90.4	88.6	84.9
纺织业	89.2	90.5	92.7	92.6	92.7	91.2
纺织服装鞋帽	71.7	75.7	76.9	76.5	76.0	71.0
皮革毛皮	70.3	67.5	69.4	68.7	67.2	60.5
木材加工	94.2	94.4	93.5	93.4	92.6	91.0
家具制造业	81.8	70.7	64.4	64.1	62.0	51.4
造纸及纸制品业	92.6	95.1	95.1	95.0	94.8	94.9
印刷业和记录媒介	71.2	63.5	63.4	62.4	60.9	46.6
文教体育用品	45.6	45.1	48.5	48.4	49.9	39.6

续表 3

工业分行业	2003 年	2004 年	2005 年	2006	2007 年	2008 年
石油加工炼焦	18.9	18.2	21.1	20.7	19.2	19.1
化学原料及化学制品	68.0	68.7	71.1	68.6	67.8	70.0
医药制造业	92.7	93.1	93.0	92.6	91.4	89.7
化学纤维制造业	68.8	81.6	79.9	79.4	75.3	70.7
橡胶制品业	87.5	86.1	86.7	86.3	85.3	86.2
塑料制品业	63.5	69.0	69.8	69.8	69.1	68.0
非金属矿物制品业	91.2	92.6	92.3	91.9	91.6	91.5
黑色金属冶炼及压延	97.5	98.2	98.6	98.8	98.8	98.8
有色金属冶炼及压延	85.0	83.8	84.1	83.4	82.9	81.7
金属制品业	75.3	74.2	74.0	74.2	72.7	67.4
通用设备制造业	85.9	80.1	85.5	86.3	86.1	81.2
专用设备制造业	82.5	83.4	85.5	85.4	84.8	80.1
交通运输设备	79.0	77.2	76.3	76.1	74.9	66.7
电气机械及器材	58.2	57.0	56.2	55.2	53.5	49.7
通信设备计算机	30.0	39.3	37.6	37.1	34.8	35.7
仪器仪表	57.9	54.7	57.7	58.0	54.9	49.0
工艺品及其他	70.2	87.9	89.5	89.5	89.1	88.5
(三)电力煤气及水生产和供应业	88.0	88.9	90.6	90.4	90.2	86.5
电力热力生产供应业	89.6	94.0	95.3	95.1	94.9	91.7
燃气生产供应业	74.5	41.3	42.0	41.4	44.5	38.3
水的生产供应业	77.0	81.3	82.0	81.2	79.4	73.6

资料来源：根据附表 1 估算。

（三）工业行业碳排放排序

表 4 提供了工业各行业碳排放量由大到小的一个位序，目的是对行业增长之于碳排放总量的影响给出直观说明。从 2003 年和 2008 年的情况看，排序前五的行业位序没有发生变化，这五个行业多属于能耗较高的重工业部门。除了化学纤维制造业和其他采矿业碳排放规模显著降低外，其他行业位序要么产生了很小的变动，要么基本保持稳定。因此，近几年，工业部门内部行业能耗和碳排放格局保持了一个大致稳固的格局。

表4　2003 年和 2008 年采掘业和制造业行业碳排放排序及对比

行　业	2003	2008	行　业	2003	2008
黑色金属冶炼及压延加工业	1	1	非金属矿采选业	19	18
非金属矿物制品业	2	2	工艺品及其他制造业	20	24
化学原料及化学制品制造业	3	3	橡胶制品业	21	19
石油加工、炼焦及核燃料加工业	4	4	木材加工及木、竹、藤、棕、草制品业	22	20
煤炭开采和洗选业	5	5	电气机械及器材制造业	23	22
石油和天然气开采业	6	7	塑料制品业	24	21
纺织业	7	9	通信设备、计算机及其他电子设备制造业	25	25
有色金属冶炼及压延加工业	8	6	黑色金属矿采选业	26	23
造纸及纸制品业	9	8	烟草制品业	27	30
农副食品加工业	10	10	纺织服装、鞋、帽制造业	28	27
通用设备制造业	11	11	有色金属矿采选业	29	28
交通运输设备制造业	12	12	其他采矿业	30	35
饮料制造业	13	14	皮革、毛皮、羽毛(绒)及其制品业	31	29
食品制造业	14	13	印刷业和记录媒介的复制	32	31
医药制造业	15	17	仪器仪表及文化、办公用机械制造业	33	34
专用设备制造业	16	15	家具制造业	34	32
化学纤维制造业	17	26	文教体育用品制造业	35	33
金属制品业	18	16			

注：序号 1～35，按照行业碳排放量由大到小的顺序排列。

资料来源：根据附表 1 估算。

三　工业增长的碳产出

接下来，我们将对工业部门碳产出的状况进行说明。这里，对碳产出进行如下定义：

$$碳产出 = 行业增加值 / 行业碳排放$$

我们采用 1980 年为基期的 14 类工业品价格指数对名义数值进行折实从而估算行业实际增加值，主要就工业部门 33 行业的碳产出进行了估算，数值结果参见附表 2。

（一）基于时间序列的工业碳产出

图3至图9对工业部门33行业的碳产出状况进行了标示。图3至图9的直观之处在于，据此可以对行业碳产出趋势进行评估。从1996～2008年的情况看，每吨碳排放对于行业增加值产出带动最大的行业是：烟草、印刷、文体、塑料、通信、仪器仪表，2008年的碳产出能力比1996年高8～9倍。每吨碳排放对于行业增加值产出带动较大的行业是：有色金属采选、家具制造、电器机械，2008年的碳产出能力比1996年高4～5倍。其他行业的碳产出能力增加较小。

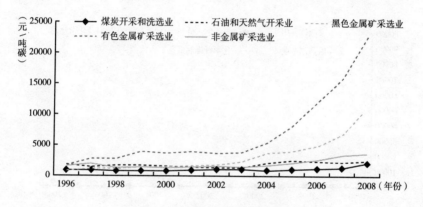

图3　采掘业行业碳产出趋势

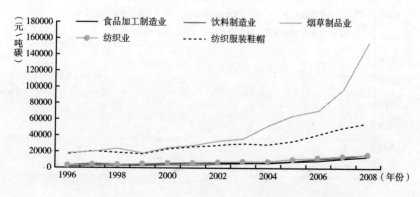

图4　食品、饮料、烟草、纺织、服装鞋帽行业碳产出趋势

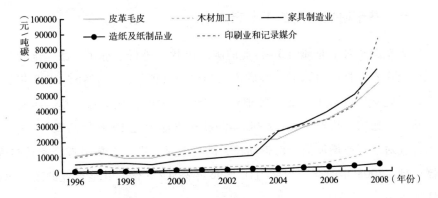

图5 皮革、木材、家具、造纸、印刷行业碳产出趋势

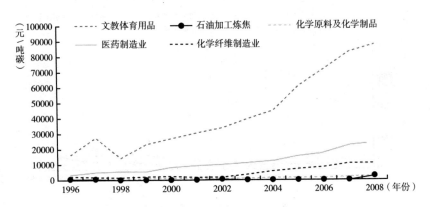

图6 文教、石油加工、化学原料、医药化纤行业碳产出趋势

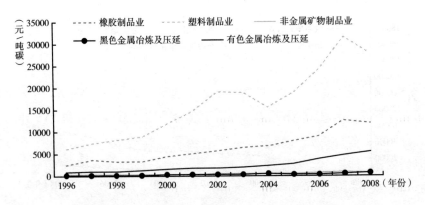

图7 橡胶、塑料、非金属、黑色金属、有色金属行业碳产出趋势

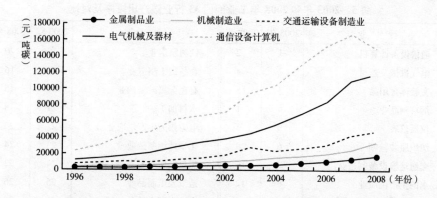

图8 金属制品、机械、交通运输设备、电气、通信行业碳产出趋势

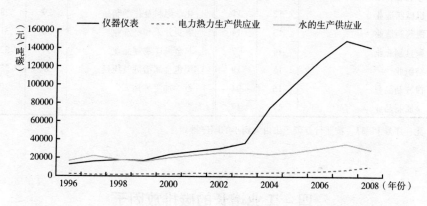

图9 仪器仪表、电力热力、水的生产行业碳产出趋势

（二）工业行业碳产出排序

表5提供了工业各行业碳产出由大到小的一个位序，目的是对近年来碳排放增长之于行业产出的拉动程度进行一个概要性说明。从2003年和2008年的情况看，排序前五的行业位序虽然有所变化，但是在33行业的总排序中仍然都处于前五的位置。印刷、家具制造和有色金属采选行业的位序发生了较大变化，与2003年的位序相比，2008年显著靠前了；与之形成对照的是，纺织、橡胶行业的位序显著靠后了。2003年碳产出排在21位之后的行业，在2008年的位序要么产生了很小的变动，要么基本保持稳定。

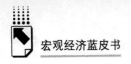
表5　2003年和2008年工业部门33行业碳产出排序及对比

行　业	2003年	2008年	行　业	2003年	2008年
通信设备计算机	1	2	饮料制造业	18	20
电气机械及器材	2	4	食品加工制造业	19	16
文教体育用品	3	5	有色金属矿采选业	20	15
烟草制品业	4	1	木材加工	21	18
仪器仪表	5	3	电力热力生产供应业	22	23
纺织服装鞋帽	6	9	化学纤维制造业	23	24
交通运输设备制造业	7	10	黑色金属矿采选业	24	22
水的生产供应业	8	12	造纸及纸制品业	25	26
皮革毛皮	9	8	有色金属冶炼及压延	26	25
塑料制品业	10	13	非金属矿采选业	27	27
印刷业和记录媒介	11	6	石油和天然气开采业	28	29
机械制造业	12	11	化学原料及化学制品	29	28
医药制造业	13	14	煤炭开采和洗选业	30	31
家具制造业	14	7	非金属矿物制品业	31	32
纺织业	15	19	黑色金属冶炼及压延	32	33
橡胶制品业	16	21	石油加工炼焦	33	30
金属制品业	17	17			

注：序号1~33，按照行业碳产出由大到小的顺序排列。

四　工业增长的碳排放因子

为了对近年来单位能耗的碳排放情况进行说明，本部分提供了工业行业碳排放因子的估算。这里，对碳排放因子作如下定义：

碳排放因子 = 行业碳排放／行业能源消费，单位：吨碳／吨标准煤（tC/tec）

行业碳排放因子的估算方面，我们采用了《中国能源统计年鉴》能源消费数据和附表1的结果，主要就工业部门33行业的有关因子进行估算，数值结果参见附表3。

（一）　基于时间序列的工业碳排放因子

图10至图16对工业部门33行业的1996~2008年的碳排放因子状况进行

了标示。这里把工业部门 33 行业碳排放因子的变动状况分为四类：第一类是因子水平基本保持不变的行业，包括非金属矿物制造、黑色金属冶炼压延业、水的生产供应业；第二类是因子水平有所上升的行业，包括煤炭开采业、石油天然气开采业、非金属矿采选业、石油加工炼焦业；第三类是因子水平缓慢下降的行业，包括食品加工制造业、医药制造业、交通运输设备制造业；第四类是因子快速下降的行业，是除去上述三类产业之后的工业行业。总体来看，33个工业行业中，有 26 个行业碳排放因子表现出了下降趋势，这种趋势意味着，尽管工业部门碳排放总量在近年来出现增长趋势，但是能源消费的"低碳化"倾向也正在出现。

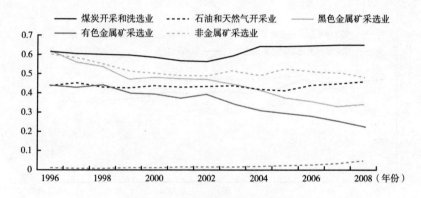

图 10　采掘业行业碳排放因子

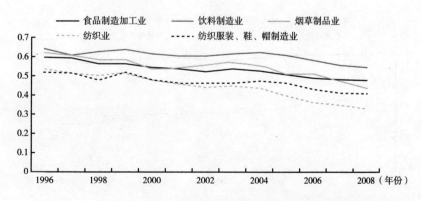

图 11　食品、饮料、烟草、纺织、服装鞋帽行业碳排放因子

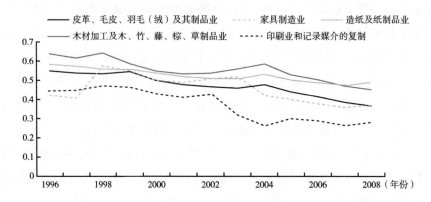

图12　皮革、木材、家具、造纸、印刷行业碳排放因子

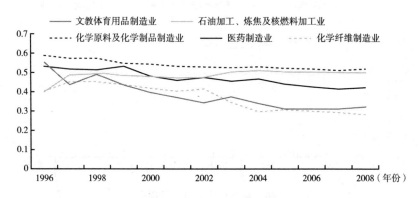

图13　文教、石油加工、化学原料、医药化纤行业碳排放因子

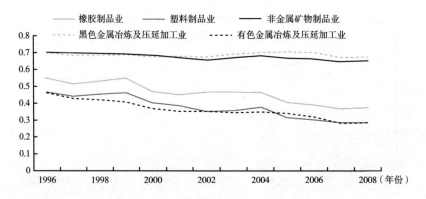

图14　橡胶、塑料、非金属、黑色金属、有色金属行业碳排放因子

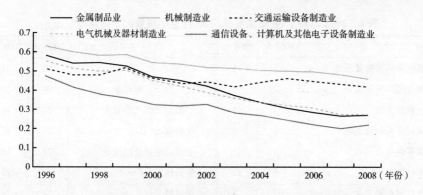

图 15　金属制品、机械、交通运输设备、电气、通信行业碳排放因子

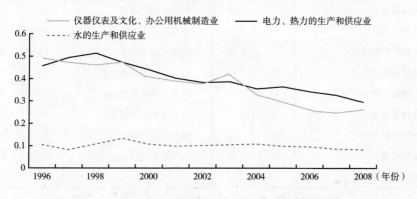

图 16　仪器仪表、电力热力、水的生产行业碳排放因子

（二）工业行业碳排放因子排序

表 6 提供了工业各行业碳排放因子由大到小的一个位序，目的是对近年来工业行业能源消耗的碳排放强度进行概要性说明。从 2003 年和 2008 年的情况看，排序前四的行业位序虽然有所变化，但是在 33 行业的总排序中仍然处于前四的位置。与 2003 年相比，一些行业如烟草制品业、木材加工业、家具制造业、仪器仪表、金属制品业的排序在 2008 年发生了显著的后移，单位能耗碳排放水平的相对下降幅度较大；一些行业如石油加工炼焦、石油和天然气开采的碳排放因子在 2008 年发生了显著的前移，单位能耗碳排放水平的相对上升幅度较大。2003 年碳排放因子排在 23 位之后的行业，在 2008 年的位序要么变动较小，要么基本保持稳定。

177

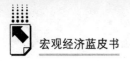

表6 2003年和2008年工业部门33行业碳排放因子排序及对比

行业	2003年	2008年	行业	2003年	2008年
黑色金属冶炼及压延	1	1	纺织业	18	21
非金属矿物制品业	2	2	黑色金属矿采选业	19	20
饮料制造业	3	4	石油和天然气开采业	20	10
煤炭开采和洗选业	4	3	仪器仪表	21	30
烟草制品业	5	13	交通运输设备制造业	22	15
木材加工	6	12	电力热力生产和供应业	23	23
食品制造加工业	7	8	金属制品业	24	29
化学原料及化学制品	8	5	文教体育用品	25	22
家具制造业	9	18	电气机械及器材	26	28
机械制造业	10	11	塑料制品	27	25
非金属矿采选业	11	9	化学纤维制造业	28	26
造纸及纸制品业	12	7	有色金属冶炼及压延	29	24
石油加工炼焦	13	6	有色金属矿采选业	30	31
橡胶制品业	14	17	印刷业和记录媒介	31	27
纺织服装鞋帽	15	16	通信设备计算机	32	32
皮革毛皮	16	19	水的生产和供应业	33	33
医药制造业	17	14			

注：序号1～33，按照行业碳排放因子由大到小顺序排列。

五　碳足迹

1996～2008年工业行业的碳足迹标示如图17所示。在图17中，纵坐标表示行业碳产出，标示吨碳排放对于行业增长的拉动效应或碳生产力，纵坐标表示行业能源消费的碳排放因子（倒数），表示行业能源利用技术的干净程度或行业能源的低碳化程度。图17标示了1996～2008年32行业（水的生产和供应业作为异常值剔除）能源利用和碳排放的生产力足迹，向右倾斜的粗对角线箭头的指向意味着：10余年中，中国工业行业总体上出现了增长过程中的低碳化倾向，但是，碳产出与碳排放因子（倒数）显著的正相关只是出现在少数行业中（图17中处于粗对角线箭头下方且逼近对角线的行业轨迹）。

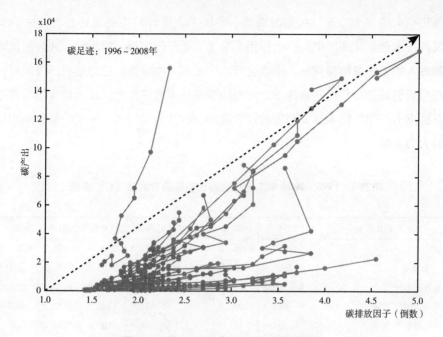

图17 1996～2008年工业行业的碳足迹

注：表中只对32个工业行业的碳足迹进行了标示，水的生产和供应业作为异常值剔除。

六　前景

作为能耗总量最大的国民经济部门，工业部门的碳排放在近10年中同时表现出了亦喜亦忧的趋势：向好的趋势是工业行业能源消费的碳排放因子出现下降趋势，尽管快速的下降只出现在为数不多的几个工业行业当中；令人担忧的问题是，工业部门以煤炭为主的能源消费格局短时间内不可能得到根本改观，从而成为工业部门碳排放总量持续快速增长的主因，碳减排压力前景不容乐观。近年来，工业部门一些行业碳产出快速增长的原因，可以归结为能源消费结构的调整以及节能技术的有效使用，但是对于多数工业部门，尤其是能耗较大且煤炭消耗较大的部门而言，如何实现行业增长的低碳化仍是未来面临的艰巨任务，主要是煤炭利用技术和利用效率的提高。"十二五"规划建议把经济发展方式转变看做我国经济社会领域的一场深刻变革，强调发展的全面性、协调性、可持续性，并把建设资源节约型、环境友好型社会作为加快转变经济发展方式的重要着力点。

在即将到来的"十二五"规划时期里，中国工业增长转型的重要任务之一，就是发挥技术创新在部门增长中的作用。鉴于工业部门碳排放的现状，如何把技术创新融入能源消费结构调整，应该受到充分重视。在清洁能源短期内不可能对大规模煤炭消耗进行替代的条件下，加大洁净煤技术的研发自然成为减排的次优选择，这离不开能源技术开发利用的科学规划，以及国家财政、金融政策对能源技术的大力支持。

附表1　1996~2008年工业行业终端能源消费的碳（C）排放

单位：万吨

工业分行业	1996年	1997年	1998年	1999年	2000年	2001年	2002年
工业	41998.2	40362.8	40483.0	41097.5	40501.8	40408.0	41707.8
（一）采掘业	2895.8	3006.9	3064.6	3043.7	3156.8	3191.9	3325.7
煤炭开采和洗选业	1566.2	1453.6	1647.6	1562.6	1508.5	1485.5	1531.4
石油和天然气开采业	686.4	1002.9	890.2	1021.5	1155.1	1214.2	1262.7
黑色金属矿采选业	137.8	121.5	117.2	91.7	100.2	102.2	120.1
有色金属矿采选业	137.7	100.3	87.4	74.9	84.1	82.9	93.9
非金属矿采选业	240.7	215.6	208.3	213.7	226.1	230.0	242.7
其他采矿业	126.9	113.1	113.6	79.4	82.8	77.1	74.9
（二）制造业	37517.7	35203.5	35189.2	35864.2	35336.5	35388.2	36492.0
农副食品加工业	748.9	814.5	796.7	711.7	679.2	671.0	713.4
食品制造业	595.7	458.3	450.1	487.8	432.9	432.0	439.3
饮料制造业	486.0	375.2	448.3	443.2	388.5	372.2	396.4
烟草制品业	121.2	117.9	110.1	152.2	114.5	119.8	127.4
纺织业	1179.8	1030.0	993.4	1026.4	925.9	915.6	980.7
纺织服装鞋帽	95.7	87.0	107.1	119.8	104.7	107.0	115.3
皮革毛皮	64.7	55.8	73.7	80.5	65.7	64.9	68.0
木材加工	169.7	155.8	167.8	167.2	144.2	148.5	157.8
家具制造业	37.7	35.4	32.9	41.5	33.2	35.6	37.3
造纸及纸制品业	919.6	812.8	820.3	826.6	840.1	822.0	929.3
印刷业和记录媒介	49.3	42.6	49.8	55.4	51.8	53.5	57.1
文教体育用品	30.5	19.5	43.2	28.4	27.0	28.5	29.9
石油加工炼焦	1096.5	2552.5	2839.1	2817.4	3020.7	3024.7	3226.8
化学原料及化学制品	9020.0	6642.2	6317.0	5661.0	5872.0	5826.5	6438.9
医药制造业	369.2	303.8	324.2	373.6	316.8	315.9	341.4
化学纤维制造业	291.9	447.4	505.9	518.2	540.5	510.3	563.3
橡胶制品业	262.0	209.3	238.4	257.7	196.3	202.1	214.7

工业分行业	1996 年	1997 年	1998 年	1999 年	2000 年	2001 年	2002 年
塑料制品业	181.6	171.1	163.1	170.0	151.8	149.6	139.4
非金属矿物制品业	7804.6	7504.1	7437.4	8054.2	7991.5	7488.9	6899.2
黑色金属冶炼及压延	10312.1	10071.9	10034.8	10462.6	10467.7	11144.1	11410.2
有色金属冶炼及压延	808.5	771.2	811.7	865.0	801.1	778.9	890.6
金属制品业	401.3	339.7	362.2	375.4	327.2	348.8	373.4
通用设备	828.3	665.0	578.1	555.5	453.1	470.7	496.6
专用设备	423.6	379.7	348.4	370.7	315.7	304.9	297.0
交通运输设备	466.3	434.4	429.8	508.0	426.5	435.2	491.0
电气机械及器材	236.9	214.1	202.9	212.8	181.4	168.5	181.2
通信设备计算机	102.7	113.8	103.5	122.8	117.0	124.1	151.0
仪器仪表	43.5	34.7	37.7	45.6	36.0	35.4	38.0
工艺品及其他	370.3	344.3	361.4	353.3	313.7	289.5	287.4
(三)电力煤气及水生产和供应业	1584.7	2152.4	2229.2	2189.6	2008.5	1828.0	1890.1
电力热力生产供应业	1395.8	1981.2	2090.7	1944.2	1791.2	1605.7	1686.4
燃气生产供应业	171.2	156.1	118.2	215.5	193.7	200.1	182.6
水的生产供应业	17.8	15.1	20.2	29.9	23.6	21.8	21.2

工业分行业	2003 年	2004 年	2005 年	2006 年	2007 年	2008 年
工业	49996.4	60426.0	66598.0	71323.6	74635.2	79113.2
(一)采掘业	3874.9	4858.9	4928.8	5111.7	5574.7	6131.0
煤炭开采和洗选业	1930.5	3226.6	3239.7	3296.1	3671.7	3926.7
石油和天然气开采业	1316.9	1076.6	1066.8	1167.5	1227.0	1527.9
黑色金属矿采选业	145.2	163.4	187.0	203.3	216.7	251.7
有色金属矿采选业	100.0	94.8	93.3	95.9	95.7	88.3
非金属矿采选业	303.5	295.2	339.9	346.9	361.2	334.0
其他采矿业	78.7	2.4	2.1	2.1	2.3	2.5
(二)制造业	43889.5	53435.3	59406.9	63896.9	66852.0	71063.8
农副食品加工业	715.8	816.7	789.6	800.6	837.0	910.3
食品制造业	422.2	466.1	507.5	515.6	521.1	550.5
饮料制造业	424.3	492.9	484.6	494.7	470.5	486.6
烟草制品业	130.7	102.8	86.8	87.9	77.3	64.1
纺织业	1108.3	1322.5	1263.9	1289.1	1318.3	1235.1
纺织服装鞋帽	128.1	156.0	170.7	175.1	176.8	179.9
皮革毛皮	75.0	90.7	86.1	88.8	85.8	82.5
木材加工	201.6	272.2	269.2	274.9	263.5	272.9
家具制造业	44.3	28.9	30.8	31.6	31.2	39.6
造纸及纸制品业	970.4	1295.5	1257.6	1279.3	1217.9	1398.0

181

续附表1

工业分行业	2003 年	2004 年	2005 年	2006 年	2007 年	2008 年
印刷业和记录媒介	63.7	42.8	42.0	43.6	42.2	52.0
文教体育用品	31.8	34.2	31.4	32.4	33.6	38.3
石油加工炼焦	3811.1	4724.0	4760.5	4826.1	5233.1	5144.2
化学原料及化学制品	7641.2	8680.0	9266.7	10189.2	10971.7	11515.1
医药制造业	372.4	359.5	352.2	359.1	346.4	387.8
化学纤维制造业	348.3	225.8	240.2	253.5	262.6	233.7
橡胶制品业	235.8	274.3	264.5	270.6	258.8	280.6
塑料制品业	162.3	241.3	233.7	238.4	228.0	265.3
非金属矿物制品业	8653.7	11933.1	11997.9	12301.7	12193.9	13832.3
黑色金属冶炼及压延	14927.9	18065.0	23243.3	26050.2	27830.4	29268.5
有色金属冶炼及压延	1060.6	1229.8	1331.0	1435.2	1508.1	1652.5
金属制品业	346.7	346.0	341.5	358.0	363.6	404.7
通用设备制造业	527.2	556.9	689.1	768.3	821.2	802.7
专用设备制造业	367.1	433.0	423.5	441.6	471.4	477.8
交通运输设备	445.7	584.1	607.2	636.4	638.0	710.0
电气机械及器材	189.0	208.5	205.9	215.1	216.2	254.2
通信设备计算机	154.4	172.2	175.7	181.6	183.9	234.8
仪器仪表	52.1	30.7	28.7	29.7	30.4	37.7
工艺品及其他	275.5	240.7	217.2	220.3	211.0	239.7
(三)电力煤气及水生产和供应业	2232.0	2131.8	2262.3	2315.0	2208.5	1918.4
电力热力生产供应业	1997.8	1906.6	2044.2	2089.5	1984.4	1714.5
燃气生产供应业	211.7	197.5	191.3	197.9	197.5	177.0
水的生产供应业	22.5	27.6	26.8	27.6	26.6	27.0

附表2　1996～2008 年工业行业碳产出趋势

单位：元/吨碳

工业分行业	1996 年	1997 年	1998 年	1999 年	2000 年	2001 年	2002 年
煤炭开采和洗选业	918.1	952.3	734.6	767.6	836.4	955.6	1092.6
石油和天然气开采业	1903.4	1412.1	1755.9	1692.7	1593.1	1397.6	1354.5
黑色金属矿采选业	825.6	1004.4	1031.3	1346.0	1400.8	1615.3	1681.8
有色金属矿采选业	1774.4	2754.7	2839.0	3918.0	3744.8	3907.1	3760.5
非金属矿采选业	1618.5	1970.1	1306.9	1393.4	1369.7	1391.1	1531.5
食品加工制造业	2200.6	2639.7	2426.7	2867.5	3650.4	4088.3	4684.4
饮料制造业	2778.6	4401.3	3645.4	4108.7	5169.0	5573.7	5803.3
烟草制品业	17964.2	20134.1	24196.6	18047.7	24489.9	27698.5	33128.4

续附表 2

工业分行业	1996 年	1997 年	1998 年	1999 年	2000 年	2001 年	2002 年
纺织业	3248.0	4076.4	4091.8	4530.0	5465.0	6103.9	6804.8
纺织服装鞋帽	17211.4	20046.0	17987.9	17575.5	22489.3	25892.2	27511.7
皮革毛皮	10943.3	13463.5	9747.7	9578.6	13349.6	16245.4	18253.6
木材加工	3299.9	3997.2	2945.1	3019.2	2789.5	3330.2	3523.4
家具制造业	5046.4	6084.3	5909.4	4756.6	7301.8	8471.1	9707.9
造纸及纸制品业	835.8	1030.1	1020.9	1177.8	1346.1	1588.0	1724.8
印刷业和记录媒介	9928.9	12692.5	11030.3	11001.6	11650.9	13832.6	15183.8
文教体育用品	16466.5	27740.8	14343.3	23104.8	27133.9	30466.8	33889.6
石油加工炼焦	671.4	289.2	245.3	251.8	217.3	245.5	274.7
化学原料及化学制品	442.2	629.5	660.8	842.6	935.8	1098.5	1184.7
医药制造业	3244.3	4760.5	5050.7	5401.9	7766.7	9141.4	10011.4
化学纤维制造业	2241.7	1645.7	1380.1	1910.6	2123.7	1739.6	1809.6
橡胶制品业	2413.8	3520.8	3222.5	3082.1	4328.9	4910.7	5581.4
塑料制品业	6159.3	7353.5	8215.4	8942.8	11874.2	14560.5	19004.2
非金属矿物制品业	319.7	350.2	300.4	313.3	356.1	412.8	516.2
黑色金属冶炼及压延	195.6	211.3	218.3	240.5	279.6	313.7	369.2
有色金属冶炼及压延	765.6	837.7	912.7	1089.8	1441.8	1734.2	1645.7
金属制品业	2470.5	3157.2	3104.1	3351.6	4195.7	4672.7	5274.4
机械制造业	3715.6	4883.3	5159.6	5729.4	7443.0	8457.3	10497.1
交通运输设备制造业	7431.2	8814.7	10167.8	9896.8	12489.8	15307.6	19092.9
电气机械及器材	11650.6	14574.2	17540.1	19852.0	27325.0	33367.2	37665.6
通信设备计算机	24102.9	30191.6	43797.9	46241.1	62746.8	66864.4	71898.4
仪器仪表	12374.7	16302.6	18096.1	16671.8	23997.2	27370.2	30397.0
电力热力生产供应业	2310.1	1763.5	1825.6	2243.0	2561.0	3233.7	3586.3
水的生产供应业	16231.7	21581.7	18430.7	15085.4	19176.9	22591.9	25092.2
工业分行业	2003 年	2004 年	2005 年	2006 年	2007 年	2008 年
---	---	---	---	---	---	---
煤炭开采和洗选业	1015.4	901.1	1054.1	1225.6	1387.6	2063.1
石油和天然气开采业	1385.2	2177.3	2465.8	2329.3	2309.4	2549.8
黑色金属矿采选业	2206.2	3757.0	4004.9	4917.6	6719.3	11274.7
有色金属矿采选业	3892.4	5433.5	8048.7	12006.0	15945.7	22743.7
非金属矿采选业	1405.4	1779.7	2074.0	2687.9	3472.1	3670.8
食品加工制造业	6011.4	6665.5	9004.8	11197.8	13240.6	17162.3
饮料制造业	6015.1	5559.0	7172.4	8644.9	11072.2	13698.8

工业分行业	2003 年	2004 年	2005 年	2006 年	2007 年	2008 年
烟草制品业	36514.5	52370.9	64701.0	71626.3	96890.0	155651.7
纺织业	7159.6	7676.1	10178.3	11954.0	14378.8	15947.0
纺织服装鞋帽	29765.9	28779.8	33022.8	40719.0	49433.7	54854.4
皮革毛皮	21409.7	21371.2	28748.5	34250.2	43638.1	57923.2
木材加工	3450.1	3512.9	4774.9	6152.8	9363.9	16646.1
家具制造业	10803.1	26090.6	31411.0	39076.8	49723.9	66907.5
造纸及纸制品业	1997.7	1909.7	2524.7	2980.5	3897.3	4619.4
印刷业和记录媒介	15919.4	26451.5	30040.5	33886.6	42090.0	86179.8
文教体育用品	39493.7	45005.9	60726.3	72211.6	83332.3	87882.1
石油加工炼焦	258.0	240.5	227.5	217.8	260.0	2451.9
化学原料及化学制品	1291.3	1534.1	1649.5	1831.3	2240.6	2594.9
医药制造业	11014.4	12128.0	15116.6	17403.8	22106.8	23447.7
化学纤维制造业	3393.6	5953.6	7031.9	8238.1	10323.3	10719.7
橡胶制品业	6281.0	6596.5	7834.6	9133.2	12409.0	11830.8
塑料制品业	18826.7	15611.2	18940.7	24192.2	31398.1	27824.6
非金属矿物制品业	529.4	486.9	588.1	732.9	964.3	817.0
黑色金属冶炼及压延	414.7	484.5	436.3	457.0	507.4	707.1
有色金属冶炼及压延	1864.5	2152.5	2545.3	3786.9	4654.9	5450.2
金属制品业	6138.0	7126.0	8706.2	10566.2	12981.8	16910.0
机械制造业	12240.9	15115.8	16762.3	19777.0	24653.6	34051.7
交通运输设备制造业	27384.7	23622.2	25309.5	30430.1	42617.6	47673.6
电气机械及器材	45108.7	54078.7	69634.3	84269.2	109154.5	119029.1
通信设备计算机	95038.2	104876.3	130635.6	153162.4	168000.9	149056.1
仪器仪表	35979.7	75309.0	102455.6	128108.6	148968.5	141035.9
电力热力生产供应业	3417.7	4633.2	4965.0	5710.5	7514.5	10872.0
水的生产供应业	25754.3	24489.5	26582.2	30173.7	35276.0	28862.1

注：炼焦业并入石油加工、炼焦及核燃料加工业；通用设备制造业与专用设备制造业合并为机械工业；食品加工业与食品制造业合并为食品加工制造业；其他采矿业、工艺品及其他制造业、废弃资源和废旧材料回收加工业、燃气生产和供应业没有计算。

资料来源：附表 1 和历年《中国统计年鉴》。

附表3　1996～2008年工业行业碳排放因子

单位：吨碳/吨标准煤

工业分行业	1996年	1997年	1998年	1999年	2000年	2001年	2002年
煤炭开采和洗选业	0.62	0.60	0.60	0.59	0.59	0.57	0.56
石油和天然气开采业	0.44	0.45	0.43	0.43	0.44	0.43	0.43
黑色金属矿采选业	0.62	0.56	0.54	0.47	0.48	0.47	0.47
有色金属矿采选业	0.44	0.43	0.44	0.40	0.39	0.37	0.39
非金属矿采选业	0.60	0.58	0.55	0.51	0.50	0.49	0.49
食品加工制造业	0.59	0.59	0.56	0.56	0.55	0.54	0.52
饮料制造业	0.64	0.61	0.62	0.64	0.62	0.60	0.60
烟草制品业	0.62	0.61	0.58	0.58	0.53	0.54	0.55
纺织业	0.53	0.51	0.50	0.51	0.47	0.46	0.44
纺织服装鞋帽	0.52	0.52	0.48	0.52	0.48	0.46	0.46
皮革毛皮	0.55	0.54	0.53	0.54	0.50	0.48	0.47
木材加工	0.64	0.61	0.64	0.59	0.55	0.53	0.54
家具制造业	0.42	0.41	0.58	0.55	0.50	0.49	0.51
造纸及纸制品业	0.58	0.57	0.56	0.55	0.53	0.52	0.51
印刷业和记录媒介	0.44	0.45	0.47	0.46	0.43	0.41	0.43
文教体育用品	0.54	0.44	0.49	0.44	0.40	0.37	0.34
石油加工炼焦	0.40	0.49	0.49	0.48	0.48	0.47	0.47
化学原料及化学制品	0.59	0.57	0.57	0.55	0.54	0.53	0.53
医药制造业	0.53	0.52	0.51	0.53	0.48	0.46	0.47
化学纤维制造业	0.40	0.45	0.45	0.44	0.42	0.40	0.42
橡胶制品业	0.55	0.51	0.53	0.55	0.47	0.45	0.47
塑料制品业	0.47	0.44	0.45	0.46	0.40	0.38	0.35
非金属矿物制品业	0.70	0.70	0.69	0.69	0.68	0.67	0.65
黑色金属冶炼及压延	0.70	0.68	0.68	0.68	0.67	0.68	0.67
有色金属冶炼及压延	0.46	0.43	0.42	0.41	0.37	0.35	0.35
金属制品业	0.58	0.54	0.55	0.53	0.47	0.45	0.42
机械制造业	0.63	0.60	0.58	0.59	0.54	0.54	0.52
交通运输设备制造业	0.51	0.48	0.48	0.51	0.46	0.44	0.44
电气机械及器材	0.55	0.52	0.50	0.50	0.45	0.42	0.39
通信设备计算机	0.47	0.42	0.38	0.36	0.33	0.32	0.33
仪器仪表	0.49	0.47	0.46	0.47	0.41	0.39	0.37
电力热力生产供应业	0.46	0.50	0.51	0.47	0.44	0.40	0.38
水的生产供应业	0.11	0.08	0.11	0.13	0.11	0.10	0.10

续附表 3

工业分行业	2003 年	2004 年	2005 年	2006 年	2007 年	2008 年
煤炭开采和洗选业	0.59	0.64	0.64	0.64	0.65	0.65
石油和天然气开采业	0.44	0.42	0.41	0.44	0.45	0.46
黑色金属矿采选业	0.44	0.41	0.37	0.35	0.33	0.34
有色金属矿采选业	0.34	0.31	0.29	0.28	0.25	0.22
非金属矿采选业	0.51	0.49	0.52	0.51	0.50	0.48
食品加工制造业	0.54	0.53	0.51	0.49	0.48	0.48
饮料制造业	0.61	0.62	0.61	0.58	0.55	0.55
烟草制品业	0.57	0.55	0.51	0.51	0.47	0.43
纺织业	0.45	0.43	0.39	0.36	0.34	0.33
纺织服装鞋帽	0.46	0.47	0.46	0.43	0.41	0.41
皮革毛皮	0.46	0.48	0.44	0.41	0.39	0.37
木材加工	0.56	0.58	0.53	0.50	0.47	0.45
家具制造业	0.52	0.42	0.40	0.38	0.36	0.37
造纸及纸制品业	0.51	0.53	0.50	0.48	0.48	0.49
印刷业和记录媒介	0.32	0.26	0.30	0.29	0.26	0.28
文教体育用品	0.37	0.34	0.31	0.31	0.31	0.32
石油加工炼焦	0.50	0.51	0.50	0.50	0.50	0.50
化学原料及化学制品	0.53	0.53	0.52	0.52	0.51	0.52
医药制造业	0.46	0.46	0.44	0.43	0.41	0.42
化学纤维制造业	0.35	0.30	0.31	0.30	0.29	0.28
橡胶制品业	0.46	0.47	0.41	0.39	0.36	0.37
塑料制品业	0.36	0.38	0.31	0.30	0.28	0.28
非金属矿物制品业	0.66	0.68	0.67	0.66	0.64	0.65
黑色金属冶炼及压延	0.69	0.70	0.70	0.70	0.67	0.67
有色金属冶炼及压延	0.34	0.35	0.34	0.32	0.28	0.29
金属制品业	0.37	0.34	0.31	0.29	0.27	0.27
机械制造业	0.52	0.50	0.50	0.50	0.48	0.46
交通运输设备制造业	0.42	0.44	0.46	0.45	0.42	0.42
电气机械及器材	0.36	0.34	0.32	0.31	0.27	0.27
通信设备计算机	0.28	0.27	0.24	0.22	0.20	0.22
仪器仪表	0.42	0.33	0.29	0.26	0.24	0.26
电力热力生产供应业	0.39	0.36	0.37	0.34	0.33	0.29
水的生产供应业	0.10	0.11	0.10	0.09	0.09	0.08

注：炼焦业并入石油加工、炼焦及核燃料加工业；通用设备制造业与专用设备制造业合并为机械工业；食品加工业与食品制造业合并为食品加工制造业；其他采矿业、工艺品及其他制造业、废弃资源和废旧材料回收加工业、燃气生产和供应业没有计算。

资料来源：附表 1 和历年《中国能源统计年鉴》。

B.4
城市化与内外再平衡

陈昌兵 *

摘 要: 贸易余额持续出现大额顺差是当前外部失衡的主要表现,由单位根突变检验可知,1970～2009 年中国贸易余额没有发生结构性变化。扩展的经常项目占 GDP 比是导致贸易余额占 GDP 比的 Granger 原因,但贸易余额占 GDP 比并不是导致扩展的经常项目占 GDP 比的 Granger 原因。由实证可知,影响外部失衡的长期主要因素是扩展经常项目余额,工业化率和服务业率对贸易余额占 GDP 比也产生影响;影响中国内外失衡的长期因素主要是中国经济的结构性因素,尤其是城市化率的变化对中国内外再平衡具有很大影响。根据含有中国贸易余额占 GDP 比、世界经济增长率和实际有效汇率的结构 VAR 模型分析可知,中国贸易余额占 GDP 比的波动主要是由自身波动所引起的。

关键词: 城市化 贸易余额 扩展的经常项目 再平衡

贸易余额持续出现大额顺差是当前中国外部失衡的主要表现。自 1994 年以来,中国贸易余额一直保持着大额顺差,顺差余额由 1994 年的 53.92 亿美元、占 GDP 比为 1.8182%,升至 2007 年的 2618.30 亿美元、占 GDP 比为 8.7712%;受金融危机影响,盈余额下降至 2009 年的 1961.00 亿美元、占 GDP 比为 5.2529%。中国贸易余额顺差的持续存在,不但加大了国内宏观调控的复杂度和难度,增加人民币升值压力和贸易摩擦,而且不利于经济增长方式转变和加快结构调整的进程,给中国经济的健康发展带来了负面影响。

---

* 陈昌兵,中国社会科学院经济研究所副研究员,经济学博士。研究方向为宏观经济、经济增长和数量经济等。

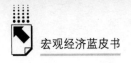
一 中国内外失衡及关系

（一）贸易余额单位根突变检验

由图 1 可知，1982～1993 年，中国贸易余额在 0 上下波动，而 1994 后呈现上升趋势，一直到 2007 年达到最大，受世界金融危机的影响，2009 年其值有所下降。中国的赶超增长模式造成了目前高储蓄、高投资、高增长、低消费"三高一低"的局面，从而决定了中国经济出现了消费率偏低、服务业偏低（投资型的增长方式）及外向型经济等现象。为了改变这种状况，中国政府采用了许多政策（如转变增长方式等），这些措施是否产生效应，即中国贸易余额是否发生结构性的变化，还要进行深入分析。

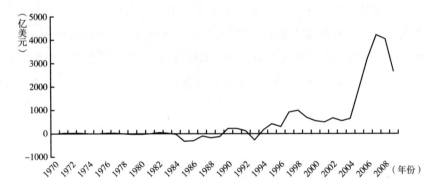

图 1 1970～2009 年中国贸易余额变化

注：由进出口差额进行 GDP 缩减指数调整得到。

由图 1 可知，1997 年以后中国贸易余额有所下降，这是因为 1997 年 10 月 1 日中国政府再次降低了 4874 个商品的关税水平，调整幅度达 26%。能源性产品、原材料和需求有缺口的商品以及高科技产品的降税幅度尤其明显，使得关税总水平下降为 17%。同时，1997 年是宏观经济"软着陆"的第二年。这些因素使得中国贸易余额有所下降。

2005 年以后中国贸易余额快速增加。这是因为 2005 年 7 月 21 日中国人民银行宣布实行以市场供求为基础、参考一揽子货币进行调节、有管理的浮动汇率制度一系列措施。人民币汇率不再钉住单一美元，形成了更富有弹性的人民币汇率机制。人民币汇率机制的改革势必影响中国的进出口从而影响贸易余额。

2008 年以后中国贸易余额有所下降，这是由于受世界金融危机的影响，美国经济进入了衰退，特别是美国消费者的消费水平下降，对我国出口造成了极大负面影响，从而影响了我国的贸易余额。同时，为了应对金融危机，中国政府采用了许多政策（如扩大内需、转变增长方式等），这些措施对中国的贸易余额产生了影响。

（一）中国贸易余额外生单位根突变检验

1. 外生单位根检验

由图 1 可知，中国贸易余额的突变点可能为：1997 年、2005 年和 2008 年等。为了检验 1997 年是否为经常项目结构性变化的突变点，设 T_B 为 1997 年，引入时间变量 t，定义虚拟变量 D_{1997} 和 T_{1997}：

$$D_{1997} = 0, 当 t < 1997; D_{1997} = 1, 当 t \geqslant 1997 \tag{1}$$

$$T_{1997} = 0, 当 t < 1997; T_{1997} = t - T_B, 当 t \geqslant 1997 \tag{2}$$

中国贸易余额和虚拟变量分别按照模型 A、B 和 C 拟合，根据虚拟变量的参数显著性，选用模型 B（括号内的数是 t 统计量，下同）[1]：

$$EX = -48.9724 + 3.1314 \times t + 268.8822 \times T_{1997}$$
$$(-0.2502)(0.2859) \qquad (7.5024) \tag{3}$$

退化趋势后的残差记为 e_t，对其进行 ADF 检验，按照最小 AIC 和 SIC 原则选择滞后阶数，其结果为：

$$\Delta e_t = -0.6297 e_t(-1) + 0.8750 \times \Delta e_t(-1) \tag{4}$$

ADF = $-5.6286 < -4.51$，由判断标准模型 B，当 $\alpha = 1\%$，$\lambda = t_B/T = 0.70$，所以就能拒绝零假定，中国贸易余额在 1997 年并不为突变点。

采用同样的方法，检验 2005 年和 2008 年是否为中国贸易余额单位根突变

---

① 模型 A、B 和 C 的具体形式，以及具体的检验方法，见王静《中国外贸开放的政策效应及经济增长效应——基于结构突变的单位根和协整检验分析》，中国社会科学院研究生院博士学位论文，2006。

点。对 2005 年单位根突变的检验结果为：ADF $= -5.1790 < -4.27$，由判断标准模型 A，当 $\alpha = 1\%$，$\lambda = t_B/T = 0.925$，所以接受零假定，2005 年不是中国经常项目突变点。对于 2008 年单位根突变的检验结果为：ADF $= -4.43 < -4.27$，由判断标准模型 A，当 $\alpha = 1\%$，$\lambda = t_B/T = 0.975$，所以接受零假定，2008 年不是中国经常项目突变点。

2. 中国经常项目内生单位根突变检验

采用 Perron 和 Vogelsang（1993）的方法对 1997 年、2002 年、2005 年和 2008 年进行内生检验，虚拟变量的设置类似于外生突变检验：

$$D_j = 0, 当 t < j; D_j = 1, 当 t \geq j;$$

$$T_j = 0, 当 t < j; T_j = t - j, 当 t \geq j。$$

由表 1 可知，中国贸易余额在 1970 ~ 2009 年并没有发生结构性变化，尤其是 2007 年金融危机后，中国政府采取的扩大内需、实现增长方式的转变的措施，并没有使中国贸易余额产生结构性变化。

表 1　统计贸易余额的内生单位突变检验结果

可能的突变点	D_j 的参数[①]	T_j 的参数[②]	残差 e_j 的 ADF 的值	λ	临界值（Perron）	结　论
1997 年	−81.4579 （−0.2347）	273.4930 （6.6255）*	−5.8050	0.70	模型 A： −4.43 （$\alpha = 1\%$） −4.27 （$\alpha = 2.5\%$） −3.97 （$\alpha = 5\%$） −3.69	MaxADF $= -4.43$ $< -4.27 (\alpha = 1\%)$。因此，贸易余额不存在单位根结构突变
2002 年	−414.4381 （−1.2517）	360.3179 （7.5683）*	−5.9841	0.7500		
2005 年	321.5464 （6.8572）*	120.0571 （1.6731）*	−4.9840	0.925		
2008 年	1916.87 （3.38）*		−4.4300	0.975		

注：①②列括号中的系数为 t 统计检验值。* 表示在 5% 的水平上显著。

（二）中国内外失衡间的关系

1. 外部失衡

由图 2 可知，1982 ~ 1993 年，中国贸易余额占 GDP 比在 0 上下波动，而

1994 年后，其值呈现上升趋势，一直到 2007 年达到最大，达到 8.7712%，受金融危机的影响，2009 年其值有所下降，但仍然高达 5.2529%。由此可见，近年来中国经济出现了外部失衡。

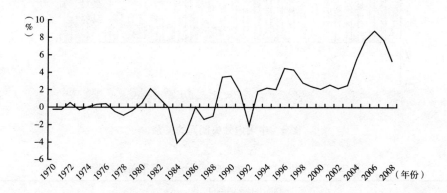

图 2　1970～2009 年中国贸易余额占 GDP 比

2. 内部失衡和外部失衡间的关系

外部平衡用贸易余额占 GDP 比度量，内部平衡则可用扩展的经常项目占 GDP 比①度量。由图 3 可知，扩展的经常项目占 GDP 比的变化与贸易余额占 GDP 比的变化较为一致。樊纲、魏强、刘鹏（2009）通过实证得到国民净储蓄与外部顺差之间存在着因果关系，即净储蓄过大是外部顺差的解释因素之一。扩展的经常项目与净储蓄是一致的，扩展的经常项目占 GDP 比表示净储蓄的相对量，同时可度量内部失衡的程度。由此可知，中国扩展的经常项目占 GDP 比是导致贸易余额不断增大的原因，这一结论可得到 Granger 检验的证实。

根据贸易余额占 GDP 比（tb_ gdp）与扩展的经常项目占 GDP 比（eca_ gdp）组成 VAR 模型的滞后期检验可知，VAR 的滞后期为 2，这样可得到贸易余额占 GDP 比和扩展的经常项目占 GDP 比的 Granger 因果关系检验（见表 2）。

---

① 扩展经常项目余额（ECA）＝国内储蓄（S）－国内固定资本形成额（FIXI），资本形成额＝固定资本形成＋存货增加，实际上存货增加表示实物储蓄，并不是实际的投资，而是统计上的处理。为了分析国内储蓄与实际投资间的差额，我们采用了储蓄与固定资本形成额之差来表示。

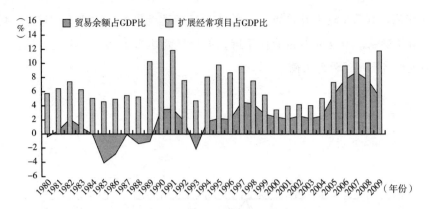

图3 中国内外失衡间的关系

表2 tb_ gdp 和 eca_ gdp 的 Granger 因果关系检验

Dependent variable：tb_gdp			
Excluded	Chi-sq	df	Prob.
eca_gdp	10. 31884	2	0. 0057
all	10. 31884	2	0. 0057
Dependent variable：eca_GDP			
Excluded	Chi-sq	df	Prob.
tb_gdp	5. 732871	2	0. 0569
all	5. 732871	2	0. 0569

由表2可知，在5%的显著水平下，扩展的经常项目占 GDP 比是导致贸易余额占 GDP 比的 Granger 原因，但贸易余额占 GDP 比并不是导致扩展的经常项目占 GDP 比的 Granger 原因。下面从长期和短期角度分析影响中国贸易余额的因素，以及影响中国扩展的经常项目的长期因素，以期寻找解决中国外部失衡问题的措施。

二 影响贸易余额理论分析及长期影响计量分析

（一）影响贸易余额的理论分析

可以从需求角度、资源配置角度和经常项目角度对贸易余额进行分析。

基于需求角度，贸易余额为：

$$贸易余额 = 出口 - 进口 \tag{5}$$

基于资源配置角度，贸易余额为：

$$贸易余额 = 本国生产的贸易品 - 本国消费的贸易品① \tag{6}$$

基于经常项目角度，可得到贸易余额与经常项目的关系：

$$经常项目余额(CA) = 贸易余额(TB) + 国外的净要素支付(NFP) \tag{7}$$

由式（3）可得到：

$$贸易余额(TB) = 经常项目余额(CA) + 国外的净要素收入(NFE) \tag{8}$$

经常项目余额（CA）是由国内储蓄和国内投资决定：

$$经常项目余额(CA) = 国内储蓄(S) - 国内投资(I) \tag{9}$$

扩展的经常项目余额（CA）由如下所决定②：

$$扩展经常项目余额(ECA) = 国内储蓄(S) - 国内固定资本形成额(FIXI) \tag{10}$$

这样，可得到如下贸易余额与扩展的经常项目余额（CA）的关系：

$$贸易余额(TB) = 扩展经常项目余额(ECA) + 国外净要素收入(NFE) \tag{11}$$

由式（11）的贸易余额与扩展的经常项目余额（CA）的关系可分析，内部失衡是外部失衡最为根本性的因素。

基于式（6）贸易余额的资源配置角度分析中国贸易失衡的问题，有助于对中国目前所面临的最根本问题有更深层的认识。一般而言，贸易品是与工业品相对应的，由于中国的赶超和低价工业化战略造成了中国贸易品的大量生产，而中国贸易品的消费增加相对缓慢，这就形成了不断增加贸易余额的局面。这样，影响本国贸易品生产和本国贸易品消费的因素就会影响贸易余额：

---

① 本国生产的贸易品包括本国生产的出口贸易品和本国消费的贸易品,本国消费的贸易品包括本国生产的贸易品和进口的贸易品。贸易余额 = 本国生产的出口贸易品 - 进口的贸易品 = （本国生产的出口贸易品 + 本国生产国内消费的贸易品）-（进口的贸易品 + 本国生产国内消费的贸易品）= 本国生产的贸易品 - 本国消费的贸易品。

② 资本形成额 = 固定资本形成额 + 存货增加，实际上存货增加就是实物储蓄，并不是实际的投资，而是统计上的处理。为了分析国内储蓄与实际投资的差额，我们采用了储蓄与固定资本形成额之差。

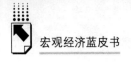

1. 汇率

汇率变动对经常项目变动的影响主要是通过价格竞争机制展开的，即汇率变动改变进出口商品的相对价格，影响进出口商品的国际竞争力，进而使进出口商品的供需弹性发生变化，并最终影响经常项目差额的变动。一般来说，汇率贬值将降低本国出口产品以外币表示的价格，提高外国进口产品以本币表示的价格。这将提高外国居民对本国出口产品的需求，同时减少本国居民对外国进口产品的需求。如果一国进出口弹性满足马歇尔—勒纳条件，那么货币贬值将会改善该国的贸易收支，进而使贸易余额增加。

2. 贸易品的生产

工业生产的产品多数为可贸易产品，随着工业化程度的提高和工业生产的规模经济的形成，可贸易产品会大量增加，这就使出口增速，因此工业化程度就会影响贸易余额。世界经济发展水平提高，国外居民就会增加对本国可贸易产品的需求，这将导致出口的增加。与此相对的是非贸易品的生产，服务业产品多数是不可贸易商品，服务业的不断发展就会减少可贸易品的生产，同时，服务业的发展有助于人们消费更多的贸易产品，从而有利于贸易余额的下降。

根据以上对影响贸易余额的因素的分析，我们利用计量模型对影响中国贸易余额的长期因素进行实证分析。

（二）影响贸易余额长期因素的实证分析

1. 数据及来源

（1）贸易余额占 GDP 比——贸易余额与当年的 GDP 之比，表示为 tb_ gdp；

（2）世界经济发展水平——世界人均 GDP，以 2005 年价计，表示为 pppgdp_ w；

（3）扩展的经常项目占 GDP 比——国内总储蓄与固定资本形成额之差与当年的 GDP 之比，表示为 eca_ gdp[①]；

（4）工业化率——工业增加值占当年 GDP 比，表示为 in_ gdp；

（5）服务业率——服务业增加值占当年 GDP 比，表示为 se_ gdp；

---

① 资本形成额＝固定资本形成额＋存货增加，实际上存货增加就是实物储蓄，并不是实际的投资，而是统计上的处理。为了分析国内储蓄与实际投资的差额，我们采用了储蓄与固定资本形成额之差。

（6）实率有效汇率——经过价格指数调整后的名义有效汇率，表示为 reer。

2. 单位根检验

由表 3 可知，在 5% 的显著水平下，tb_gdp、eca_gdp 和 se_gdp 各变量均为平稳的；而 pppgdp_w、in_gdp 和 reer 在 10% 的显著水平下均为平稳的。这样以上六个变量均为平稳的。

表 3　各变量的单位根检验结果（样本区间为 1980 ~ 2009 年）

变量	阶数及形式	1% 临界值	5% 临界值	10% 临界值	t-统计值	P-value
tb_gdp	(0,T,4)	-4.374307	-3.603202	-3.238054	-4.742473	0.0044
pppgdp_w	(0,T,1)	-4.323979	-3.580623	-3.225334	-3.37626	0.0840
eca_gdp	(0,C,1)	-3.689194	-3.689194	-2.971853	-2.625121	0.0442
in_gdp	(0,T,1)	-4.323979	-3.580623	-3.225334	-3.603264	0.0765
se_gdp	(0,T,3)	-4.356068	-3.595026	-3.233456	-3.803209	0.0327
reer	(0,T,3)	-4.356068	-3.595026	-3.233456	-3.582027	0.0513

注：（1）第 2 列括号内的 0、1 分别代表水平值检验、一阶差分检验；括号内 C 和 T 分别表示"仅含截距项"和"含截距及趋势项"；括号内的第三个数表示检验变量的最高滞后阶数。检验变量的最高滞后阶数（2）所有检验的零假设为：被检验序列为单位根过程；（3）PMacKinnon（1996）one-sided p-values，其含义是：拒绝无单位根的假设后犯错误的概率，也就是具有单位根的概率。

3. 模型及计量分析

利用国外经济发展水平、扩展的经常项目占 GDP 比因素对贸易余额占 GDP 比进行估计，为了减少模型中的相关性，在估计模型中增加了被解释变量的滞后期，或增加 AR（1）或增加 MA（1）（见表 4）。

由表 4 估计的各模型可得到：

（1）扩展的经常项目占 GDP 比对贸易余额占 GDP 比的影响较大，且较为显著。由表 4 估计的 4 个模型可知，其参数的系数较为接近，系数值为 0.4 左右。其含义为扩展的经常项目占 GDP 比每增加 1 个百分点，则贸易余额占 GDP 比就增加约 0.4 个百分点。

（2）世界经济发展水平对中国贸易余额有显著的影响。世界人均 GDP 的参数在模型（A）中并不显著，但在其他 3 个模型中，其参数均为显著的，参数值大约为 0.0025。其含义为：世界人均 GDP（以 2005 年价计）每增加 100，则中国贸易余额占 GDP 比就增加 0.25 左右。

表 4　贸易余额占 GDP 比的模型估计被解释变量：贸易余额占 GDP 比 tb_ gdp

解释变量	模型（A）	模型（B）	模型（C）	模型（D）
C	−26. 5727 （−2. 19）**	−27. 7791 （−3. 55）***	−9. 2005 （−1. 95）*	
tb_gdp（−1）	0. 2614 （1. 67）	0. 2599 （1. 89）*		
eca_gdp	0. 4036 （2. 81）*	0. 4171 （4. 23）***	0. 3254 （2. 29）**	0. 4807 （2. 93）***
pppgdp_w	0. 0012 （1. 02）	0. 001014 （2. 79）**	0. 0037 （3. 75）***	0. 0030 （2. 51）**
in_gdp	0. 4488 （1. 70）	0. 4746 （2. 36）***		
se_gdp	−0. 0360 （−0. 14）		−0. 4755 （−2. 15）**	−0. 5327 （−2. 32）**
reer	−0. 0010 （−0. 08）		−0. 0178 （−1. 64）*	−0. 0388 （−2. 28）**
ma（1）			0. 6465 （3. 97）***	
ar（1）				0. 7521 （4. 82）***
观察数	29	29	30	29
R−squared	0. 8300	0. 8298	0. 8382	0. 8242
R−squared_adjusted	0. 7837	0. 8015	0. 8045	0. 7948
D. W	1. 8020	1. 8294	1. 8223	1. 5895

注：带有 * 为在 10% 的水平上显著；带有 ** 为在 5% 的水平上显著；带有 *** 为在 1% 的水平上显著。

（3）工业化率的提高有助于贸易余额的增加，这可从式（2）得到解释。由表 4 估计的模型可知，工业化率在模型（A）中并不显著，同样，该参数在模型（C）和（D）中也不显著，只有在模型（B）中，该参数是显著的，其系数为 0. 4746。

（4）服务业的发展有助于贸易余额的减少，有利于外部再平衡。这是因为服务业对应的产品多数是非贸易产品，服务业的发展会减少贸易品的生产，同时增加可贸易品的消费，在某种程度上可扩大进口。由表 4 估计的模型可知，服务业率参数估计模型中的系数均为负值，与经济相符，但在模型（A）中并不显著，而在模型（C）和（D）中显著。

（5）实际有效汇率的提升有利于贸易余额的下降，有利于实现外部再平衡。由表4估计的模型可知，实际有效汇率参数估计模型中的系数均为负值，与经济相符，但在模型（A）中并不显著，而在模型（C）和（D）中显著。

由以上论述可知，影响中国贸易余额占GDP比的长期主要因素是扩展的经常项目占GDP比，而世界经济发展水平、工业化率、服务业率和实际有效汇率等对贸易余额占GDP比产生长期影响，但这些因素的显著性的确不稳健。

三　经常项目影响因素理论分析及长期影响实证

解决外部失衡问题是中国面临的紧迫任务，由上文可知，外部失衡是由内部不均衡所引起的，从长远发展来看，减少经常项目顺差有利于充分利用国内外资源，促进国内经济与对外经济的协调（王信、马昀，2005），有利于解决外部不均衡问题。分析影响中国经常项目失衡的因素尤其重要，为此，本部分就影响中国经常项目的长期因素进行分析。

20世纪90年代后，经常项目与宏观经济运行之间的关系受到国内外学者的高度关注，他们从不同角度对经常项目盈余或赤字进行了归因分析。Correia 等（1995）指出国民收入的周期性波动和贸易平衡之间呈现反周期关系；Kouassi 等（1999）发现贸易条件和经常项目赤字之间存在长期均衡关系；Gregory 和 Head（1999）借助 G7 样本的研究，结论是对外直接投资对经常项目波动影响不显著；Marquez（2004）对 Glick 和 Rogoff（1995）的模型进行扩展，并检验了制造业部门资本积累和生产率变化对经常项目的影响；Engel 和 Rogers（2006）利用美国样本的实证检验发现经常项目赤字不具有持续性的原因，即经常项目赤字的动态波动和经济增长预期之间没有必然联系。

国内学者对中国经常项目进行了相关研究。沈晖（2006）认为由于产业转移提升了我国商品在国际市场上的竞争力；唐建伟（2007）指出我国顺差集中在工业制成品方面，尤其是轻纺和机电产品，而同一时期初级产品进出口却由顺差变为逆差。刘伟等（2006）、李洁、张建清（2007）认为资本项目、实际汇率和 GDP 等会对经常项目产生影响，并对此进行了相应的实证研究。

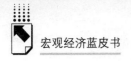

（一）经常项目影响因素的理论分析

由式（10）可知，影响储蓄和投资的因素就是影响经常项目的因素，下面具体分析影响经常项目余额的因素。

1. 利率

由于经常项目余额是由储蓄和投资所决定的，储蓄和投资均受到利率的影响，这样利率的变化就会影响经常项目的变化。在实际经济中，由于通货膨胀的存在，实际利率就成为储蓄和投资的实际成本，因此，实际利率就成为影响储蓄和投资的因素。

2. 投资

由式（10）可知，当国内投资增加时，经常项目余额就会减少。外商直接投资的增加使国内投资得以增加，投资量的增加会引起经常项目余额的减少。另外，投资率影响投资，在收入一定的情况下，投资率的增加就意味着投资增加，经常项目就会减少。

3. 产出及收入

如果产出持久增加，储蓄却变化不大，则消费会增加；如产出仅是暂时增加，消费并没有大的变化，而储蓄则会扩大，从而使经常项目余额增加。劳动生产率的变化会影响国内收入，从而影响国内消费、储蓄及投资，这样，劳动生产率的变化就会影响经常项目变化。

4. 汇率

汇率变动对经常项目变动的影响主要是通过价格竞争机制展开的，即汇率变动会改变进出口商品的相对价格，影响进出口商品的国际竞争力，进而使进出口商品的供需弹性发生变化，并最终影响经常项目差额的变动。一般来说，汇率下降将降低本国出口产品以外币表示的价格，提高外国进口产品以本币表示的价格。这将增加外国居民对本国出口产品的需求，同时减少本国居民对外国进口产品的需求。如果一国进出口弹性满足马歇尔—勒纳条件，那么货币贬值将会改善该国的贸易收支，进而使经常项目差额增加。

5. 储蓄

一国的人口年龄结构变化通过影响该国居民的储蓄和消费行为从而改变该国的经常项目。根据生命周期理论，不同的人口年龄结构会导致不同的国民私人储蓄量。幼年时期，人们只有消费支出，没有收入，更不可能进行储蓄；青壮年时期，人们有工作收入，但同时也要为退休后的生活有保障而进行必需的储蓄；老年时期，人们则需要提取储蓄进行消费。如果一个国家的人口中青壮年占较大比例，那么该国的私人储蓄就会较高。我国的未成年人口与老年人口的比重都较低，而劳动年龄人口的比重较高。有数据显示，在过去的二十几年间，随着青壮年人口比重的提高，我国的私人储蓄率自 20 世纪 90 年代以来一直保持在 40% 左右，远高于 20% 的世界平均水平。较高的私人储蓄率不但为高投资率提供了资金支持，同时也导致了我国经常项目的持续顺差。

根据开放经济条件下的凯恩斯模型，经常项目由私人部门的储蓄—投资差额和政府财政收支差额两部分决定。在其他条件不变的情况下，私人储蓄和政府储蓄的增加会导致经常项目盈余增加或赤字减少；私人投资或政府支出的增加会导致经常项目盈余减少或赤字增加。因而，凡是对私人储蓄—投资差额以及政府财政收支差额产生影响的因素均对经常项目差额的变动有着深刻的影响。政府储蓄是国内总储蓄的一部分，而政府的收入与支出余额就会影响政府的储蓄，这样，政府收支余额就会影响经常项目余额。根据乘数分析法和蒙代尔—弗莱明模型，财政支出也可以分别通过对国民收入和实际汇率的影响，来改变进出口贸易差额，进而影响经常项目的差额。

6. 城市化

改革开放以来，中国加快了实现工业化和城市化的进程，尤其是近期，城市化得到了快速发展。随着城市化的发展，城市面积的扩大需要大量土地和资本的投入，城市人口规模的扩大需要兴建基础设施和进行住房建设，以容纳扩大的城市人口规模。同时，制造业和服务业的发展还需要大量资本，为扩大的城市人口规模提供更多的就业机会。因此，城市化的发展推动了投资的增加。随着城市化的发展，农村居民会进入城市，享受与城市居民同等的待遇，像城市居民一样在城市消费，这样，城市化就会推动消费的增加。根据上述分析可得出，城市化的发展具有双重效应：增加投资、减少储蓄（增加消费），因此说城市化对经常项目的影响较大。

（二）扩展的经常项目计量分析

1. 变量、数据及来源

（1）扩展经常项目余额占 GDP 比——国内总储蓄与固定资本形成额之差与

当年 GDP 比，表示为 eca_ gdp①。

（2）实际利率——名义贷款利率经过 GDP 缩减指数调整后的利率，表示为 real_ rate。

（3）外商直接投资相当于 GDP 之比——外商直接投资与 GDP 之比，表示为 fdi_ gdp。

（4）资本形成率——资本形成总值与当年 GDP 之比，表示为 cap_ gdp。

（5）劳动生产率——从业人员人均 GDP，经过 GDP 缩减指数调整后的从业人员人均 GDP，表示为 lab。

（6）人口年龄结构——总抚养比，指人口总体中非劳动年龄人口数与劳动年龄人口数之比，表示为 tbu。

（7）政府收支余额相当于 GDP 之比——政府收支余额与 GDP 之比，即政府财政收入与支出之差与当年 GDP 之比，表示为 findi_ gdp。

（8）最终消费率——最终消费量与当年 GDP 之比，表示为 con_ gdp。

（7）城市化——城市化率，城镇人口占总人口的比重，表示为 urb。

2. 单位根检验

由表 5 所示的 10 个变量进行单位根检验可知，在 5% 的显著水平下，eca_ gdp、tbu 和 real_ rate 均为平稳的；而 findi_ gdp 和 reer 在 10% 的显著水平下均为平稳的。在 5% 的显著水平下，fdi_ gdp、cap_ gdp、lab、con_ gdp 和 urb 均具有一阶单位根。

表5 各变量的单位根检验结果

变量	阶数及形式	1% 临界值	5% 临界值	10% 临界值	t-统计值	P-value
eca_gdp	(0,C,1)	−3.689194	−3.689194	−2.971853	−2.625121	0.0442
real_rate	(0,C,1)	−3.689194	−2.971853	−2.625121	−3.495691	0.0157
tbu	(0,C,6)	−2.669359	−1.956406	−1.608495	−2.924342	0.0054
findi_gdp	(0,T,1)	−3.689194	−2.971853	−2.625121	−2.803306	0.0706
reer	(0,T,3)	−4.356068	−3.595026	−3.233456	−3.582027	0.0513
fdi_gdp	(0,T,1)	−4.323979	−3.580623	−3.243079	−3.225334	0.6926

---

① 资本形成额＝固定资本形成额＋存货增加，实际上存货增加就是实物储蓄，并不是实际的投资，而是统计上的处理。为了分析国内的储蓄与实际投资的差额，我们采用了储蓄与固定资本形成额之差。

续表 5

变量	阶数及形式	1% 临界值	5% 临界值	10% 临界值	t-统计值	P-value
	(1,C,1)	-3.699871	-2.976263	-2.627420	-3.377894	0.0210
cap_gdp	(0,T,0)	-3.679322	-2.967767	-2.622989	-0.363929	0.9028
	(1,C,0)	-3.689194	-2.971853	-2.625121	-4.112757	0.0036
lab	(0,T,1)	-4.323979	-3.580623	-3.225334	1.243035	0.9999
	(1,C,0)	-4.323979	-3.580623	-3.225334	-3.95493	0.04826
con_gdp	(0,T,3)	-4.356068	-3.595026	-3.233456	-2.756525	0.2243
	(1,C,0)	-3.689194	-2.971853	-2.625121	-3.658621	0.0108
urb	(0,T,5)	-4.394309	-3.612199	-3.243079	0.170561	0.9962
	(1,T,4)	-4.394309	-3.612199	-3.243079	-9.098675	0.0000

注：（1）第 2 列括号内的 0、1 分别代表水平值检验、一阶差分检验；括号内 C 和 T 分别表示"仅含截距项"和"含截距及趋势项"；括号内的第三个数表示检验变量的最高滞后阶数。检验变量的最高滞后阶数（2）所有检验的零假设为：被检验序列为单位根过程；（3）PMacKinnon（1996）one-sided p-values，其含义是：拒绝无单位根的假设后犯错误的概率，也就是具有单位根的概率。

3. 扩展经常项目余额占 GDP 比计量分析

根据对经常项目影响因素的理论分析及单位根检验，利用变量以及具有单位根变量的一阶差分对扩展的经常项目占 GDP 比进行回归，估计结果见表 6。

由表 6 所示的估计模型可知，dcap_gdp、dlab、durb、findi_gdp、real_rate 和 tbu 在各模型中的符合是一致的，各参数的估计系数有所变化。而 dcon_gdp 和 dfdi_gdp 在各模型中估计系数的符号发生变化，且在各模型中估计的系数不显著。从估计模型的拟合度、相关性和参数的显著性等方面来看，估计的模型（N）较为恰当，由该模型可得到如下的结论：

（1）资本形成率的增加就是投资的增加，从而使扩展的经常项目余额下降。资本形成率增量的系数为 -0.3179，其含义为[1]：资本形成率变化加速每增加 1 个单位，经常项目余额占 GDP 比就下降 0.3179 个百分点。

（2）劳动生产率提高了，劳动收入就会增加。如收入增加仅为暂时的，则增加的收入只能引起储蓄的增加；如收入的增加是持续的，则增加的收入就会引起消费的增加，储蓄就会下降，这样，劳动生产率的增加就会减少扩展的经常项

---

[1] 由于解释变量为一阶差分形式，其系数并非常见的边际值。其系数表示为解释变量的二次差分（类似于加速度的概念，表示为解释变量的变化加速）每增加 1 个单位，对应的解释变化的变化就为系数值。

表6　扩展经常项目占 GDP 之比模型估计被解释变量:
扩展经常项目占 GDP 之比 eca_ gdp*

解释变量	模型(E)	模型(F)	模型(G)	模型(H)	模型(M)	模型(N)
c	103. 1686 (5. 14) ***	100. 1022 (5. 09) ***	53. 1235 (2. 05) *	50. 9893 (2. 70) **	56. 7643 (1. 93) *	57. 1449 (2. 67) **
nsav_gdp(-1)			0. 5163 (2. 63) **	0. 5049 (3. 74) ***		
dcap_gdp	-0. 6601 (-2. 74) **	-0. 6158 (-2. 82) **	-0. 5863 (-2. 7) **	-0. 5602 (-3. 01) **	-0. 4161 (-3. 91) ***	-0. 3179 (-3. 84) ***
dcon_gdp	0. 2373 (0. 65)		-0. 2790 (-0. 74)		-0. 2408 (-1. 05)	
dfdi_gdp	0. 9732 (1. 20)		-0. 1363 (-0. 17)		-0. 5629 (-1. 18)	
dlab	-0. 01405 (-3. 89) ***	-0. 0141 (-3. 94) ***	-0. 0077 (-1. 92) *	-0. 0074 (-2. 29) **	-0. 0039 (-1. 61)	-0. 0053 (-2. 47) **
durb	-36. 6957 (-3. 40) ***	-36. 5316 (-3. 46) ***	-18. 9279 (-1. 63)	-16. 9170 (-1. 76) *	-15. 0441 (-2. 53) **	-12. 9298 (-2. 31) ***
findi_gdp	2. 4228 (3. 93) ***	2. 3097 (3. 84) ***	1. 2362 (1. 75) *.	1. 2027 (2. 35) **	0. 9055 (2. 09) *	1. 0998 (2. 55) **
real_rate	0. 3029 (2. 24) **	0. 2241 (1. 99) *	0. 0659 (0. 44)		0. 2706 (2. 60) **	0. 3775 (5. 01) ***
tbu	-1. 1818 (-5. 24) ***	-1. 1243 (-5. 15) ***	-0. 6067 (-2. 06) *	-0. 5928 (-2. 91) ***	-0. 7103 (-1. 14)	-0. 7454 (-1. 76) ***
ma(1)					0. 7765 (3. 04)	0. 7133 (3. 26) ***
ar(1)					0. 9385 (16. 69)	0. 9383 (13. 37) ***
观察数	29	29	29	29	28	28
R^2	0. 6761	0. 6514	0. 7626	0. 7484	0. 8934	0. 8771
$\bar{R}^2$	0. 5466	0. 5563	0. 6502	0. 6798	0. 8307	0. 8254
D. W	1. 0879	0. 9792	1. 2799	1. 3824	1. 9847	2. 0337

　　注: 带有 * 为在 10% 水平上显著; 带有 ** 为在 5% 水平上显著; 带有 *** 为在 1% 水平上显著。
表中各变量前带有 d 表示各变量的一阶差分, 比如 durb 为城市化率的 urb 一阶差分。

目余额。由模型（N）可知，从业人员人均 GDP 增量对扩展经常项目占 GDP 比的系数为 -0.0053，其含义为①：从业人员人均 GDP 变化加速每增加 1 个单位，扩展的经常项目占 GDP 比就下降 0.0051 个百分点。

（3）城市化率的提高有助于城市化的基础设施以及住房的建设，因为这些都是依靠投资的，这样城市化率的提高就会对经常项目余额生产较大的影响，其系数为 12.9298，其含义为：城市化率变化加速每增加 1 个单位，扩展的经常项目占 GDP 比就下降 12.9298 个百分点。

（4）政府的收入支出余额会影响政府的储蓄，进而影响经常项目余额。政府收入支出余额增加会使总储蓄增加，这就提高了经常项目余额占 GDP 比。政府收入支出余额的估计系数为 1.0998，其含义为：政府收入支出余额每增加 1 个单位，扩展经常项目占 GDP 比就上升 1.0998 个百分点。

（5）实际利率决定储蓄和投资，实际利率上升提高储蓄，使投资成本提升，这样投资就会减少，也就是说，实际利率的提高会增加经常项目占 GDP 比。实际利率参数的估计系数为 0.3775，其含义为：实际利率每增加 1 个单位，则扩展经常项目占 GDP 比就会上升 0.3775 个百分点。

（6）总抚养比的增大表明劳动收入者抚养负担增加，总的储蓄就会下降，从而导致经常项目下降。总抚养比参数的估计系数为 -0.7454，其含义为：总抚养比每增加 1 个百分点，扩展经常项目占 GDP 比就会下降 0.7454 个百分点。1980 ~ 2009 年中国总抚养比一直下降，年均下降 0.9645 个百分点，由模型（N）可测算，总抚养比使得扩展经常项目占 GDP 比每年上升 $-0.7454 \times (-0.9645) = 0.7189$ 个百分点。

四 贸易余额的结构 VAR 分析

Clarida 和 Prendergast（1999）构建了 G3 经常项目占 GDP 比、G3 的 GDP 增长率、世界 GDP 的平均增长率和 G3 的实际汇率对数四个变量的季度结构 VAR

---

① 由于解释变量为一阶差分形式，其系数并非常见的边际值。其系数表示为解释变量的二次差分（类似于加速度的概念，表示为解释变量的变化加速）每增加 1 个单位，对应的解释变化的变化就为系数值。

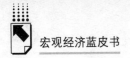
模型，分析经济增长、世界经济增长和实际有效汇率对经常项目占 GDP 比的影响。他们在计量分析中用贸易余额（净出口）占 GDP 比替换经济项目占 GDP 比，其原因一是出口和进口为可得到的实际值，二是其值没有误差。

由前文计量模型分析可知，影响中国贸易余额的长期因素为中国的经济结构，为了进一步实证检验这些结论，分析影响中国贸易余额的短期因素，下面构建了含有中国贸易余额占 GDP 比、世界经济增长率和中国实际有效汇率的结构 VAR 模型，分析经济结构、外部冲击和汇率冲击对中国贸易余额产生的短期影响。

（一）结构 VAR 模型估计

在 Eviews 中，由 tb_ gdp、reer 和 w_ growth 所组成的 VAR，并对其进行滞后期检验，由检验结果可知，VAR 的滞后期为 1。在滞后期 P = 1 对 tb_ gdp、reer 和 w_ growth 简化式 VAR 模型估计如下：

$$
\begin{pmatrix} tb\_\hat{g}dp_t \\ \hat{reer}_t \\ w\_g\hat{r}owth_t \end{pmatrix} = \begin{pmatrix} 1.9394 \\ 10.7401 \\ 1.7090 \end{pmatrix} + \begin{pmatrix} 0.7064 & -0.0148 & 0.2467 \\ 2.1134 & 0.8396 & 0.0051 \\ -0.1600 & 0.0024 & 0.4183 \end{pmatrix} \times
$$
$$
\begin{pmatrix} tb\_gdp_{t-1} \\ reer_{t-1} \\ w\_growth_{t-1} \end{pmatrix} + \begin{pmatrix} \varepsilon\_t\hat{b}\_gdp \\ \varepsilon\_\hat{reer} \\ \varepsilon\_w\_g\hat{r}owth \end{pmatrix} \tag{12}
$$

在以上简化式模型（8）的基础上施加一个长期约束：中国贸易余额冲击在长期对实际有效汇率的冲击累积影响为零，中国贸易余额冲击在长期对世界经济增长的冲击累积影响为零，实际有效汇率冲击在长期对世界经济增长的冲击累积影响为零，即 $S_{12}(L) = 0$、$S_{13}(L) = 0$、$S_{23}(L) = 0$，在这基础上估计 SVAR 模型，可得到如下的矩阵 B：

$$
B = \begin{pmatrix} 1.2560 & 1.3778 & -0.5747 \\ -9.0394 & 5.8840 & 8.3326 \\ 0.6842 & 0.1304 & 0.9728 \end{pmatrix} \tag{13}
$$

在上述模型设定下，可得到 ca_ gdp、reer、和 w_ gdp 各残差值的估计值，由 $u = B^{-1} \times \varepsilon$ 则可得向量 u。

（二）贸易余额占 GDP 比的方差分解

由中国贸易余额占 GDP 比的方差分解（见表 7）可知，标准差随着预测超前期数的增加而增加，在中国贸易余额占 GDP 比的变化中，受其自身的扰动项冲击影响的成分仍然较大，从第一期的 100% 逐渐下降到第十期的 92.4016%，受实际汇率扰动项冲击影响的成分较小，从第一期的 0% 上升到第十期的 4.1644%；受世界经济增长扰动项冲击影响的成分较小，从第一期的 0% 上升到第十期的 3.4340%。

表 7 贸易余额占 GDP 比的方差分解

时期	误差	tb_gdp	reer	w_growth
1	1.9509	100.0000	0.0000	0.0000
2	2.4795	98.4825	0.2413	1.2763
3	2.6986	96.7501	0.8103	2.4396
4	2.7804	95.2905	1.5927	3.1168
5	2.8085	94.1984	2.4048	3.3967
6	2.8202	93.4470	3.0914	3.4617
7	2.8285	92.9637	3.5851	3.4512
8	2.8360	92.6692	3.8969	3.4339
9	2.8425	92.4977	4.0735	3.4288
10	2.8473	92.4016	4.1644	3.4340

由图 4 可知，从作用时滞方面看，两个变量对中国贸易余额持续的拉动作用并不大。从效应大小方面看，在中国贸易余额的变动中，在短期和长期内，实际汇率和世界经济增长对拉动项的冲击所起的作用并不大，而贸易余额变动自身对拉动项的冲击起主要作用，这就表明中国贸易余额主要是由中国经济体所决定的。

（三）脉冲响应分解

在 VAR 模型中，第 i 个变量的冲击不仅直接影响第 i 个变量，而且会通过 VAR 模型的滞后结构传递到其他内生变量。脉冲响应函数描述了一个变量的随机误差项的冲击对每个内生变量当期及后期的影响。

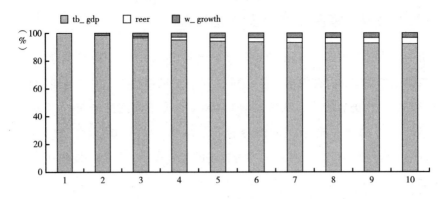

图 4　tb_ gdp 预测误差的方差分解

图 5 至图 6 显示了中国贸易余额对实际汇率和世界增长随机误差项冲击的响应。中国贸易余额对实际汇率冲击的响应为负向的，在第 4 期达到峰值，但冲击的响应幅度相当小，至第 13 期左右缓慢衰减至 0。世界经济增长对实际汇率冲击的响应为正向的，在第 3 期达到峰值，冲击的响应幅度较小，至第 9 期左右缓慢衰减至 0。

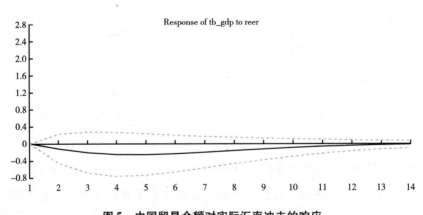

图 5　中国贸易余额对实际汇率冲击的响应

（四）贸易余额占 GDP 比偏离均值的各变量分解及总体方差分解

可对矩阵列进行贸易余额占 GDP 比偏离各变量的分解：

$$Y_t - \bar{Y} = + S^{(0)}\mu_t + S^{(1)}L\mu_t + S^{(2)}L^2\mu_t + S^{(3)}L^3\mu_t + + S^{(4)}L^4\mu_t + \cdots \tag{14}$$

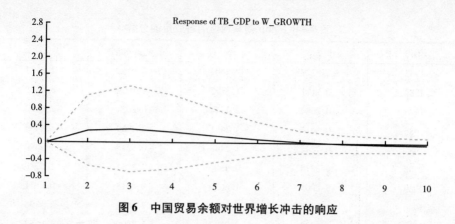

图6　中国贸易余额对世界增长冲击的响应

其中，

$$S^{(1)} = A_1 S^{(0)} = A_1 B = \begin{pmatrix} 1.1898 & 0.9184 & -0.2893 \\ -4.9316 & 7.8527 & 5.7864 \\ 0.0635 & -0.1518 & 0.5189 \end{pmatrix} \tag{15}$$

$$S^{(2)} = A_1 S^{(1)} = \begin{pmatrix} 0.9291 & 0.4951 & -0.1620 \\ -1.6257 & 8.5332 & 4.2495 \\ -0.1756 & -0.1916 & 0.2772 \end{pmatrix} \tag{16}$$

这样可得到收敛的矩阵列 $S^{(p)}$，利用式（14）和向量 u 的估计值可得到 tb_gdp 偏离均值的各变量的分解（见表8）。

由表8可知，在1983～2009年的27年中，中国贸易余额占GDP比偏离均值主要由贸易余额自身冲击累积因素引起的有6年；中国贸易余额占GDP比偏离均值主要由汇率冲击累积因素引起的有11年；中国贸易余额占GDP比偏离均值主要由世界经济增长冲击累积因素引起的有10年。

1983～1987年，中国贸易余额占GDP比偏离均值主要是由汇率冲击的累积因素引起的。而1988～2004年，中国贸易余额占GDP比偏离均值主要是由汇率冲击和世界经济增长冲击的累积因素引起的。中国贸易余额占GDP比在2005～2008年偏离均值相当大，主要是由中国贸易余额本身冲击累积因素引起的，而汇率冲击的累积加剧了贸易余额的顺差，同时2006年和2007世界经济增长冲击的累积因素扩大了贸易余额顺差，而2008年世界经济增长的冲击累积因素减弱了余额顺差。2009年贸易余额占GDP比小于均值的主要原因是世界经济增长冲击的累积因素减少了贸易余额。

表8　tb_gdp 偏离均值的各变量的分解

年份	tb_gdp	reer	w_growth	总计
1983	- 0. 8779	2. 7404	0. 9552	2. 8177
1984	0. 1171	1. 8193	1. 1009	3. 0373
1985	- 0. 2884	- 2. 1244	- 0. 2024	- 2. 6152
1986	0. 6015	- 3. 2461	- 2. 2860	- 4. 9305
1987	0. 7244	- 1. 2488	- 0. 5245	- 1. 0490
1988	- 0. 3814	- 0. 9350	2. 8944	1. 5780
1989	- 3. 2003	1. 6639	0. 8513	- 0. 6851
1990	- 1. 3248	2. 1989	- 3. 3847	- 2. 5106
1991	- 0. 6433	0. 9280	- 1. 3400	- 1. 0552
1992	- 0. 1507	- 1. 1059	0. 7158	- 0. 5409
1993	- 1. 8094	- 3. 0949	0. 8355	- 4. 0688
1994	- 0. 1705	- 1. 3805	- 0. 8543	- 2. 4052
1995	- 0. 5221	- 0. 4536	0. 5887	- 0. 3870
1996	- 0. 6682	- 0. 0851	1. 2524	0. 4991
1997	- 0. 2556	1. 9085	0. 4210	2. 0739
1998	- 0. 6152	1. 7164	- 0. 5260	0. 5752
1999	0. 3716	.- 0. 3958	0. 9083	0. 8841
2000	1. 1409	- 1. 1599	1. 3487	1. 3297
2001	- 0. 6816	- 0. 5449	- 1. 7867	- 3. 0132
2002	- 0. 9853	0. 1296	- 0. 5044	- 1. 3601
2003	- 0. 3856	- 0. 6003	0. 2490	- 0. 7369
2004	0. 8063	- 0. 8816	1. 3718	1. 2966
2005	1. 5209	0. 9855	- 0. 6386	1. 8678
2006	3. 0578	1. 8186	0. 5114	5. 3878
2007	4. 3729	1. 7490	0. 6232	6. 7452
2008	3. 4600	1. 0598	- 1. 0486	3. 4712
2009	0. 3783	0. 3655	- 3. 5453	- 2. 8016

注: 由式 (14) 可知, 当时间 t 值越大, 则计算得到的 tb_gdp 偏离均值的分解越准确, 如 t = 2009 时计算得到的分解就较准确, 而当时间 t = 1982 时, 由式 (6) 计算得到的偏离均值就不准确。在计算中, 计算了 S, 这样可得到在 2009 ~ 1997 年的偏离均值分解较为准确。

利用式 (17) 对总体方差进行分解:

$$V(Y_t - \bar{Y}) = S^{(0)} V(\mu_t) S^{(0)'} + S^{(1)} V(L\mu_t) S^{(1)'} + S^{(2)} V(L^2 \mu_t) S^{(2)'} +$$
$$S^{(3)} V(L^3 \mu_t) S^{(3)'} + S^{(4)} V(L^4 \mu_t) S^{(4)'} \cdots \tag{17}$$

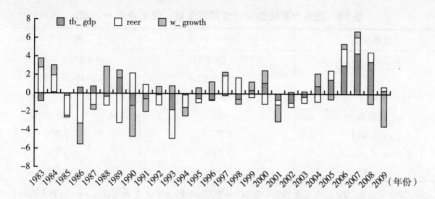

图 7 tb_gdp 偏离均值的各变量的分解

利用式（17）的计算结果见表 6，由此可知，虽然中国贸易余额偏离均值主要由汇率冲击累积引起的年份最多，但整个中国贸易余额占 GDP 之比的波动主要是由中国贸易余额自身波动所引起的。

表 9 tb_gdp 总体方差分解

总方差	tb_gdp 方差	reer 方差	w_growth 方差
6.9414	3.8101	2.7225	0.4088
所占比重	54.89	39.22	5.89

五 再平衡的政策分析

由以上的计量分析可知，影响外部失衡的主要因素是扩展经常项目余额、工业化率及服务业率。由内部失衡计量分析可知，影响内部失衡的主要因素是城市化率，城市化的发展有利于服务业的发展和工业化率的下降，这样，城市化快速发展有利于内部再平衡和外部再平衡。下面分析城市化的发展与工业化率、服务业率和消费率间的关系。

1. 城市化与服务业和工业化率的关系

由表 5 可知，城市化率具有一阶单位根，采用城市化率的增量作为服务业率解释变量，其模型的估计见表 10。

表 10 服务业率模型估计被解释变量：服务业率 se_ gdp

解释变量	模型(P)	模型(Q)
se_gdp(-1)	0.9393(18.6313) ***	0.9204(24.7057) ***
durb	3.2863(1.6154)	4.0658(2.7077) **
ma(2)		- 0.3676(-1.9405) *
观察数	29	29
R-squared	0.9712	0.9205
R-squared_adjusted	0.9701	0.9708
D. W	1.5336	1.6078

注：带有 * 为在10%的水平上显著；带有 ** 为在5%的水平上显著；带有 *** 为在1%的水平上显著。durb 为城市化率的 urb 一阶差分。

由表 10 所估计的模型可知，城市化增量对服务业率的参数估计系数是正的，表明城市化的发展有利于服务业的发展，由表 4 估计的模型可知，服务业率的发展有利于贸易余额占 GDP 比的下降。城市化的发展有利于服务业的发展，从而有利于中国实现外部再平衡。

城市化发展初期，需要大量的工业产品，随着城市化的进一步发展，服务业将会得到大力发展，而工业发展则相对减弱。随着城市化规模的增大，服务业率将会提升，工业化率将会下降。由表 4 估计的模型可知，工业化率下降有利于贸易余额占 GDP 比的下降。城市化的发展会使工业化率下降，从而有利于中国实现外部再平衡。

2. 城市化率与资本形成率的关系

陈昌兵（2010）认为，当城市化率小于 61.03% 时，投资率随着城市化率的提升而提升；当城市化率大于 61.03% 时，投资率随着城市化率的提升而下降。2009 年中国城市化率为 44.00%，由此可知，未来一段时间内中国的资本形成率随着城市化率的提升而提升。① 由表 6 估计的模型可知，资本形成率的提升使得扩展的经常项目余额下降。这样，随着城市化的发展，资本形成率的提升使得扩展的经常项目余额下降，有助于中国实现内部再平衡。

由上述分析可知，中国经济的结构性因素是影响中国内外失衡的主要原因，

---

① 资本形成率和投资率是两个不同的概念，资本形成率是指资本形成总值与当年 GDP 之比，而投资率是投资总值与当年 GDP 之比。

尤其是城市化率的变化对中国内外再平衡有很大影响。为了实现经常项目的平衡，政策建议如下：

第一，推进保障性住房等福利性保障供给，稳步推进城市化。加快转变经济发展方式，改变失衡状态，是中国走向经济新格局的关键。对内要平衡好出口、投资和消费的关系，促使经济由制造向创新转变；调整国民收入分配格局，在城乡统筹发展的新框架下推进城市化进程。保障性住房建设是当前推进城市化发展的重要举措，只有提高保障性住房的融资力度和大力提倡激励措施，才能保障人口城市化进程的稳定，这是政府最重要的目标，也是遏制资产泡沫的方式。

第二，扩大消费，适当减少储蓄。中国要想实现城市化快速发展，中产阶级的消费能力，将是世界经济增长的引擎，可以弥补再平衡过程中发达经济体需求的萎缩。扩大内需，主要是优化投资结构和扩大居民消费，涉及收入分配格局、产业结构、需求结构、要素投入结构调整等。

第三，扩大进口，使资本走出去。针对贸易盈余与资本盈余，应使人民币国际化、资本账户可兑换、人民币汇率弹性提高、产业结构调整（发展非贸易部门即服务业）。

B.5
面向"十二五"规划的产业结构调整

黄志钢*

摘　要：本文通过"十二五"与"十一五"两个规划的对比，试图找出"十二五"规划关于产业结构调整的难点与亮点，将其归类，并总结出本次规划三次产业结构调整的着力点：即第一产业在于以保障粮食安全为枢纽来加强农业基础；第二产业在于通过企业兼并重组发展具有核心竞争力的大中型企业，依托国家重点工程与国家重大科技专项引领支撑作用，实现高新技术的产业创新工程；第三产业在于以特大城市为主要载体带动生产性服务业的发展。最后在此基础上，分别对三次产业结构调整的对策予以评析。

关键词：产业结构调整　粮食安全　企业兼并　生产性服务业

一　前言

面对我国经济发展中依然存在的不平衡、不协调、不可持续的突出问题，2010年10月18日出台的《中共中央关于制定国民经济和社会发展第十二个五年规划的建议》，确立了以科学发展为主题，以加快经济发展方式转变为主线，以经济结构战略性调整为加快转变经济发展方式主攻方向的思想脉络，拟以此来提高当前经济发展的全面性、协调性、可持续性，实现在发展中促转变、在转变中谋发展，促进经济社会又好又快发展的目标。

用以科学发展为主题、以加快经济发展方式转变为主线、以经济结构战略性调整为主攻方向这一思想链条来实现经济社会又好又快发展的目标，可谓"十二五"规划的一个亮点。从三者关系来看，科学发展提出了质的要求，可谓前

＊黄志钢，中国社会科学院经济研究所助理研究员，研究方向为区域经济。

提条件；经济发展方式转变表明了路径选择要求；而经济结构战略性调整则明确了实现这一路径要求的切入点，可谓行动要求。显然，经济结构战略性调整是实体性要求，如何做、做得如何则是以上目标、主题以及主线能否实现的根本保障。

本文探讨的是产业结构调整问题，但也有必要厘清一下产业结构与经济结构的关系，以及什么是经济结构及其调整的基础。经济结构是指国民经济各个部分的构成，是个系统性结构。广义而言，任何与经济相关的子结构都可归为经济结构，如区域结构、技术结构、资源供给结构等，但体现社会生产总过程——生产、分配、交换、消费四个环节的子结构（如产业结构、分配结构、交换与消费结构），以及与四环节关系密切的子结构（如体现投资与消费关系的需求结构、与收入分配密切相关的就业结构等），应该是经济结构的核心内容。而在这些核心内容中，由于生产在四个环节中起决定作用，那么体现生产环节的产业结构当然也就居于支配地位。由此，可以认为，要保证经济结构实现战略性调整，首先在于成功调整产业结构。显然，产业结构与经济结构的这种关系，也就表明了这样一种逻辑链条，即经济结构战略性调整是实现经济发展方式转变的主攻方向，而产业结构的调整——产业结构的优化升级是经济结构战略性调整实现的根本基础。相对于十七大报告将经济发展方式转变与产业结构优化升级并行的提法①，"十二五"规划则将经济发展方式转变与经济结构战略性调整相提并论，其中缘由正是随着产业结构不合理程度的加深，经济结构整体性扭曲日益严重，以致造成需求结构失衡、收入分配结构失调、就业压力激增甚至社会矛盾激化的不利局面，迫使当前经济结构战略性调整不得不走上台面，由此可看出产业结构调整对实现经济发展方式转变的根本性意义，同时也表明十七大与"十二五"规划实质上具有相当大的一致性。

二　产业结构调整的难点与亮点之判别

产业结构概念来自西方经济学的产业结构理论，主要指三次产业分类法，即把全部经济活动依照其在社会生产过程中所处的阶段以及人类生产的历史发展顺序之原则划分为第一产业、第二产业、第三产业②，具体而言：直接作用于自然界生产

① 十七大报告的提法是"加快转变经济发展方式，推动产业结构优化升级，这是关系国民经济全局紧迫而重大的战略任务"。

② 胡代光、高鸿业主编《现代西方经济学辞典》，中国社会科学出版社，1996，第620页。

初级产品的部门称为第一产业，包括农业（指种植业）、林、渔、猎业和畜牧业等；对初级产品进行再加工的部门称为第二产业，包括制造业、采掘业、建筑业等工业部门；为生产和消费提供各种服务的部门称为第三产业，包括商业、金融、保险业、运输业、服务业、煤气、电力、供水以及其他公用事业和各项事业。

（一）产业结构理论发展脉络简述

尽管西方产业结构理论的发端可追溯到 17 世纪中叶的威廉·配第，但现代产业结构理论的正式形成则是在 20 世纪三四十年代。首先，英国经济学家新西兰奥塔哥大学教授费希尔（Allan G. B. Fisher）依据 20 世纪初澳大利亚和新西兰在经济统计中流行的关于第一产业和第二产业的说法，于 1935 年出版的《安全与进步的冲突》提出了第三产业这一概念。[①] 由此，三次产业分类法正式出台，产业结构理论轮廓形成。此后，曾经在澳大利亚政府经济部门担任过多种高级职务的英国经济学家科林·克拉克（Colin Clack）在费希尔三次产业划分法的基础上，对经济发展与三次产业结构变化之间的规律进行研究，并提出了著名的"配第·克拉克"定理[②]后，产业结构理论作为一个正式的理论形态，才开始广泛普及并被接受和采用。

自克拉克后，从 50 年代后期开始，不仅西方经济学界和西方各国经济统计部门普遍接受和采用了三次产业分类法，现在联合国的经济统计也基本采用三次产业分类法，我国从 1985 年起也开始采用；而且产业结构理论本身也得到了极大拓展，主要表现在三个方面[③]：

其一，以西方发达国家为背景，关于经济增长中的产业结构理论：如 1953 年里昂惕夫利用其开创的投入产出法分析了美国各经济部门之间投入与产出的数

[①] 费希尔将人类生产活动划分为三个阶段与三次产业，即以农业和畜牧业为主的初级阶段产业是第一产业，处于以工业生产大规模的迅速发展为标志的第二阶段的产业是第二产业，而开始于 20 世纪初大量劳动和资本流入旅游、娱乐服务、文化艺术、教育、科学、政府等活动的第三阶段的产业为第三产业。

[②] 克拉克于 1940 年出版《经济进步的条件》一书，书中提出了被后人称为"配第·克拉克"定理的定理，即随着人均国民收入水平的提高，劳动力首先由第一产业向第二产业移动，进而向第三产业移动。由于克拉克认为这一规律正好印证了威廉·配第的观点，于是后人就把此规律称为"配第·克拉克"定理。

[③] 胡红安、常艳：《西方产业结构理论的形成发展及其研究方法》，《生产力研究》2007 年第 21 期。

量关系；库兹涅茨分别在《经济增长与收入不平等》（1955）、《现代经济增长》（1966）和《各国经济增长》（1971）的论文和著作中探讨了经济增长过程中决定收入不平等之长期水平和趋势的因素以及经济增长与产业结构的关系等问题。

其二，发展经济学的产业结构理论，即以发展中国家产业结构为研究对象。如刘易斯的二元结构模式（《劳动无限供给条件下的经济发展》，1954），揭示了传统农业部门与现代工业部门的消长机制与二元结构转换的进程和途径；赫希曼的不平衡增长模型（《经济发展战略》，1958），认为发展中国家应把有限资源有选择地投入到某些行业以最大限度地发挥促进经济增长的效果；此后，罗斯托以主导部门分析法，按科学技术、工业发展水平、产业结构和主导部门的演变特征将一个地区、国家经济发展史划分为六个"经济成长阶段"（《经济成长的阶段》，1960）以及钱纳里在投入产出理论的基础上分析了发展中国家工业化进程中结构转变与经济增长的一般关系（《工业化和经济增长的比较研究》，1986）。

其三，为制定产业政策服务的产业结构理论研究，主要体现为旨在为日本政府"二战"后制定和实施产业政策的产业结构理论研究，如赤松要的"雁行形态论"；筱原三代平的"动态比较费用论"和"两基准"理论；佐利贯雄从总结日本产业结构迅速实现高度化得出的"战略产业优先增长"论与关满博1993年的产业"技术群体结构"论等。此外，小宫隆太郎等的《日本的产业政策》和沃格尔的《日本的成功与美国的复兴》等研究，也论证了后起国可以借鉴先行国经验，发挥"后发优势"，通过政府积极干预产业政策来主动推动产业结构的优化与升级等。

（二）产业结构调整的难点与亮点之判别方法

由上述产业结构理论发展的路径可知，对于我国这样一个正在实施"赶超战略"的发展中国家，第二、三类理论更具参考价值。对于前者，由于这些发展中国家的经济运行主要是市场主导型国家，那么其产业结构之间及其内部的关系就会呈现一个相对正常的演进轨迹，这为市场经济还很不完善、政府主导经济运行还相当盛行的我国，提供一些客观的衡量标准，便于我国政府干预能主动与之靠拢，使主观行为更具客观效果；对于后者，鉴于日本已成功实现赶超，其政府干预的方向、力度与措施就对我国政府制定何种产业政策以及运用何种行政手段来提升产业链、价值链，快速实现产业高度化有相当大的借鉴作用。概言之，这两者能给我国产业结构调整提供两条衡量标准：一是"量"的演进标准，即结构优化标准；二是"质"的发展标准，即结构升级标准。事实上，"十二五"规划提出的四个定量指标①就体现了此两种标准，即两个结构优化指标：五年后第三产业比例比2010年提高4个百分点，生产性服务业在服务业中所占比重由2007年的接近30%提高到40%；高技术产业增加值占工业增加值的比例比2010年提高5个百分点。两个结构升级指标：全要素生产率的贡献率比2010年提高10~15个百分点；单位GDP能耗比2010年下降17%左右，单位GDP二氧化碳排放下降20%左右。

由此可知，产业结构调整实际包含两条路径，即产业结构的优化和升级，前者强调比例关系的平衡，后者强调技术含量的要求。那么，当下如何才能推进产业结构的优化与升级？应该说，"十二五"规划对各产业的论述提供了一个整体性框架，不过，虽然规划的高度决定了其凸显的必是各产业的重大问题，但其面面俱到的特点又在一定程度上模糊了产业结构调整的难点与亮点，对于认清我国当前产业结构调整的突破口造成妨碍，由此，明确产业结构调整的难点与亮点则是首先要澄清的问题。所谓难点，即是各产业深层次、长期性问题的集中反映点，这就要求相关政策措施务必兼具扎实性与长远性；所谓亮点，即是能有效带动各产业优化与升级的突破点，或是能有效缓解甚至解决各产业深层次问题的攻坚点，这就要求相关政策措施务必兼具集中性与果决性。那么，我国产业结构调整的难点与亮点何在？本文拟通过对"十一五"与"十二五"规划比较的方法，从中筛选出相关的难点与亮点：即两次规划重复提出的问题，可认为是难点；后者明确提出但前者并未涉及的，可认为是亮点；反之，前者提出而后者并未明确涉及的，可认为该问题已基本解决或是被更严峻的问题所取代，或是其提法已不再适合新形势。本文之所以采取这种比较法来判别，主要基于如下考量：一是五年规划是由中央、国务院组织，并由各专业的顶尖专家、学者以及各部门、各省市主要领导参与制定的，这就决定了规划必定能高屋建瓴地、准确地提出各产业当前所面临的最重大、最深层次与最具前瞻性的问题。二是规划是由各专家、学者与政府高层领导逐字推敲并经过充分民主讨论后才出台的，在这种情况下，经过五年实践后又再次提出的问题必定是难以克服的深层次问题，将其归于难点，当不为过；而"十二五"规划提出的新问题，也必定是今后五年所要重点实施突破与开拓的新领域，将其归于亮点，当可接受。三是由于规划的制定是集体讨

---

① 《"十二五"产业结构调整将明确四大定量指标》，2010年10月13日《上海证券报》。

论的结果,也是集体智慧的结晶,这就使得其所反映的问题具有超出或平衡局部利益的特点,较之个人、部门、地区的利益视角,则具相对的客观性与准确性。

三 产业结构调整的难点与亮点之辨析

广义而言,第一产业是农业,第二产业是工业,第三产业是服务业。本文即以规划对农业、工业与服务业之论述为基点,来探讨当前我国三次产业结构调整的难点与亮点。

(一) 第一产业结构调整的难点与亮点

我国农业基础薄弱,"三农"问题一直是经济工作的重中之重,自2004年以来,中央持续将一号文件锁定在"三农"领域,可见一斑。尽管人们普遍认同我国工业化进程开始跨入后工业化时代,但农业现代化进程依旧缓慢,城乡割裂的二元结构模式特征依然明显,却也是公认的事实。为此,探讨我国的产业结构调整,农业问题不可或缺,其调整的难点与亮点详见表1。

表1 第一产业结构调整的难点与亮点

		"十二五"规划 (推进农业现代化,加快社会主义新农村建设)		"十一五"规划 (建设社会主义新农村)	难 点	亮 点
分项		目 标	措 施	措 施		
第一产业	发展现代农业	1. 首要目标:保障粮食安全、新增千亿斤粮食	粮食主产区的投入和补偿	确保粮食安全、实施优质粮食产业工程、建设大型商品粮生产基地	粮食安全、新增千亿斤粮食	粮食主产区的投入和补偿
		2. 保护耕地	整理复垦农地、建设旱涝保收农田	严格耕地保护制度、搞好土地整理	耕地保护	旱涝保收农田建设
		3. 农业科技创新	农技推广、农业机械化、发展现代种业	农技推广、农业机械化、农业标准化	农技推广、农业机械化	发展现代种业
		4. 现代农业产业体系	发展高产、优质、高效的生态农业,园艺、水、畜产品规模种养,发展设施农业与农产品加工业、流通业	发展高产、优质、高效的生态安全农业,发展水产业、畜牧业	高产优质高效生态农业的发展	发展设施农业
		5. 现代农业示范区建设	发展节水农业、推广环保生产方式,治理农业污染	推行节水灌溉,科学使用肥料、农药	发展节水农业与农业污染治理	

续表1

第一产业	分项	目标	措施（"十二五"规划，推进农业现代化，加快社会主义新农村建设）	措施（"十一五"规划，建设社会主义新农村）	难点	亮点
第一产业	农村基础设施建设和公共服务	6. 农田水利建设	除险加固小型病险水库、配套改造大中型灌区、建设抗旱水源工程、完善农村小微型水利设施	改造中低产田		加强水库建设、建设抗旱水源工程、完善农村小微型水利设施
第一产业	农村基础设施建设和公共服务	7. 农村环境综合整治	改造农村电网、农村危房，实施农村清洁工程，建设沼气与饮水安全工程	完善农村电网与乡村道路建设、解决农村饮水的困难和安全问题、普及农村沼气	公路、沼气与饮水安全工程与农村电网建设	
第一产业	农村基础设施建设和公共服务	8. 公共服务	加强农村义务教育、农村三级医疗卫生服务网络、农村社保与扶贫工作	农村九年义务教育、对农村学生免收杂费、建立新型农村合作医疗制度、加大扶贫开发力度	农村义务教育、农村医疗、农村社保与扶贫工作	农村三级医疗卫生服务网络建设
第一产业	拓宽农民增收渠道	9. 增加生产经营收入	优化农民种养结构、完善农产品市场体系和价格形成机制、健全农业补贴制度	扩大养殖、园艺和绿色食品的生产，保持农产品合理价格水平，完善农业补贴政策	农民种养结构优化、农业补贴、完善市场体系和价格形成机制	
第一产业	拓宽农民增收渠道	10. 增加工资性收入	发展非农产业、农产品加工业在产区布局，促进农民转移就业	富余劳动力向非农产业和城镇有序转移，促进农产品加工转化增值	农民转移就业	农产品加工业在产区布局
第一产业	完善农村发展体制机制	11. 农村土地承包	稳定承包关系，完善承包经营权流转市场	流转土地承包经营权	土地承包经营权流转	
第一产业	完善农村发展体制机制	12. 适度规模经营	发展农民专业合作社和农业产业化龙头企业，健全农业社会化服务体系	发展多种形式的适度规模经营、发展各类专业合作经济组织、推进农业产业化经营	适度规模经营、发展农民专业合作社	发展农业产业化龙头企业
第一产业	完善农村发展体制机制	13. 平等城乡要素交换关系	土地增值收益和农村存款主要用于农业农村			土地增值收益和农村存款主要用于农业农村

续表1

分项		"十二五"规划 (推进农业现代化,加快社会主义新农村建设)		"十一五"规划 (建设社会主义新农村)	难 点	亮 点
		目 标	措 施	措 施		
第一产业	完善农村发展体制机制	14. 改革征地制度	整治农村土地,完善农村集体经营性建设用地流转和宅基地管理机制	改革征地制度,健全对被征地农民的合理补偿机制	征地制度	农村集体经营性建设用地流转和宅基地管理
		15. 农村信用	改革农村信用社,建立县级社区银行,发展农村小型金融组织和小额信贷,健全农业保险制度	规范发展适合农村特点的金融组织,探索和发展农业保险	建立农村小型金融组织、健全农业保险制度	建立县级社区银行
		16. 林地、草原经营制度	改革集体林权和国有林区林权制度,完善草原承包经营制度	保护天然草场、建设饲草基地	完善草原承包经营制度	改革集体林权和国有林区林权制度

由表1可见,农业结构调整涉及四大块、16项内容,几乎每项内容中都交织着相应的难点与亮点,两者总体上基本持平,即难点14个,亮点12个。对于难点,细分一下,可发现有些难点可归于同一问题,而大多数都是长期难以解决的问题。归纳一下,难点主要集中于六个方面。

第一,首要目标是粮食安全,并对此提出了具体量的要求,要新增千亿斤粮食。

第二,土地问题:包含耕地保护、征地制度、土地承包经营权流转、适度规模经营以及完善林地、草原经营制度。这意味着农村土地使用的两个方向,即一方面征地不可少;一方面耕地必须保护,并通过承包权流转,实现适度规模经营。

第三,农业科技:包括农业机械化,推广农技,发展高产、优质、节水、生态农业等,之所以出现这些难点归根结底就是由于农业科技含量不高。

第四,农民转移就业:这是老生常谈的问题,根源在于制度性缺陷,如户籍制度限制、城乡社保及福利制度差异等。

第五,公共服务与基础设施:包括农村义务教育、医疗、社保与扶贫工作,公路、沼气与饮水安全工程与农村电网建设等,这又是一个老生常谈的问题,根

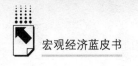

源在于政府投入不足。虽然政府三令五申"三农"问题是重中之重，但行动上长期以来仍不尽如人意。

第六，农村信用：建立农村小型金融组织、健全农业保险制度等。

通过以上的再归纳，可更清楚地认识到这些难点几乎都是长期以来存在且难以解决的农村问题，而实质性的难点就是一个，即粮食问题，这是长期以来的问题，二十多年前就出现过"卖粮难"，此外，从其规定了具体的量化指标也可见一斑。

至于亮点，粗看有12个之多，其中部分是从各难点中推出的新举措，以寻求突破，如县级社区银行与农村三级医疗卫生服务网络的建立，分别是发展农村信用与农村医疗建设的突破点；农产品加工业在产区布局与发展农业产业化龙头企业是农村工业化的突破点。部分是服务于粮食安全的举措，如粮食主产区的投入和补偿、旱涝保收农田建设、发展现代种业和发展设施农业等；有的亮点其实并不亮，如完善农村集体经营性建设用地流转和宅基地管理机制，显然是征地状况恶化造成的新问题；还有就是土地产权制度改革的延伸，如集体林权和国有林区林权制度的改革。而真正可以称得上亮点的只有两条，即加强水库建设、建设抗旱水源工程、完善农村小微型水利设施以及土地增值收益和农村存款主要用于农业农村，这两点是"十一五"规划中完全没有具体提到的新问题。如果再细分析一下，水利建设的实质也是服务于粮食安全的需要，后者则是加强农村投入的一条新渠道，这反衬出积弱积贫的农村仍在不断地"被抽血"这样一个悲哀而残酷的事实。

综上所述，第一产业在"十二五"规划中最大的难点与亮点，最终可归结于"一难二亮"，即"一难"是粮食安全；"二亮"是水利建设以及土地增值收益和农村存款要用在"三农"领域。由此可看出，我国当前农业着力点其实并非结构调整，而在于加强农业基础。

（二）第二、第三产业结构调整的难点与亮点

与第一产业的分析类似，第二、第三产业结构调整的难点与亮点详见表2。

由表2可见，第二产业结构调整涉及五大块、10项内容，大部分内容也交织着相应的难点与亮点，两者总体上基本持平，即难点8个，亮点7个。若细分一下难点，可归为五类。

表2　第二、第三产业结构调整的难点与亮点

分项		"十二五"规划（推进农业现代化,加快社会主义新农村建设）		"十一五"规划（建设社会主义新农村）	难　点	亮　点
		目　标	措　施	措　施		
第二产业	改造提升制造业	1. 促进制造业由大变强、淘汰落后产能	发展先进装备制造业、优化原材料工业、改造提升消费品工业	改造提升制造业、淘汰关闭落后的与不安全的以及破坏资源污染环境的企业	促进制造业由大变强、淘汰落后产能	改造提升消费品工业
		2. 提高基础工艺、材料与元器件研发和集成的水平	完善依托国家重点工程发展重大技术装备的政策	依托重点建设工程强化政策支持重大技术装备国产化	依托国家重点工程发展重大技术装备	
		3. 提高产业集中度、促进企业组织结构优化	支持企业技术改造、引导企业兼并重组、发展有核心竞争力的大中型企业、提升小企业专业化分工协作水平	鼓励应用技术研发机构进入企业、发挥各类企业特别是中小企业的创新活力、形成企业为主体的自主创新基本体制架构		引导企业兼并重组、提高产业集中度、发展有核心竞争力的大中型企业
	发展战略性新兴产业	4. 形成先导性、支柱性产业,提高产业核心竞争力	发展新一代信息技术、节能环保、新能源、生物、高端装备制造、新材料、新能源汽车产业	发展信息、生物、新材料、新能源、航空航天等产业	发展信息技术、新能源、生物、新材料产业	发展节能环保、高端装备制造、新能源汽车等产业
		5. 推动高技术产业做强做大	发挥国家重大科技的专项引领支撑作用、实施产业创新发展工程、加强财税金融政策支持	高技术产业向自主研发制造延伸、支持自主创新的财税金融和政府采购政策	实施产业创新发展工程、加强财税金融政策支持	发挥国家重大科技的专项引领支撑作用
	建设现代能源产业和综合运输体系	6. 变革能源生产和利用方式	加快新能源开发、高效利用传统能源、发展水电核电、发展智能电网、完善油气管网	优化发展煤电,有序开发水电核电,加强电网建设,发展风能、太阳能、生物质能等可再生能源	高效利用传统能源、发展水电核电、发展智能电网	
		7. 构建便捷安全高效的综合运输体系	发展高铁、建成国家快速铁路网和高速公路网、建设省际通道和国省干线公路、发展水运、完善港口机场布局	发展铁路、城市轨道交通,完善公路网络,发展航空、水运和管道运输	高速公路网、建设省际通道和国省干线公路、发展水运、完善港口机场布局	发展高铁、建成国家快速铁路网

续表2

	分项	"十二五"规划 (推进农业现代化,加快社会主义新农村建设)		"十一五"规划 (建设社会主义新农村)	难 点	亮 点
		目 标	措 施	措 施		
第二产业	全面提高信息化水平	8. 推动信息化和工业化融合、加快经济社会各领域信息化	发展和提升软件产业,发展电子商务,推进物联网研发应用,强化地理、人口、金融、税收、统计等基础信息资源开发利用,建设电子政务网络	信息化带动工业化,发展集成电路、软件等核心产业,培育数字化音视频、新一代移动通信、高性能计算机及网络设备等信息产业群	信息化和工业化融合、发展和提升软件产业	发展电子商务、推进物联网研发应用、建设电子政务网络
		9. 构建国家信息基础设施	实现电信网、广播电视网、互联网"三网融合"	建设宽带通信网、数字电视网和互联网等信息基础设施,推进"三网融合"	实现电信网、广播电视网、互联网"三网融合"	
	发展海洋经济	10. 提高海洋开发、控制、综合管理能力	规划海洋经济发展,发展海洋油气、运输、渔业等产业,加强渔港建设,保护海岛、海岸带和海洋生态环境			发展海洋经济,提高海洋开发、控制、综合管理能力
第三产业	加快发展服务业	1. 营造有利于服务业发展的政策和体制环境	建立公平、规范、透明的市场准入标准,探索新型服务业发展的市场管理办法,调整税费和土地水电等要素价格政策	建立公开平等规范的行业准入制度	建立公平、规范、透明的市场准入标准	调整税费和土地水电等要素价格政策
		2. 拓展服务业新领域、发展新业态、培育新热点	发展生产性服务业和生活性服务业,发展旅游业	发展金融、保险、物流、信息和法律服务等现代服务业,发展文化、旅游、社区服务等产业		发展生产性服务业
		3. 推动特大城市形成以服务经济为主的产业结构		有条件的大城市逐步形成服务经济为主的产业结构	特大城市形成以服务经济为主的产业结构	

　　一是提升制造业的技术链,如促进制造业由大变强、淘汰落后产能;依托国家重点工程发展重大技术装备;实施产业创新发展工程、加强财税金融政策

支持。

二是广泛应用信息技术，如信息化和工业化融合，发展和提升软件产业；实现电信网、广播电视网、互联网的"三网融合"。

三是建设现代能源产业，如高效利用传统能源，发展水电、核电与智能电网等。

四是形成先导性、支柱性产业，如发展信息技术、新能源、生物、新材料等产业。

五是发展高速公路网，建设省际通道和国省干线公路、水运、港口等。

综合起来，主要就是在工业投入方面发展新能源、新材料产业，在工业制造过程中研发应用高新技术与信息技术。显然，这些难点一直都是人们常念叨的话题，虽无新意但却是我国长期面临的难以克服的问题。

至于亮点，粗看有7个，实际上有5项是从各难点中开拓出的新领域，以寻求突破，可视为一般性亮点：一是从促进制造业由大变强，延伸至消费品工业的改造提升；二是在发展高速公路网、建设省际通道和国省干线公路的基础上，发展高铁、建成国家快速铁路网；三是由先前发展信息技术、新能源、生物、新材料等四项先导性、支柱性产业拓展到七项，增加了发展节能环保、高端装备制造、新能源汽车等三项产业；四是在依托国家重点工程发展重大技术装备，实施产业创新发展工程的基础上，强调发挥国家重大科技专项引领支撑的作用；五是由信息化和工业化的融合，拓展到发展电子商务、电子政务网络以及推进物联网研发应用领域。而真正可称为亮点的有两项：一是由先前强调发挥各类企业特别是中小企业的创新活力，转变到强调引导企业兼并重组，提高产业集中度，发展有核心竞争力的大中型企业，此即意味着高新技术创新的载体由中小企业转变到大中型企业，而自主创新不再提起，转向了强调国家重大科技专项引领支撑的作用，由此也可预计"十二五"期间，国有大中型企业发展势头会有所加强；二是一个全新领域，即发展海洋经济。显然这并非纯粹的经济问题，而是包含政治、军事在内的重要议题，如在强调发展海洋油气、运输、渔业等产业，合理开发利用海洋资源，加强渔港建设的同时，也突出了保护海岛、海岸的内容。

综上所述，从第二产业整体内容来看，其结构调整的重点在于结构升级，即通过提升第二产业技术，最后在工业产出方面促成全要素生产率贡献率提高以及单位GDP能耗与单位GDP二氧化碳排放下降两个结构升级指标的实现，而结构

优化指标其实也是结构升级的一个自然结果，即实现高技术产业增加值占工业增加值比例的提高。

最后，谈谈第三产业。从"十二五"规划来看，其内容相当简洁，最大的新意是明确提出了发展生产性服务业，替代了以前包含金融、保险、物流、信息和法律服务等在内的现代服务业的提法。此外，强调了大城市形成服务经济为主的产业结构，其范围由有条件的大城市缩小至特大城市，可以料想经济发达地区的特大城市，如北京、上海、广州等城市的服务经济今后五年会有飞速发展，不过将主要集中在服务于第二产业的生产性服务业范围，至于涵盖教育、广播电视、信息传媒等内容的社会性服务业，可能会继续遭遇垄断性与行政性壁垒的阻碍。整体来看，第三产业结构调整的重点在于结构优化，即试图通过发展生产性服务业，以实现第三产业比重与生产性服务业比重的提高，从而达到三次产业结构优化的目的。

四　产业结构调整的难点与亮点之对策性评析

由上述对三次产业难点与亮点的分析，可得出这样的整体性认识：即第一产业的着力点在于以保障粮食安全为枢纽来加强农业基础；第二产业的着力点在于通过企业兼并重组发展具有核心竞争力的大中型企业，并依托国家重点工程以及国家重大科技专项引领支撑的作用，发展重大技术装备，实现高新技术的产业创新工程；第三产业的着力点在于以特大城市为主要载体带动生产性服务业的发展。概言之，农业在于扎实基础，工业在于结构升级，服务业在于结构优化，而归根结底，以提升技术为特点的结构升级是规划对于产业结构调整的核心内容，因为即便是发展生产性服务业，也是为了更好地服务于第二产业，而扎实的农业基础最有力的支撑当然还是技术。

针对本次规划的如上特点，如何来保证其顺利实施，即其对策性如何是本节重点探讨的内容。诚如前面之分析，尽管各次产业都有诸多难点与亮点，对此，本文并不打算对一些老生常谈之问题泛泛而谈，而是拟以各次产业的着力点为核心，逐步展开分析，并尽量将诸难点与亮点有层次地纳入，力求达到有的放矢与提纲挈领之效果。

（一）以保障粮食安全为枢纽加强农业基础

何为粮食安全，一言以蔽之，就是粮食供给不足。2010 年岁末，尽管人们津津乐道 2010 年我国粮食实现了两个"七连增"、两个"创新高"——总产、面积均"七连增"，总产、单产均"创新高"。①但供给增长并不意味着粮食充足。相反，从 2000 年起我国已经连续 8 年出现粮食求大于供的局面②，而今这种格局似乎更甚：据农业部最新统计数据，我国大米 2010 年前 6 个月进口同比增长 44.3%，《广州日报》8 月 12 日报道："中国从越南进口 60 万吨大米以弥补国内不足，这一进口量相当于我国上半年大米进口量的 3 倍"；此外，据《每日经济新闻》记者报道，7 月 21 日一艘装载着 6.1 万吨美国玉米的中粮集团进口玉米轮船到达深圳蛇口，这是中粮集团 14 年来首次大规模进口美国转基因玉米，而此次中粮集团进口的转基因玉米数量已经接近 2010 年整个 6 月国内的进口玉米总量，并远远超过了 5 月的进口玉米量，较 5 月进口 4882.31 吨，环比增加 1221.51%。可见，在高调宣扬粮食增产的背后，也许潜藏着短缺的隐患。

那么，自 2004 年以来中央持续将一号文件锁定在"三农"领域，为何粮食安全问题却日益突出？具体而言，可归于耕地面积减少、农技创新与推广不足、农田水利设施差以及低粮价战略使粮农缺乏积极性四个原因，而国际粮食供求关系趋紧以及粮库虚报、空仓等③问题又加重了危机本身。显然，这四大因素同时也是我国农业经济基础愈加弱化的主要原因，故保障粮食安全的举措，也即是加强农业基础的对策。

1. 耕地保护

要保障粮食安全，首要的当然是耕地保护。而破坏耕地者显然不是农民，

---

① 农业部消息显示，我国粮食总产量达到 10928 亿斤，实现半个世纪以来首次连续七年增产；粮食播种面积达到 16.48 亿亩，实现半个世纪以来首次连续七年增加，亩产达到 331.5 公斤，再创历史新高。

② 2009 年 1 月 4 日，在北京举行的全国分子育种学术研讨会上，中国科学院院士、著名的小麦育种专家李振声在发言中表述：中国已经连续八年出现粮食求大于供的局面。

③ 2008 年 3 月 12 日，中国工程院院士袁隆平接受《中国青年报》记者采访时说：国家粮库有无虚报？建议国家予以查实。随后，黑龙江富锦九零粮库大量亏空曝光；2010 年 12 月 9 日南昌第一粮仓发生火灾，发现粮库空仓并转作他用。黑龙江、江西都是产粮大省，由此可见一斑。

对农民而言，耕地保护无须多言。虽然一些绿化占地、退耕还林、灾毁耕地等原因也造成了耕地的丧失，但最主要的原因还在于在加快工业化和城镇化的旗号下，各级政府的大量征地，有的甚至未耕先占，致使耕地持续减少并愈趋紧张。如我国耕地面积从 1996 年的 19.6 亿亩，减少到 2004 年的 18.37 亿亩直至 2009 年的 18.258 亿亩，13 年来年均减少 1032 万亩之多，这不得不令人欷歔。因此，说当前我国破坏耕地者集中于各级政府及其形形色色的利益集团身上是毫不过分的。

针对这种状况，如何才能有效保护耕地？显而易见要有效约束各级地方政府以各种名义违法侵占农地，而这需要有效的监督机制。首先，耕地的切身利益者——农民无法有效监督。尽管各地农民拼死保护耕地，但地方政府常常动用国家机器——公安、武警甚至法院力量强制性征地，纵然群体性事件不断发生，强征、改征冲动依旧。其次，中央政府监督虽然有效但有限。鉴于当前我国日益呈现"诸侯经济"格局，中央控制力不断弱化，为此，中央不得不采用了量化指令的方式，即通过划定 18 亿亩耕地的红线来强行遏制，当前粮食要新增千亿斤的量化指标与此有异曲同工之意。如此，一方面中央为地方政府的征地留下了空间；一方面又设定了雷区，以此表明中央对胆敢越雷池一步者严惩不贷的强硬态度。近几年各级政府疯狂的征地几乎耗尽了预留的空间，如今，离 18 亿亩红线只有一步之遥，成效究竟如何，还需拭目以待。最后，最有效的方式当然是各级政府能自觉地保护耕地，与民谋利而非与民争利，把农民利益放在自身小群体利益之前，也许，这只是个美好的期望罢了。

综上所述，可以说在当前我国的体制与制度下，还难以找到有效保护耕地的良方，这是我国粮食安全保障以及扎实农业基础的重任将会相当艰巨与漫长的重要原因之一。

2. 农技的创新与推广

在耕地保护还风雨飘摇的当头，提高单产就成为保障粮食安全的重要因素。而单产状况如何呢？据曾经获 2006 年度国家最高科技奖的李振声院士讲，我国粮食单产大致经历过三个阶段：1952～1965 年，单产变化不大，粮食总产依赖整个播种面积；1966～1998 年单产迅速提高，中国粮食总产量也实现了增长；但之后，单产增长重新变缓，中国粮食总产又变得更加依赖整个播种面积。实际上，一直到 2008 年中国的粮食总产才回到 1998 年的水平线上。① 而这种长达十年的波动，是新中国成立以来所没有过的。可见，我国单产情况似乎也并不乐观。不过，仍有相当的改进空间。据李振声说，我国目前粮食增长仅有 1/3 来自优良品种的推广，而美国品种改良的贡献率已经达到了50%；国家发改委主任张平 2010 年 8 月也提到中国目前农田有效灌溉面积所占比重为 48%，农业科技进步贡献率为 48%，比发达国家低 20%。那如何改进农业技术呢？具体来看，至少包含如下三条途径：

其一，突破育种技术瓶颈，推广良种良法。种子问题包含两个部分，一是要培育优良品种，这需要国家建立相关的实验室及示范基地，集中于水稻、小麦和玉米的良种栽培，在相关栽培技术研发平台与技术集成示范基地的建设上加大投入。二是推广高产品种与高产栽培技术，为此，就要求中央与地方财政加大良种补贴资金以及基层农技推广经费的投入。

其二，提高农业机械化水平，推进主要作物关键环节的生产机械化。目前我国在耕、种、收三个环节的综合机械化水平仍然偏低，粮食烘干、仓储、运输能力不匹配，这就需要提高农机质量、增加机型以及实施农业机械化推进工程。为此，同样需要中央与地方财政加大对农村购置动力、耕作、种植、植保、收获以及排灌机械等粮食生产农机具的补贴力度。

其三，劳动力素质问题。当前我国农村青壮年劳动力大多外出务工，留守的老人、妇女等劳动力接受新知识、新技术的能力相对偏弱，劳动技能提高难度大，导致从事粮食生产的劳动力素质下降，阻碍了粮食新品种和配套栽培技术的推广应用，也制约了粮食科技水平的提升。为此，要提高耕种收益，必须吸引知识青年回来种粮，并针对我国农田规模不大的特点，挖掘极具东方智慧的我国传统精耕细作的农业生产技术。

3. 加大农田水利设施投入

当前，我国水资源缺乏且利用率不高，如我国人均水资源占有量约 2100 立方米，仅为世界平均水平的 28%，而农田有效灌溉面积所占比例不足 47%。此外，农业水利设施欠账太多，未从根本上摆脱靠天吃饭的局面。据水利部数据，我国每年农业缺水达 300 亿立方米以上；大部分农田水利工程运行时间长，老化

---

① 2009 年 1 月 4 日，在北京举行的全国分子育种学术研讨会上，中国科学院院士、著名的小麦育种专家李振声在发言中的表述，财经网。

失修严重，工程不配套。目前，434 个大型灌区骨干工程的完好率不足 50%，高标准的旱涝保收田比重偏低，中低产田约占 67%。针对这种状况，"十二五"规划中关于农业问题的一大亮点即是农田水利建设，具体表述为农村基础设施建设要以水利为重点，大幅增加投入，完善建设和管护机制，推进小型病险水库除险加固，加快大中型灌区配套改造，搞好抗旱水源工程建设，完善农村小微型水利设施。如此细致的表述，几乎全面涵盖了农村水利存在的问题。究其对策，总体上无非同样是加大投入，加强管理。不过，其中一些原因与具体措施还值得一提。

据陈锡文讲①，当前我国农民对水利建设的投资、投劳锐减，农民在农闲时都选择了外出打工而不愿意在小农水利建设上投入劳动与资金，原因在于即使投入了，生产出来的粮食给农民带来的收入也太低，远赶不上外出打工的收入。以前，农民出工出力修水利一年大概要 120 亿个劳动日，现在能出的劳动日大概只有 20 多亿个工，投在水利上的劳动日一年要少 100 多亿个，显然这是造成小农田无法工作的重要原因之一。对此现状，一个有益的对策是对农村小型基础设施设定产权管理机制，明晰相关基础设施产权，将产权落实到农民，并允许通过承包租赁等形式实现经营权流转，提高农民对粮食生产基础设施的管护积极性。②

4. 调整低粮价战略，加大惠农力度

对于保障粮食安全，以上三点如果属于"硬件"建设的话，那么，提升粮农积极性就可谓"软件"建设。毋庸讳言，当前我国农民种粮积极性消失殆尽已是不争的事实。出现这种状况，与我国长期实行低粮价以及由此导致的一系列农产品低价之总体战略密切相关③，致使占据一半以上既无权无势又相对贫困的农业人口，尽管并非自愿，但实际上却长期做着"为人民服务"式的牺牲与奉献，这种情景与国家始终强调"三农"问题是重中之重的主张，可谓自相矛盾。

当然，农民遭受的压力并非仅仅来自低粮价战略，而且还遭受着高价农资的

---

① 2010 年 8 月 29 日《面对面》栏目，记者柴静对中央农村工作领导小组办公室主任陈锡文的独家专访。
② 全国新增 1000 亿斤粮食生产能力规划（2009 ~ 2020 年），中国网，www. china. com. cn 2009 - 11 - 04。
③ 郑风田：《低粮价战略挑战我国粮食安全》，凤凰网。

侵蚀，如此"一低一高"，使得农业生产效益低下，种粮效益就更加低下。一个鲜活的实例即是明证：据农民粗算一笔账，在单产稳定在每亩地玉米收获400公斤左右的情况下，一亩地用收割机50元、粉碎玉米秆30元、运玉米穗10元、脱粒10元、犁耙50元、化肥100元、播种一亩20元、种子一亩30元、每亩灌溉60元，一亩地共需支出360元，玉米每公斤1.4元，每亩收入560元，不包括农民付出的其他劳动，每亩地只有200元纯收入，占毛收入的36%[①]，而这仅相当于一个农民外出打工三四天的收入。如此不堪光景，其直接后果就是农民不愿种粮，即便种粮也就仅停留于自给自足而已。要改变这种现状，必须破除低粮价战略，实施惠农政策。具体而言，可从以下几方面着手：

一是打破粮食收购的垄断，即打破由十几家央企垄断粮食收购的格局，开放更多的企业，尤其是私企参与粮食收购，形成充分竞争的粮食买方市场。在自由市场竞争条件下，固然存在"谷贱伤农"，也当然存在"谷贵利农"，以市场机制调节粮价，方可真正解决粮农积极性的问题。

二是破除农资卖方市场，尤其是批发环节的高价垄断，使农资市场真正走向市场化，此举与上述打破粮食收购垄断有异曲同工之妙。

三是实施惠农政策。其一，要继续实施并完善对粮农的"四项补贴"，即种粮直补、良种补贴、农机具购置补贴、农资综合补贴制度。其二，提高对粮食生产的金融支持水平。发展小额信贷，对种粮大户、农机大户和粮农专业合作社贷款给予财政贴息，对金融机构发放的粮食和农业信贷，享受相关税收优惠政策。

四是制定措施保障土地增值收益和农村存款主要用于农业农村，此乃是"十二五"规划的一个突出亮点。2009年，我国土地出让金共有14000多亿元，归属市、县与乡镇三级政府所有，其中主要集中在市县这两级，而乡镇政府少得可怜。这么庞大的土地收益，使得有的政府甚至超过其财政预算收入。取之于农，用之于农，此乃天经地义。不过，要保障土地增值收益用之于农，还必须调整中央与地方的财权与事权。如2009年，我国国家财政总收入是68000亿元，属于中央政府的大概是35000亿元，属于地方政府的约33000亿元[②]，前者占据

① 《收获的季节，农民为什么困惑》，凤凰网论坛。
② 2010年8月29日《面对面》栏目，记者柴静对中央农村工作领导小组办公室主任陈锡文的独家专访。

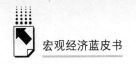

了51.5%。地方政府土地出让金比例显得过大，与财政收入大部分归属中央也不无关系。因而，要落实土地增值收益用之于农，中央财政也必须在财权事权方面有合理、清晰的划分。

（二）以国有大中型企业为依托的工业结构升级

以提升技术为特点的结构升级是"十二五"规划关于产业结构调整的核心内容，而其载体就是国有大中型企业，尤其是大企业，这从第二产业诸难点与亮点，可见一斑。

第一，从两大亮点来看，其中之一就是强调引导企业兼并重组，提高产业集中度，发展有核心竞争力的大中型企业；其二是发展海洋经济，这并非纯粹的经济问题，而是包含政治、军事在内的重要议题，此重任非国有大中型企业难以企及。

第二，从五项难点来看，其一制造业由大变强，淘汰落后产能，依托国家重点工程发展重大技术装备其对象无疑是指改造国有企业，实行大中型企业的组合与强强联合，并以承担国家重点工程来发展重大技术装备。而淘汰落后产能则重点集中于以国有大中型企业为主的钢铁、水泥和电解铝行业等。其二，由中央企业业务范围分布的三个领域：即关系国家安全和国民经济命脉的关键领域，基础性和支柱产业领域，从其他行业和领域来看，前者是指煤炭、电力、石油化工、航空运输、航运、军工和电信等保持绝对控制力的七大行业；中者是指基础性和支柱产业领域，包括装备制造、汽车、电子信息、建筑、钢铁、有色金属、化工、勘察设计、科技等行业，这一领域国有经济重要骨干企业要保持较强控制力。由此布局可知第二至第五个难点都主要涉及央企所在行业。

第三，一般性亮点实际上是从五项难点中开拓出的一些新领域，也即主要是以央企为主导的国有经济今后要拓展的领域，如由制造业延伸至消费品工业；先导性、支柱性产业拓展了发展节能环保、高端装备制造、新能源汽车等三项产业；轨道交通要发展高铁、建成国家快速铁路网等。

综上所述，"十二五"规划产业结构升级通过国有大中型企业，尤其是国有大企业来实现的特征是比较明显的。为了实现这一目标，其主要手段则是国有企业的兼并重组。为此，2010年9月6日，中国政府网公布了《国务院关于促进企业兼并重组的意见》，提出以汽车、钢铁、水泥、机械制造、电解铝、稀土等行业为重点推动优势企业强强联合、跨地区兼并重组、境外并购和投资合作，提高产业集中度,以做强做大优势企业,发展具有自主知识产权和知名品牌的骨干企业,并培养一批具有国际竞争力的大型企业集团,推动产业结构优化升级。此前,大型企业之间的并购重组已经如火如荼展开,仅 2009 年就在钢铁、有色金属、建材、石化、装备制造、汽车、轻工、纺织、电子信息等行业,进行了五十多起大型企业之间的并购重组。尤其是央企,其兼并重组已持续多年,并开始逐步提速。从并购来看,仅 2009 年就有 67 家央企实施对外并购,被并购企业达 771 家,比上年增长 72.9%,并购资产规模 5034.8 亿元,比上年增长 66.8%。在重组方面,从 2003 年国资委成立以来,仅央企之间的重组就达到每年 10 家左右,加上央企重组地方国企,则数据更为可观。在央企重组提速的情况下,央企户数已经从 196 家减至 2010 年 9 月底的 123 家,并计划在 2010 年内整合到 100 家。① 可以预计,随着《国务院关于促进企业兼并重组的意见》的出台,"十二五"规划期间将会掀起国有企业兼并重组的巨大风暴。

鉴于我国私企虽然数量众多且吸收大量劳动力,但绝大部分都是弱小企业,根本无力承担产业结构升级重任这一现状,依靠国有大中型企业的兼并重组来促进产业结构升级虽有无奈的一面,但也存在必然的现实选择的一面,因为国有大中型企业的兼并重组至少能实现以下四重功效:

其一,我国国企虽然规模相对较大,但大都处于技术链、价值链的中低端,将国有大中型企业兼并重组有助于优势互补,强强联合,一方面为传统产业的改造提升创造机遇;一方面为在传统产业基础上发展新兴产业开辟道路。

其二,借兼并重组之机,有助于破除落后产能淘汰过程中的各方阻力以及控制盲目的投资冲动,为实现节能减排、提高资金利用率、减少行业内无序竞争扫清障碍。

其三,当前我国总体上呈现的"诸侯经济"格局,导致各自为政、地区壁垒森严以及重复建设现象泛滥,实施国有企业兼并重组后,其将不再归属某一地方政府所有,对于以国有企业、国有银行与地方政府三位一体为特征的地方政府主导型运行机制似有釜底抽薪之意,有助于理顺中央与地方的关系,实现地方政府职能的转变。

其四,国有企业兼并重组过程中,放宽民营资本市场准入,虽然民营资本不

---

① 《国资委:央企并购重组将加速》,2010 年 12 月 7 日《上海证券报》。

起主导地位，基本上是个融资角色，但却可与国有经济发生关系，一方面可诱导民营资本进入实业，退出房产、股市领域，降低泡沫；一方面有助于形成一个个以国有大企业为核心，众多私企在加工零配件、物流等层次为其服务，具有梯度效应的产业集群，发挥国有大企业的聚集功能，同时也可为生产性服务业的拓展奠定一个个实体性基础。

不过，在看到国有大中型企业兼并重组带来功效的同时，也要清醒认识到此举带来的诸多负面效应，归纳起来至少也包含四个方面：

一是国企兼并重组的同时，也是国企退出某些领域的时机。虽然在国企退出的领域会给市场经济发展带来生机，但随着一个个兼并重组后国企的壮大，在其主导领域民间资本将难以发展壮大而只能沦为附庸，再加上国企本身难以摆脱的行政干预和垄断色彩，就会使在这些领域自由竞争不足，市场因素将逐渐消解。如此，将使我国经济形态整体上产生行政干预与市场指导、高度垄断与自由竞争并存的二元式格局。

二是国企兼并重组，在提升技术的同时，会伴随资本代替劳动、大量职工下岗失业的现象，易引发劳资冲突，如不能妥善解决，势必制造新一波对立反抗群体，制造新一群贫困家庭，势必增加政府维稳成本，不利于社会稳定。

三是国企规模的壮大，势必在组织管理上带来新的挑战。在当前我国国企治理结构仍不完善的现状下，更大规模国企的运行效率能否有效提高，还值得怀疑。此外，在国企监督机制还不十分有效的当下，随着国企资产规模的扩大，出现数额更加巨大的贪污腐化以及数量更加惊人的国有资产流失，不是一个杞人忧天的话题。

四是跨地区的国企兼并重组，虽然有利于瓦解地方政府各自为政的经济基础，但同时又会在各地区政府之间产生新一轮权力与利益的冲突，致使有的政府在某些环节消极怠工，甚至制造障碍，不利于新组建国企的正常运作，同时也可能在地区之间产生新的矛盾，不利于社会和谐。

（三）以生产性服务业为突破点的产业结构之优化

在费希尔 1935 年率先提出第三产业概念后，经克拉克 1940 年对这一概念的确认，三次产业划分理论作为一个正式的理论形态，才开始得以广泛普及并被接受和采用。有些类似的是，生产性服务业（Producer Services）这一概念，最早由美国经济学家格林菲尔德（H. Greenfield）于1966年在研究服务业及其分类时提出，十年后美国经济学家布朗宁（Browning）和辛格曼（Singelman）于1975年也提出相同概念，并认为生产性服务业是包括金融、经纪等知识密集型和为客户提供专门性服务的行业，至此，生产性服务业概念也开始广泛普及与被应用。

一般的，生产性服务业是指为保持工业生产过程的连续性，促进工业技术进步、产业升级和提高生产效率提供保障的服务行业。具体而言，生产性服务业是与制造业直接相关的配套服务业，是从制造业内部生产服务部门独立发展起来的新兴产业，它依附于制造业企业而存在，其主要功能是为生产过程的不同阶段提供服务产品，贯穿于企业生产的上游，如为生产者提供咨询、规划、研发、设计、采购、金融、物流等服务；中游如为生产者提供财务、物流、计量、检测等服务和下游如为生产者提供营销、成套安装、调试、维修、培训、租赁、物流等服务诸环节中，以人力资本和知识资本作为主要投入品进入制造业，是第二、第三产业加速融合的关键环节。

目前，我国生产性服务业尚处于进一步探讨和发展阶段，统计年鉴仅对第三产业进行大类划分，对生产性服务业划分尚无统一定论。一般都以《北京市生产性服务业统计分类标准》（京统发〔2009〕11号）为参照，将其分为现代物流业、信息服务业、金融保险业、商务服务业与科技服务业五大项。总体而言，我国不要说生产性服务业，就是整个第三产业发展都相当滞后。对比世界银行WDI数据库数据，2008年低收入国家服务业比重为47.5%，中等收入国家服务业比重为53%，高收入国家服务业比重为72.5%。[①] 而我国2008年与2009年，第三产业占GDP比重仅分别为41.8%与42.6%；与发达工业化国家服务业增加值均占GDP的70%，生产性服务业占服务业的70%相比[②]，"十二五"规划定量指标都仅是五年后第三产业比例比2010年提高4个百分点（这意味着服务业占GDP比重不到50%），而生产性服务业在服务业中所占比重由2007年接近30%提高到40%。由此可见，我国服务业，尤其是生产性服务业水平，与处于工业化中期并向后工业化迈进的发展阶段明显不相匹配。"十二五"规划明确提出发

① 吕敏：《我国生产性服务业优化发展的税收政策选择》，《税务研究》2010年第9期。
② 据统计，服务业占世界GDP的比重平均达到60%以上，发达国家超过70%。美国的生产性服务业总量接近6万亿美元，超过美国服务业总量的70%，约占美国GDP的48%（广发证券：《运输物流："十二五"规划生产性服务业专题》，2010-10-18）。

展生产性服务业，其意正在于通过发展生产性服务业，一方面提升整个服务业比重，优化三次产业结构，弥补与工业化发展阶段的差距；一方面借此提升工业技术链，促进工业结构升级。

我国服务业，尤其是生产性服务业水平低，其关键因素何在？从服务业整体来看，其主要包含三大部分，即消费者服务业（如餐饮、服装、文化、娱乐、旅游交通等）、社会性服务业（如医疗卫生、教育、法律服务、广播电视、信息传媒等）和生产性服务业，其中，中者几乎被垄断，行业准入门槛极高；而前者发展呈现过度竞争局面，后者还处于起步阶段。这样，"三足鼎立"的服务业，其中"一足"过于粗壮，以至于我国出现严重的食品安全问题与假冒伪劣产品盛行局面，而垄断的社会性服务则出现量少低质服务状况，这两种现状一时都难以扭转。于是，优化服务业结构的重任，自然就落在生产性服务业身上。那生产性服务业滞后的瓶颈又何在呢？由于生产性服务业是从制造业内部生产服务部门独立发展起来的新兴产业，因而要认清其瓶颈，就必须结合制造业现状来分析。从整体上看，其主要体现在以下几个方面：

一是我国绝大多数的制造业企业依然处于封闭式自我服务阶段，占主导地位的仍然是劳动密集型产业，大多企业依旧采用传统与陈旧的生产模式，外包服务不多且涉及面窄，主要以产品生产为主，多是单一功能或是生产经营的某个环节，而与产品制造相关的咨询、规划、研发、设计、金融、采购、销售、人力资源等占全部支出的比重偏小。

二是制造业与服务业之间内在的产业关联度较低，产业链条较短，区域产业配套能力受限。制造业以加工型、出口型、生产型企业居多，就如东部沿海地区制造业一样，大多以廉价的劳动力与土地资源为代价，承接外来外资制造业中的加工环节，而产品设计、核心技术与零部件依赖进口，对本地服务需求少；产品多直接出口，外向化特征明显，产业链向服务业增值部分的延伸受到抑制。

三是我国生产性服务业的市场准入不仅门槛高而且范围狭窄，管制过多，市场化程度低，自由竞争不足，尤其是金融、通信等垄断性行业。如此，一方面就导致生产性服务业创新不足，企业经营效率低下，有效供给不足；另一方面又导致生产性服务行业市场竞争不规范和不成熟，市场交易成本高，抑制和削弱了工业企业外包服务的内在动力。

四是我国工业布局相对分散，难以形成生产性服务业的集聚效应，使得生产性服务业面临资源分散、集聚度偏低等问题，造成制造业链条上一些规划、研发、设计、培训、财务、咨询与信息服务等关键环节，难以得到生产性服务业的协作与配合，使得大量本应通过外包方式完成的服务，不得不在工业企业内部消化完成。

五是由于我国呈现地方"诸侯经济"态势，各地区热衷于设置壁垒，造成严重的产业结构雷同、低效率同质化竞争现象，不仅限制了生产性服务业的壮大与跨地区发展，同时也使得生产性服务业出现过度竞争与重复建设现象。

从这些阻滞因素来看，要突破生产性服务业瓶颈，首先在于做大做强制造业，形成跨地区的具有高技术含量、高附加值的制造业生产体系以及一定的制造业规模效应，为生产性服务业壮大及积聚打下扎实基础。生产性服务业是一个具有高知识性和专业性集中的行业，缺乏人力资本，断无可能产生先进的生产性服务业，因而必须选定具有丰富人力资源的城市为突破口，率先形成生产性服务业积聚的规模效应。显然，北京、上海等特大型城市具备这样的条件，这也是"十二五"规划较之"十一五"规划，强调大城市形成服务经济为主的产业结构，其范围由有条件的大城市缩小至特大城市的一个重要原因。如 2009 年北京第三产业比重达 75.9%，已居于绝对主导地位，其中生产性服务业实现增加值 5878.9 亿元，占第三产业增加值的比重达到 65.3%[①]，已达到发达工业化国家服务业的发展水平，而且呈现明显的集群化特征，如在信息技术产业方面，形成了中关村科技园区产业集群；在金融和商务服务领域，形成了北京金融街、商务中心区（CBD）等产业集群。上海 2009 年第三产业比重达 59.4%，其中生产性服务业增加值已占现代服务业的 50%，拥有服务业企业总数近 40 万家，其中以生产性服务为主要业务的企业约 15 万家。此外，"十一五"期间上海规划建设了外滩及陆家嘴金融贸易区、北外滩航运服务区等 20 个现代服务业集聚区，2009 年认定了浦东金桥、张江集电港等 19 个生产性服务业功能区，并在 2010 年初步建成了 20~30 家生产性服务业功能区，使上海生产性服务业向集聚化、专业化、高级化方向发展迈出了坚实的一步。[②]

---

① 张国会：《炫，北京生产性服务业》，《数据》2010 年第 5 期。
② 来有为等：《我国生产性服务业的发展状况及其存在的主要问题》，国研网，2010 年 4 月 16 日。

除以上两点外，还有一个重要方面在于，国家必须采取措施促成"十二五"期间生产性服务业对制造业的作用由辅助支持功能转为战略导向功能，全面清理涉及服务业的行政事业性收费，加快对垄断性行业的改革步伐，加大服务业对内和对外开放力度，引导民间资本积极介入。此外，还要深化户籍制度、土地制度和社会福利制度等体制性改革，引导制造业向城市周边集中布局，吸引生产性服务业向其集聚，形成支撑制造业发展的规模经济效应，并制定财税优惠政策，向现代物流业、信息服务业、金融保险业、商务服务业与科技服务业等领域的重点项目倾斜，重点扶持生产性服务业集聚区的建设。

B.6
金砖国家经济稳定增长

——2010年经济回顾及2011年展望

马岩*

2010年12月，中国作为金砖国家合作机制轮值主席国，与俄罗斯、印度、巴西一致商定，吸收南非作为正式成员加入金砖国家合作机制，金砖四国变成金砖五国，并更名为金砖国家（BRICS）。2010年，在经济危机之后各国的政策调控下，金砖五国经济总体运行平稳。展望2011年，金砖五国虽然面对一些困难，但需加强合作，共同发展。

一 2010年金砖国家经济总体良好

（一）经济增速有所放慢

金砖国家在生产要素禀赋上存在巨大差异，印度是仅次于中国的世界人口第二大国，具有竞争力十足的人口结构，也有较高的居民消费率；俄罗斯在21世纪依靠石油、天然气的出口迅速积累了国家资本，但由于在产业结构上过重偏倚能源产业，导致其在金融危机中经历金砖国家中最严重的经济衰退；巴西和南非则拥有丰富且多样的自然资源、领先的技术和科学水平以及较发达的金融市场，经济发展具有多引擎特质。这种差异导致金砖国家在经济发展方面出现分化。数据显示，巴西、俄罗斯、印度、南非和中国2010年第三季度的GDP同比增速分别达6.7%、2.7%、8.9%、2.6%和10.6%。除俄罗斯和南非外，其他三国经济增速均远高于同期的美、欧、日等发达经济体。

---

* 马岩，国家统计局国际统计中心副处长，经济学博士，副研究员，研究方向为经济增长与世界经济、国际金融与国际贸易。

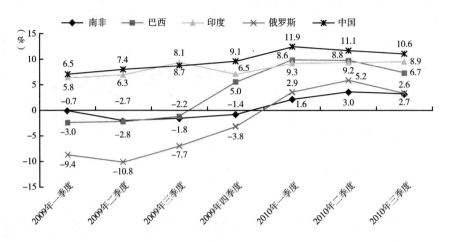

图1　金砖国家 GDP 走势

（二）通货膨胀压力开始上升

金砖五国总体通胀压力比较大。2010 年，中国 CPI 上涨率在 8 月突然加大。10 月，中国 CPI 同比上涨 4.4%，11 月继续上涨，为 5.1%，达到年内最大降幅。2010 年，印度 CPI 呈现逐步回落态势。1~7 月，印度 CPI 同比保持两位数上涨速度，8~11 月开始逐步回落，11 月 CPI 同比上涨 8.3%，是年内最低点，预计 12 月通胀压力仍然很大。

俄罗斯经历了回落又上涨的过程，1 月增长 8.0%，然后开始回落到 7 月的最低点 5.5%，然后又开始上涨，11 月为上涨 8.7%，为目前最高点。巴西经历了与俄罗斯相似的回落又上涨的过程，但上涨幅度不如俄罗斯。1 月增长 4.6%，4 月增长 5.3%，然后开始回落到 8 月的最低点 4.5%，然后又开始上涨，11 月为上涨 5.6%，为目前最高点，12 月略微回落为 5.4%。南非整体呈现回落走势，从 1 月的 6.2% 回落到 11 月的 3.6%。

（三）失业率逐步回落

2010 年金砖国家的失业率总体上低于发达经济体，但部分国家的失业状况依然非常严峻。总体来看，国际货币基金组织预计，2010 年印度失业率约达9.4%，俄罗斯失业率则低至 6.6%，中国依然为 4.2%，南非高达 25.3%，巴西总体在 6.0% 左右。所以 2010 年金砖国家总体呈现平稳或好转的迹象。其中，俄

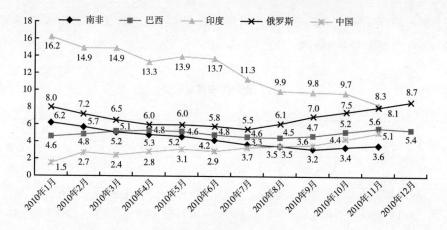

图 2　金砖国家 CPI 走势

罗斯从 1 月的 9.2% 回落到 11 月的 6.7%，巴西从 1 月的 7.2% 回落到 11 月的 5.7%。而中国、印度和南非基本上保持在各自的水平上没有改变。

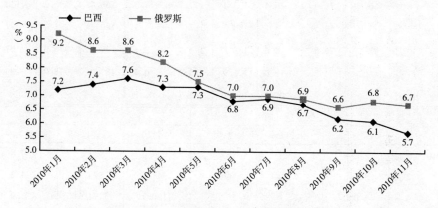

图 3　巴西和俄罗斯失业率走势

（四）对外贸易增长形势较好

2010 年，中国进出口总值为 29727.6 亿美元，同比增长 34.7%，其中：出口 15779.3 亿美元，增长 31.3%；进口 13948.3 亿美元，增长 38.7%。2010 年，巴西进出口总值为 3933.9 亿美元，同比增长 39.4%，其中：出口 2019.2 亿美元，增长 31.9%；进口 1914.7 亿美元，增长 46.8%。前 11 个月，印度、南非和俄罗斯出口分别为 1907.9 亿、739.5 亿和 3573.7 亿美元，分别比上年同期增长

33.7%、27.7%和31.4%；进口分别为3026.2亿、737.6亿和2212.9亿美元，分别比上年同期增长39.1%、22.5%和30.2%。

表1　金砖国家贸易走势

单位：亿美元

日期	南　非			巴　西			印　度		
	出口	进口	差额	出口	进口	差额	出口	进口	差额
2010年1月	49.1	53.6	-4.5	113.1	120.8	-7.8	155.7	252.5	-96.8
2月	52.5	59.9	-7.4	122.0	124.3	-2.3		259.8	-102.6
3月	69.5	68.9	0.6	157.3	158.3	-1.1	201.8	293.9	-92.1
4月	60.1	62.6	-2.6	151.6	146.2	5.4	165.9	280.5	-114.6
5月	61.7	62.1	-0.4	177.0	150.5	26.6	157.2	265.8	-108.6
6月	72.8	65.4	7.4	170.9	156.2	14.7	192.5	259.1	-66.5
7月	74.4	71.7	2.7	176.7	172.1	4.6	162.4	291.7	-129.3
8月	66.5	72.9	-6.4	192.4	177.5	14.8	166.4	296.8	-130.4
9月	74.6	69.5	5.1	188.3	187.0	1.3	180.2	271.4	-91.2
10月	72.1	76.8	-4.6	183.8	174.4	9.4	179.6	276.9	-97.3
11月	86.2	74.2	12.0	176.9	183.3	-6.4	189.0	278.0	-89.0
12月				209.2	164.1	45.1			

日期	俄　罗　斯			中　国		
	出口	进口	差额	出口	进口	差额
2010年1月	276.8	113.7	163.1	1095.0	955.1	139.8
2月	305.6	155.2	150.5	944.8	870.5	74.2
3月	340.2	188.0	152.2	1120.7	1194.6	-73.9
4月	335.7	191.8	143.8	1198.5	1184.3	14.3
5月	319.3	193.8	125.5	1316.7	1121.9	194.8
6月	320.9	196.3	124.5	1373.4	1171.9	201.6
7月	314.3	210.0	104.3	1454.4	1168.2	286.2
8月	317.8	238.2	79.6	1392.5	1193.0	199.5
9月	339.6	235.5	104.1	1449.5	1281.7	167.9
10月	350.1	245.5	104.6	1359.6	1088.8	270.8
11月	353.5	244.9	108.6	1533.3	1304.4	228.9
12月				1541.5	1410.7	130.8

二 2011 年金砖国家增长潜力巨大

伴随金砖国家合作机制的逐渐形成，作为全球新兴经济体代表的金砖五国国际影响力也日益增强。根据国际货币基金组织 2010 年 10 月发布的《国际经济展望》，按照市场汇率估算，原金砖四国的 GDP 将从 2008 年占世界份额的 15% 上升到 2015 年的 22%，届时四国经济总量将超过美国，同时四国的 GDP 增量也将占世界增量的 1/3。正是看到金砖国家合作机制的巨大发展潜力，南非作为南部非洲第一大经济体，与这些新兴市场国家的合作会给南非的经济以及金砖国家的经济增长带来机遇。

（一）金砖国家的国际地位不断提升

据统计资料显示，1999～2008 年的 10 年中，金砖四国（巴西、俄罗斯、印度和中国）经济年均增长率分别达到 3.33%、6.99%、7.22% 和 9.75%，大大高于同期世界平均的 3.07% 和美国的 2.58%。同时，金砖四国的经济各具优势，巴西和俄罗斯的资源正是中国和印度发展所需的，四国在相互合作上具有较大的互补性和发展空间，金砖四国已经成了全球新兴市场的中坚力量。

（二）南非为金砖国家注入新活力

吸收南非加入合作机制，能使金砖国家进一步加强同南部非洲各国的经贸关系。很多南非公司在南部非洲国家设有分公司，地缘接近，风俗相通，它们在这些相对不发达国家投资具有信息快捷、交易成本低的优势。如果四国投资和贸易能通过南非中转，回报率将显著提高。除经济领域以外，南非加入金砖国家合作机制，将有利于五国在全球气候变化问题、联合国改革、减贫等重大全球性和地区性问题上协调立场，更好地建设一个公平、平衡的国际政治新秩序。正因为南非在多方面都是非洲大陆的代表，它的加入将进一步扩大金砖国家合作机制的国际影响力，并将成为金砖国家进入非洲的门户。

（三） 互补性增强的金砖国家将相互促进

金砖国家的新成员南非是非洲大陆最大的经济体，同时中国也是南非最大的贸易伙伴国，但是南非的经济规模依然较小。2009 年，南非总人口为 4932 万，国内生产总值为 2888.5 亿美元，比 2008 年的 2762.7 亿美元增长 4.6%；南非政府预测，2010 年南非国内生产总值的增长率将达 3%，其中，包括南非世界杯对经济增长贡献的 0.5%。据有关预测，南非国内生产总值 2011~2013 年的增长率将分别为 3.5%、4.1% 和 4.4%。南非的经济规模不及金砖四国中规模最小的俄罗斯的 30%，其经济增长速度也不及东盟的平均水平。从人均 GDP 来看，南非 2009 年已经达到了 5857 美元，远远超出了新兴经济体的平均水平，进入了比较发达国家的行列。所以，当前金砖五国具有比较强的互补优势，可以相互促进。

三　金砖国家 2011 年的发展

2011 年，金砖国家将延续 2010 年的复苏势头，但增速将继续放缓。由于世界经济复苏放缓，国际市场大宗商品价格仍将继续上涨，发达国家内需依然疲弱，所以金砖国家面临很多困难。

表 2　金砖国家 GDP 增速和消费者价格预测

单位:%

国　家	GDP 增速			消费者价格指数		
	2010 年	2011 年	2012 年	2010 年	2011 年	2012 年
中　国	10.1	9.2	8.9	3.3	4.3	3.6
印　度	8.7	8.3	8.4	9.7	6.9	6.6
巴　西	7.0	5.0	5.6	4.8	4.3	4.1
俄罗斯	4.0	3.1	3.6	7.6	8.4	8.0
南　非	2.8	3.5	3.3	4.0	4.2	4.1

（一） 2011 年金砖国家面临的困难

一是世界经济复苏比较缓慢。世界经济复苏主要由全球各国规模庞大的经济刺激计划带动，但世界经济增长的自主动力不足。二是国际市场大宗商品价格仍将继续上涨。2011 年国际市场对大宗商品的需求将增加，由此推动世界商品价格上涨。大宗商品价格上涨对俄罗斯、南非和巴西等国的资源出口有利，但对中国和印度不利。三是发达国家内需依然疲弱，发达国家继续加强贸易保护，金砖国家经济对外出口将受阻。

（二）2011 年通货膨胀预期走高

2010 年中国通货膨胀率突然上升，印度、俄罗斯、南非和巴西通货膨胀也在高位徘徊，并且没有回落的迹象。随着发达国家的量化宽松货币政策的执行，预计大量国际热钱将继续涌入金砖国家，推高通胀预期。所以，2011 年金砖国家还将面临巨大的通货膨胀压力，也是经济平稳加快发展中存在的主要问题。

四　其他金砖国家对我国经济的影响及我国对策

2010 年，其他金砖国家与我国的一些争端主要体现在印度和巴西方面，包括贸易和汇率。5 月，印度商业和工业部下属的反倾销调查机构已对中国产农药用化学品作出反倾销仲裁，每公斤化学品最多征收 1.15 美元反倾销税。巴西发展、工业和外贸部外贸秘书处 7 月发布第 27 号通告，宣布将对自中国进口的无色平面玻璃启动反倾销调查。在汇率争议上，巴西新政府有向美国靠拢之势，对中国态度转趋强硬，向中国提出人民币汇率问题，又强调巴西不会坐视本国货币雷亚尔升值不理。巴西新政府的言论似在附和美国、质疑中国人民币估值偏低，以换取贸易竞争优势。

我国应采取如下措施：一是利用金砖国家首脑峰会机制，积极推动我国与其他金砖国家的合作。二是通过对话和谈判，避免采取以邻为壑的贸易保护措施。三是加强同南非和俄罗斯的战略合作，充分利用这两个国家的资源优势发展我国经济。

B.7

反思增长政策

——来自最新文献的证据

付敏杰*

摘　要："十二五"是我国经济增长的重要时期，经济政策会朝着"调结构、转方式"的角度继续深入调整。本文在回顾第二次世界大战后发展中经济增长政策效果的基础上，认为政策的简单改变虽然能带来短期增长效果，但是长期增长必须要由相应的制度安排，通过充分发挥市场主体的资源配置能力来实现。本文认为，分配是政策的首要功能，因而政策制定者应当注意宏观政策的内生性。维持市场化的改革取向非常重要，可以通过对外贸易来实现成本相对低廉的技术改进，同时有助于建立好的制度，以保证长期繁荣。

关键词：经济增长　典型事实　政策

随着"十二五"将重点转向"经济结构的战略性调整"，未来五年中国将采用更多的产业政策来调整经济结构。随着更多的宏观政策和产业政策的应用，很有必要对政策进行回顾和反思。本文就是这样一种努力。

经济增长是经济学研究最重要的主题之一。20 世纪 80 年代经济增长的复兴，主要是因为经济学家们意识到了长期增长所具有的巨大福利含义。相对于平抑波动而言，来自长期增长的政策被认为具有更加重要的意义："一旦你开始思考他们，便无暇顾及其他问题"（Lucas，1988）。本文主要选择了《经济增长手

* 付敏杰，河北大学经济学院讲师，中国社会科学院研究生院博士生。作为博士学位论文的背景论文，作者感谢导师张平研究员和中国社会科学院经济所中国经济增长与宏观稳定课题组其他老师所提供的指导。

册》和美国国民经济研究局（NBER）2007 年以来的部分工作论文进行评述。这些论文有极少数已经正式出版，但是本文以工作论文稿为主要综述对象。作为世界上最重要的经济学学术交流机构，NBER 所提供的交流平台让身在发展中国家的我们可以免费享受到学术前沿的饕餮盛宴。

2005 年北荷兰公司（North-Holland/Elsevier）出版了由哈佛大学 Aghion 教授和威斯康星大学 Durlauf 教授共同编撰的《经济增长手册》（*Handbook of Economic Growth*，以下简称《手册》）成为经济增长领域权威的"百科全书式"参考书。该书包含经济增长理论、经济增长实证、增长政策与机制、技术、贸易与地理和增长的环境 6 个主题，共有包括前言在内的 30 篇论文，分上下册出版。虽然本文仅就政策与经济增长的部分进行评述，但是在文献一部分列出了各篇论文的题目和作者，这对于想在日益扩展的经济增长理论和实证研究中找到立足之地的研究者是有益的，因为他们大多可以从相关作者的主页上直接下载相关文章。《手册》在政策与经济增长部分共包括两篇论文，分别由哈佛大学的 Dani Rodrik 教授和纽约大学的 William Easterly 教授执笔。随着中国经济发展和体制改革进入新阶段，如何能在尽量实现社会公平和福利改进的条件下，保持中国经济增长的"奇迹"，是政策制定者必须面对的新问题。本文写作的重要目的之一，是希望在经济增长政策研究的文献评述中，除了能理清思路、扩展视野以外，还能为政策制定者带来一些帮助。

一　经济增长模型演化的政策含义

作为宏观经济学最重要的组成部分，有关经济增长理论的研究从一开始就是和政策结合在一起的。由于假定（资本和劳动）要素的不可替代性，第一代哈罗德—多马模型具有明显的刀锋性质：除非一个经济体的储蓄（投资）率在初始状态就是均衡和最优的，否则将永远远离均衡。此时的经济增长政策主要体现在外生性的校准储蓄（投资）率上，使原本非均衡最优的储蓄率强制调整到最优状态，实际增长率等于有保证的增长率。此时，政策功能的实质是纠正市场失灵，通过投资储蓄率的调整来实现均衡经济增长。第二代新古典经济增长理论放松了资本和劳动不可替代的假设，从而使经济系统具有内在稳定的动态性质。在包含技术进步的 CD 生产函数索洛模型里，稳态的人均产出取决于人均资本水平和资本的收入份额，而人均资本水平与储蓄（投资）率正相关，与折旧率、人口增长率和外生技术进步率负相关，要素的边际产出是递减的，稳态的人均经济增长完全取决于外生的技术进步率，较高的资本会对应较高的产出，但是不会影响稳态的经济增长率，从而经济政策只具有水平效应，不具有增长效应。此时，宏观经济政策的作用被局限在转型动态上，例如提高储蓄率带来的资本深化会促进短期经济增长。新古典理论强调政策仅仅具有转型动态作用，丝毫不会降低经济政策的功效。例如 Charles Jones（2002）发现，即使像美国这样的长期以平衡路径稳定增长的国家，第二次世界大战后经济增长的 80% 是由教育的扩展和 R&D 密度的提高等转型动态带来的，只有 20% 来自规模效应。Comin（2004）的校准实验也发现，作为世界研发的领袖，R&D 对美国生产率的贡献仅仅为 0.3% ~ 0.5%。① 对于中国这样远离世界技术前沿的发展中国家，R&D 对经济增长的贡献率会更低，转型动态所具有的福利含义会更加明显。资本积累所具有的重大增长含义，也成为第二次世界大战后许多发展中国家发展重工业的重要理论依据。

在以新古典总量生产函数表示经济体长期福利改进的经济增长模型中，要想实现持续的经济增长，就必须由某种因素来抵消反映在规模报酬不变总量生产函数中的要素边际报酬递减的作用。② 这些尝试可以是对新古典理论的直接颠覆，例如假定边际报酬不变（AK 模型及其种种变形），更多的是在原有的新古典框架中通过持续的技术进步来实现，后者正是新增长理论的努力方向。20 世纪 80 年代以后迅速兴起的新增长理论力图把技术进步内生于经济增长模型之中，使得技术进步成为经济主体无意识（Lucas，1988）或者有意识（Romer

---

① Comin 由此认为，如果 R&D 对经济增长的贡献率真的只有这么低，那么认为分权经济提供的 R&D 过低的理由就是不充分的。这意味着几乎没有必要用公共支出补贴研发活动，或者即使政策要补贴研发活动，补贴的程度也值得斟酌；既然 R&D 对经济增长的贡献很小，它也不可能是导致经济波动的主要原因。这是 Phillips & Wrase（2006）和 Schmitt-Grohe（2000）等的基于动态一般均衡和内生增长周期的理论不得不面对的现实问题。McGrattan & Prescott（2007）的企业选择模型显示，从事技术资本（technology capital，一种生产知识）投资的企业在对外 FDI 中受益良多，所以向巴塞罗那议会（Barcelona European Council）规定的欧盟 R&D 公共支出必须达到 3% 的比例是没有道理的。

② 新古典生产函数的两个基本特征是总体意义上的规模报酬不变和个体意义上的边际报酬递减，后者意味着即使某种生产要素的数量无限增加，其对于经济增长的贡献也会被报酬递减所抵消。由于古典生产函数都强调物质资本积累的作用，从而一个重要的结论就是，完全反映在其报酬结构中的资本要素投入对稳态增长的长期贡献为零。而要实现长期增长，要么假定边际报酬不变，要么在边际报酬不变的基础上实现规模报酬递增。

1990；Aghion & Howitt，1992；Grossman & Helpman，1991）的行为，从而政策通过人们的行为，不但能够带来转型动态，还能具有长期增长效应，但是内生增长理论的政策含义却远远没有达到一致。① Lucas（1988）强调，经济增长中的技术进步来自每一个人积累个人人力资本而增加收入行为的外部性：每一个人都通过努力增加个人的人力资本，从而获取更多的收入和更高的终身效用。在每个人都增加个人人力资本的同时，社会总资本存量的增加对每个生产者都产生了外溢效应，每一个人都从他人增加个人收益的努力中获得收益②，从而带来了总体的技术进步和总量生产函数的规模报酬递增。Romer等（1990）的新增长模型则在三部门的垄断竞争框架中，将技术进步看做R&D部门就业劳动者追求其收入最大化努力的行为：竞争性的最终产品部门通过标准的利润最大化行为进行消费品生产，其使用的资本要素来自某个垄断性的中间产品生产部门，中间品部门之所以要保持垄断是为了弥补其所购买的R&D部门的专利（或者创意），而这些专利正是产生技术进步的直接原因。通过劳动力在最终产品和R&D部门就业的收入非套利条件，竞争性的劳动力市场产生了均衡的劳动力市场结构和R&D部门的就业人口比重，后者决定了专利生产和技术进步的速度。最终产品生产部门由于采用了多样化可以增加产出的Dixit-Stiglitz技术而呈现总量的规模报酬递增特征。由于多样化一直是经济学衡量政策福利最重要的指标之一③，Romer（1990）模型的一个明显

① Easterly认为这些收益递增的内生增长模型大多具有多均衡特征，因而过多强调了初始条件的微小差别对于长期增长所具有的决定作用，尽管这些差别在实际的经济增长过程中作用并不显著。在一个各部门都积累的内生增长模型中，政策导致的资源扭曲会随着增长而逐步下降，一个小的政策扭曲只能在边际产出和要素之间产生很小的差别。政策总是通过技术影响生产率的，而影响生产率的机制是非常复杂的。

② 这一点对于经济地理学和城市经济学无疑具有重要的指导意义：城市的存在和人口在地理上的集聚，无疑给人与人之间的交流带来了极大的便利，从而城市成为现代经济增长的引擎。城市使人们之间的学习、分享和匹配更加便利，从而提高了生产率。交流（交通、通信）的便利性对经济增长的贡献也成为经济增长实证研究的重要组成部分。

③ 衡量福利的正统指标是消费者剩余和生产者剩余，对于政策福利效果的衡量则是看新政策是否给消费者带来了更多的选择。这意味着消费者在可以实现原来选择的基础上，增加新的选择项，从而达到福利改善。多样化可以带来福利改进的更深层次原因，是经济学家大多假定消费者的选择是基于具有古典特征的良性偏好的，这导致消费者在消费选择中偏好中间胜过极端，从而产生内解。更丰富的产品由于可增加消费者在同等支出约束下的选择域，从而可以增加效用和福利。

的政策含义，就是公共支出补贴研发和专利生产，可以促进长期增长和福利增加。[①]

二 经济增长事实与政策演化

经济增长理论和模型的构建是以典型事实（stylized facts）作为出发点的，同时对典型事实加以解释和预测。这种方法使规范研究和实证研究结合在一起，规范中包含实证，以实证为出发点，已经发展成为现代宏观经济研究的标准方法。1961 年 Kaldor 在分析资本积累问题时，列举了六个典型事实：[②]（1）总产出和劳动生产率的稳定增长，并且没有产生生产率下降的趋势。（2）不论采用何种统计口径，人均资本都稳定增长。（3）至少在发达资本主义国家，利润率长期稳定并且高于金边债券所代表的长期利率。1870~1914 年，英国利润率在 9.5%~11.5%之间变化，均值维持在 10.5%。（4）资本产出比保持稳定。考虑到资本生产能力的利用率问题，资本产出比没有长期升降趋势，这意味着资本和产出有近乎相等的增长率。对于整体经济而言，（国民）收入与资本按照相同速度增

---

① Jones（2005）认为第一代内生增长模型（Romer, 1990；Aghion & Howitt, 1992；Grossman & Helpman, 1991）的规模含义过强，不可避免要面临线性批评（linearity critique）问题：即新知识或新技术的生产函数的微分方程是线性的（$dx/dt = gx$）。Solow（1956）不包含技术进步的资本积累方程的是小于线性的（$dk/dt = sk\alpha - (n + d) k$, $\alpha < 1$），如果改成第一代内生增长模型的线性微分形式 $dA/dt = gA$，也可以实现持续增长。Frankel（1962）及 Rebelo（1991）的 AK 模型中的物质资本积累方程（$dK/dt = sK\varphi$），Lucas（1988）的人力资本积累方程（$dh/dt = uh\varphi$），Romer（1990），Aghion & Howitt（1992），Grossman & Helpman（1991）的创新方程（$dA/dt = H_A A\varphi$）都是线性方程（$\varphi = 1$）。以 Romer（1990）的模型为例，如果研发部门的劳动力比例 H_A 是一个常数，模型就可以实现稳态平衡增长。但是实际的情况是，1950~1995 年，美国研发部门的就业人数增长到原来的 8 倍，即使考虑劳动力总数的增长，研发部门就业人口的增加也足以引发爆炸式增长，这个预测与美国实际的经济稳步增长形成了鲜明对比。各种不包含规模效应（without scale-effects）和弱规模效应（weak scale-effects）的模型可能对现实拟合的更好，后者也能符合新 Kaldor 事实。一般来说，如果模型只是想理论创新（make sense）的话，夸大局部变量的效果是没有问题的，但是要想具有实证和政策含义，就需要和实现进行拟合。

② Kaldor 提到，"按照统计学的研究，事实总是受到各种数值误差和限制的影响，想要完全准确地加以概括是不可能的。据我看来，理论家应当从一个'典型事实'的视点出发——关注总体趋势，忽略个体差异，并按照'由此开始'的方式，也就是，建立基于典型事实的假设，而不必去过分关注这些被概括事实的历史准确性和充足性"（Kaldor, 1961）。

长。（5）收入中利润和投资的比例高度相关。投资率（投资/产出）稳定的时期，利润率也稳定。英国投资率、利润和工资份额高度相关，工资份额的稳定意味着实际工资增长与（平均）生产率增长成比例。（6）不同经济体的总产出和劳动生产率存在巨大差异，快速增长经济在 2%~5% 之间变动。由于投资率和利润份额存在差异，相对份额和资本产出比的稳定性的理论对于不同增长率的国家依然成立。这些事实被认为比较好地拟合了发达国家的经济增长事实，简称为 Kaldor 事实。① 这些事实成为甄别和选择经济增长模型、决定长期增长的结构基础。

随着研究的深化和研究者视野的拓宽，更多更新的事实也逐步进入经济增长的研究范围。在一个更为长期的全球经济增长研究模型中，Jones & Romer（2009）列举了最近 25 年来的新事实：（1）市场范围的扩展：商品、创意、金融和人口通过全球化和城市化过程，扩展了所有生产者和消费者的市场。② （2）增长加速：从更长的时间跨度来看，世界人口和人均 GDP 及其增长率会快速上升。③ （3）增长率的差距：距离世界技术前沿越远，增长率的差距也越明显，世界人均

---

① 这些事实包括各种简化或扩展版本，取决于研究者研究的不同对象和构件模型的需要：例如 Jones & Romer（2009）所列举的六个 Kaldor 事实是：劳动生产率、人均资本稳步增长，资本/产出、资本回报率、资本和劳动份额保持稳定、快速增长国家增长率存在差别。而 Jones 在《经济增长导论》中所列举的事实则包括：人均收入和国家间增长率的巨大差距，增长率的跨期不稳定性和国家间人均收入分布在世界范围内的转变，美国 19 世纪资本回报率、资本劳动收入份额和人均增长率的稳定、产出与贸易紧密相关，熟练和非熟练劳动力倾向于从穷国或地区向富裕国家或地区移民。这些 Kaldor 事实得到了发达国家经验证据的支持，例如美国 2004 年总统经济报告利用 1960 年的数据重新计量了这六个基本经济增长事实（王诚，2007）。

② 国际贸易（进出口总额）和 FDI 在世界经济中的比重分别从 1965 年的不到 25% 和不到 0.1% 分别上升到 20 世纪 90 年代的 45% 和 2006 年的 2.8% 左右，前者增加了 1 倍多，后者增加了 30 倍。在美国政府批准的专利中，用于本国市场的比重从 1960 年的 83% 下降到最近的 50%。城市化水平迅速提高，世界城市人口从 1950 年的 29.1% 增加到 2007 年的 49.4%，预计到 2050 年会增加到 69.6%。互联网的广泛使用。使得信息流呈现爆炸式增长。新增长理论的重要分支就是新国际贸易理论和城市经济学，强调国际贸易和地理集中所导致的规模收益递增来自知识外溢。从更长的时间跨度来看，工业和人口的集中以及现代城市的出现，不但使城市具有主导性的生产功能，更带来了新的生产型和消费型服务业的出现。

③ 麦迪逊的数据表明，公元元年之前，世界人口年均增长率约为 0.016%，现在世界人口的增长速度约为那个时期的 100 倍。世界 GDP 的数据也呈现类似的变化：工业革命前的马尔萨斯循环和工业革命以后人均产出的持续快速增长形成了鲜明的对比，使得工业革命在带来持续增长的同时，也成为现代化的开端（见 Mokyr《手册论文》）。一个形象的比喻就是，人类似乎是在万里长征的最后一步才迈入了现代增长阶段。

GDP 增长率与初始人均 GDP 之间呈现"三角关系"（图 1）。[①]（4）收入和全要素生产率的差距：全要素生产率的差距是导致各国人均产出巨大差距的主要原因，要素投入差距只是造成收入差距的次要原因。[②] 将事实（3）和（4）联合起来就会发现：贫穷的国家之所以贫穷，并不仅仅因为它们只具有较少的人均物质资本和人力资本，还因为这些国家使用生产要素的效率极低，后者是造成贫穷的主要因素。[③]（5）人均人力资本水平持续提升：劳动者受教育的年限和全部人口中受教育的比重明显上升[④]。（6）人力资本的相对工资长期保持稳定：人力资本的增

---

① 作为世界经济的领袖，美国经济以 2% 的速度持续增长。富裕国家的经济增长率差别不大，追赶者的速度在提升：1870～1913 年，世界经济增长最快的阿根廷年均增长 2.5%；1950～1980 年，日本的年均增长率为 6.5%；1980～2004 年，中国的年均增长率为 8.2%。贫穷的国家似乎在变得更加贫穷：埃塞俄比亚人均收入占美国的比重从 1950 年的 1/34 下降到 2003 年的 1/50，尼加拉瓜在 20 世纪后半叶的 50 年中，居民实际收入不但没有上升，反而下降了。

② 要素对经济增长的贡献正在逐步变小，这对经济波动也具有积极意义。Blanchard & Galí（2007）在解释 2000 年以后石油价格冲击对经济波动远远小于 20 世纪 80 年代时，发现石油占产出份额的下降，运气、更加有弹性的劳动力市场和货币政策的改善都很重要。

③ 世界上绝大部分快速增长的国家都是对外开放的，这意味着知识的流动，以及由此带来的效率的提高对于赶超是非常重要的。对于这些快速增长的经济体，来自国际因素（生产率前沿）的作用非常重要。国家资本流动对于促进发展中国家经济增长起到了重要的作用。例如 Caselli & Feyrer（2007）发现，世界各国的资本边际产出基本是相同的。Jones & Romer（2009）认为，由收益递减决定的转型动态（内部因素）对赶超的解释力，远远不如知识流动和技术选择（外部因素）更加重要；导致低收入国家的经济增长率出现巨大差距（三角的左部分）所反映出来的全要素生产率的巨大差距的因素很大程度上是制度性的：一定是某种制度扭曲了这些国家来自技术前沿的创意的采纳和使用，制度在吸收国际技术流动的视角意义重大。例如在 1996 年前，佛蒙特州的反对者成功地利用了地方许可过程来阻止沃尔玛在当地建立商店或者分销中心，从而直接阻止了沃尔玛所倡导的交叉配送（cross-docking）技术的应用以提高当地零售业的生产率。沃尔玛手册被认为是符合创意特征、体现创意的非竞争性和部分排他性（而不是非排他性，创意不是纯公共产品，只是准公共产品），正是后者阻碍了竞争者的简单拷贝。例如在 14 世纪初（宋元时期），中国是世界上最繁荣的国家，并拥有世界上最多的人口。突破了贫困陷阱的中国经济应当一直处在世界经济的前沿，但是之后的衰落证明了制度的重要性。解释中国衰落的制度模型，应该既能够解释是什么制度扼杀了创意，又能够解释为什么这些制度阻碍了近 500 年以来世界各地的创意没有被中国系统采用。这就提出了经济增长更为深层的问题：如果物质资本、人力资本和全要素生产率是造成各国人均产出差距的主要因素，那些贫穷的国家为什么不积累物质资本、人力资本和提高资源使用效率？政治和管制能够在佛蒙特州阻碍交叉配送技术的采用，也能在其他地区阻碍其他技术的采用。当然，也有可能是制度不能给个人生命和财产安全提供最基本的保护，从而没有人愿意投资任何新技术。

④ 1920 年出生的美国劳动者平均受教育年限为 10 年，1980 年出生的劳动者则达到了 14 年。按照明瑟（Mincerian）收益率年均值 6% 来计算，人力资本的增长对美国经济增长的贡献率年均为约 0.6%，占 0.2% 的年均增长率的很大比重。

长并没有降低其收益率。（5）（6）两点合在一起，人力资本相对量的增加并没有降低其收益率，表明了技术进步的存在，通过提高生产率抵消了边际报酬递减的作用，从而对经济增长具有长期推动作用。① 在此基础上，Jones 和 Romer 强调了创意、制度、人口和人力资本的作用：创意具有的非竞争性是经济增长的源泉，具有的部分排他性又阻止了竞争者零成本使用他人的创意。从创意的接收方来说，弱的（或者是零）知识产权保护是促进创意所代表的技术扩散的最好制度安排，但是从创意的生产方来说，只有最严格的知识产权保护，才会使更多的创意生产出来。所以对于创意这种准公共产品来说，最优的制度安排还在设计中。

除了发达国家的 Kaldor 事实，世界超长期增长的新 Kaldor 事实，发展中国家的经济增长事实也受到研究者的注意。钱纳里、鲁宾逊和塞尔奎因（1995）在可计算一般均衡的框架中，研究了快速增长的发展中国家所具有的工业化、结构转换与生产率的事实。② 作为世界上最大和现今增长最快的发展中国家，中国经济增长的事实对于中国的政策选择也非常重要。经济增长课题组（2006）等总结了包括中国在内的新兴国家与发达国家"卡尔多"典型事实的不同之处：（1）经济增长的轨迹是一条递增而非平稳的 S 曲线，目前中国正处在加速上升期，其中"学习效应"显得非常重要。（2）经济赶超中的一个重要特征是大规

---

① 美国的人力资本收益率并非是稳定的。人力资本工资溢价（wage premium）在整个 20 世纪 70 年代都在迅速下降，从 80 年代初开始上升。一种很明显的来自供求均衡的解释是，人力资本供给的增加降低了其价格（收益率）。对于 80 年代以后人力资本回报率的上升，Acemoglu（1998，2002）的解释是，由于技术工人工资水平的下降，使得技术进步采用人力资本扩张形式（指向性技术变迁，Directed Technical Change）变得有利可图，而人力资本扩张型技术进步最终又提高了人力资本的回报率。我国目前的高等教育收益率也出现了下降的情况，这从大学生就业的期望工资就能看出来。教育结构和产业结构不协调所导致的结构性失业，在金融危机以后也变得非常严重，"读书无用论"在社会上重新流传。高等教育收益率的降低，是否能够使中国的技术得以变迁，从改革开放第一阶段的资本扩张型（索洛中性）转向劳动扩张型，尤其是高等人力资本扩张型技术进步路径，对于中国经济能够走上平衡增长路径，从而实现持续稳定增长具有至关重要的意义。

② 这些基本事实包括：第一，发展中国家结构的转变对经济增长有促进作用，尤其是在非均衡的市场分割条件下，结构转变的重要性远远超过了发达国家。发展中国家与发达国家经济增长的本质区别在于两者的结构不同，由于要素市场所存在的非均衡现象，资源再配置和转移的重要性在发展中国家非常显著。第二，结构转变依据不同的阶段而有所差别，不同阶段、不同部门和不同要素对经济增长的重要性不同。许多新兴国家快速增长的原因在于结构转变和对更先进技术的采用。

模要素积累：意味着技术进步采取了资本扩张形式（索洛中性）。① （3）技术进步与生产性投资保持着稳定的比例关系，技术来源于发达国家的技术扩散和自我改进，国际贸易中的设备投资进口和 FDI 是发展中国家技术进步的重要形式。② （4）高度重视人力资本作为一种新生产要素的投入和积累。（5）企业的市场化改革（从传统企业向新古典企业的转变）和结构（产业、人口）转换具有巨大的增长效应。③ （6）积极参与国际贸易的出口导向、政府干预、协调分配等宏观调控政策对于促进增长起到显著的积极作用。

三　经济增长的政策选择

第二次世界大战以后，大部分新兴民族国家都或多或少地采用了国家政策来促进经济增长，以实现对领先者的赶超。从 20 世纪 60 年代的"大推动"、"经济计划"和"进口替代"，到 70 年代强调的市场价格机制和外向型政策，再到 80 年代强调的自由化、私有化和去管制化的"华盛顿共识"，发展中国家的主流经济政策建议总是处在急剧的变化之中。对这些政策效果的评估和评价也构成了经济增长研究的重要组成部分。Rodrik（2005）和 Hausmann, Pritchett & Rodrik（2005）分析了发展中国家的政策和改革对于经济增长的解释力，他们发现，尽管世界上绝大部分发展中国家在世界收入分配中的格局没有发生根本

---

① 测定资本中所包含的技术进步，一直是中国经济增长实证研究的重要问题。现在来看，已有的文献都没有很好地处理理论和方法之间的关系。采用传统的全要素生产率，理论基础是最牢固的。其目的就是衡量经济增长中的非要素贡献率，因为按照罗马俱乐部的观点，依靠要素投入所驱动的经济增长是存在极限的。全要素生产率也是在国际比较中测定增长潜力最重要的方法。其他的数理方法，例如随机前沿生产函数和数据包络分析、Malmquist 指数法都属于工程方面的内容，没有多少经济学的理论作支撑，同时这些方法没有意识到中国的异质性、结构转变和国际技术扩散对经济增长的作用。测量体现式技术进步，中国的数据又很难支持，而且已有衡量体现式技术进步的文献并没有和宏观经济学所钟爱的总量生产函数结合在一起。

② 改革开放以后，中国出口额以每三年翻一番的速度增长，贸易增长占世界贸易增长的 1/4。林毅夫等（2008）认为，改革开放以后中国的国家贸易发展是建立在比较优势和国际分工基础上的。和新兴国家一样，中国是国际贸易的积极参与者和受益者，同时世界各地的消费者也能享受到物美价廉的中国商品。

③ 1978～2008 年，中国的城镇人口从 1.7 亿增加到 5.9 亿。4 亿人摆脱了贫困。1981 年以来，贫困人口占比从 53% 下降到 8%。25% 的劳动力从农业转入工业和服务业。

性的变化，超出想象的是，在样本考察期中，增长加速是非常普遍的（见附录1）：[①] 1957~1992 年共发生增长加速 83 次，而且在世界各地都非常普遍，被定义为增长灾难（growth disasters）的撒哈拉以南非洲比其他地区也丝毫不逊色。在任意一个十年中，一个国家经历增长加速的概率约为 1/5。很多的增长加速期增长率上升 8%~9%，这些经济增长很多是不可持续的，但是依然有一半左右保持了 20 年左右。尽管增长加速非常普遍，但是这些加速和政策之间的关系远非是确定的。在经济改革（经济自由化和宏观经济稳定）、政治体制改革和外部环境的改变（用贸易条件的改善来衡量）三项解释因素中，不到 15% 的增长加速在时间顺序上可以由经济自由化等符合"华盛顿共识"的政策改革来解释。一旦一个国家采用明显的经济自由化政策，5 年内发生增长加速的概率仅为 18%。政治体制改革和贸易条件改善后，5 年内出现增长加速的概率为 13.6% 和 5.1%，三项改革后出现持续经济增长（20 年）的概率分别为 9.1%、7.1% 和 1.4%。

增长加速是如此普遍，又是如此难以预测。Rodrik（2005）和 Hausmann，Pritchett & Rodrik（2005）对此的解释是，增长加速是非常容易的：任何一个微小的政策改变都可能会触发增长加速，这些改变有可能是外界根本觉察不到的，例如，巴基斯坦 1979 年以及叙利亚 1969 年的增长加速就很难找到对应的政策。对于绝大多数增长加速来说，并没有多少真正的政策改革。即使为人们所熟知的例子中，初始阶段的经济改革也几乎是微不足道的。政治领导人对于市场的导向，对私人部门友善的态度转向，对政策改革似乎起到了更大的作用。[②] 这是一个好消息，意味着要想实现经济增长加速，成本是很低的，并不需要太多根本性的制度改变。从实践来看，这些推动增长加速改革的政策大多具有国别特征，属

---

① 在 Rodrik（2005）和 Hausmann，Pritchett & Rodrik（2005）中，增长加速是按照如下方式定义的：在增长加速期，经济增长率至少要提高 2 个百分点，加速开始后的经济增长率必须保持在 3.5% 以上，增长加速以后的居民收入至少要超过加速前的最高值，以防止经济只是从长期衰退中复苏。增长加速的时期长度最少为 8 年。所以增长加速衡量的是长度至少 8 年以上的 2% 以上的增长率上升。

② 在 1961 年取得政权后，朴正熙军事政府并没有强烈的改革愿望。韩国的经济改革是按照试错形式进行的，首先采用了多种公共投资计划的形式。真正与韩国快速增长相关的实质性改革——货币贬值和利率提高在 1964 年发生，但是远远没有达到货币和金融自由化。中国的经济改革也是从体制外围开始的增量改革。

于正统制度安排和非正统制度安排的有机结合。这些政策必须具有正确的实际功能：产权保护、契约履行、市场竞争、正当的激励、正确的货币和债务可持续性。

这些根本原则是从实际功能角度来看的，是任何通过政策改革和制度变迁推动经济增长所必需起到的实际作用。例如中国的双轨制、韩国的金融控制和毛里求斯的出口工业加工区、中国台湾为扩张出口贸易采用的出口补贴、新加坡为吸引外资而采取的大量公共投资、博茨瓦纳大量的政府公共支出、智利对铜业的政府控制等，都是公共部门积极参与的结果，尽管与传统的市场自由化和外向型政策很难联在一起，但是都在一定时期内、一定程度上起到了上述作用。然而，并不是所有的非传统制度都能运行良好，当前起作用的政策可能只有很短的有效期。钉住汇率制在东南亚金融危机以前是很有效的增长战略之一，在外部环境好的时期避免了这些小国家所不能承受的汇率风险。但是当外部的环境改变使得本国经济的竞争力受到影响时，还不主动进行变革，危机就会发生。

微小的政策改变虽然能够带来短暂的增长，但是不能保证增长的可持续性，主要是因为触发经济增长和实现持续增长的机制是不同的。保持经济增长更难，需要较大范围的制度变革，以强化市场经济的制度基础。这些变革会触动更多的利益，因而很难推进。这些制度改革需要推动生产率的进步和应对外部冲击的能力。20世纪七八十年代许多地区和国家（拉美和非洲，印度尼西亚和韩国，甚至包括日本）的衰落，就是因为不能很好地应对外部环境的冲击。对短期增长有力的政策很快会失效，对长期增长有力的政策却可能没有短期效果。同时，对长期增长有力的政策，由于涉及更深层次的制度变革，在增长的过程中更容易推动。因此，一个完整的发展战略应当包含两个阶段：短期战略，以刺激增长；中长期战略，以保持增长。Rodrik认为，刺激经济增长的政策可以是投资战略，而保持长期增长的政策应该是制度战略。

短期经济增长（转型动态）是一个从低水平均衡向高水平均衡过渡的过程，其中，资本深化具有举足轻重的作用，如何促进企业家投资是刺激短期增长的重要问题。一种政府失灵观认为，由于内在的逐利性偏好，政府只能给私人投资设置障碍；另一种市场失灵观则认为，由于低收入环境中的市场不完全性和低水平循环，政府应当积极引导私人投资。[①] 但是改革应当从何领域开始，取决于当地的具体情况，在考虑公共投资会挤出私人投资之前，首先应当去除政府对私人投资所设置的障碍。如果经济正在面临两位数的通货膨胀或者管制给社会造成的负担，那么去除这些扭曲应当是政策的首要任务。[②] 除此之外，很难找到通用的政策来刺激经济增长。然而，毫无疑问的是，一个廉洁高效的政府是弥补市场失灵的重要条件。

经历了长期持续增长的富裕国家无一例外地都具有高质量的制度。随着市场交换的深入和扩展，正式制度的重要性提高，主要是因为正式制度的建立，需要很高的固定成本和较低的边际成本。一个好的市场经济需要实现自我创造（self-creating，包括产权保护和契约执行）、自我管制（self-regulating，包括管制主体和其他修正市场失灵的机制）、自我稳定（self-stabilizing，包括财政和货币制度、审慎的管制和监督制度）和自我法制（self-legitimizing，包括民主、社会保护和社会保障）功能。产权保护和契约履行是首要的，这是制度研究者应当注意的主要方面。其中的一个悖论就是，只有足够强大的政府才可以保护产权和履行契约，同时政府的强大也足以使其为了自己的目的而违背这些规则。公共制度必须要在市场无序和独裁之间作出权衡，管制机制必须要在稳定和灵活性之间作出权衡，公司管理必须要在员工和股东的利益之间作出权衡，金融机构应该在风险和债务负担之间作出权衡，既要保证足够的竞争以保持资源配置效率，又要有足够的垄断租金来激励创新。同一种形式的制度在不同的环境中具有不同的功能，同一种制度功能并不对应于单一的制度形式。即使发达国家也呈现出很强的制度多样性，就其本身来

[①] 第一种观点可见 Stern （2001），Johnson et al. （2000），Friedman et al. （2000），Aslund & Johnson （2003），Besley & Burgess （2002），最形象的比喻莫过于 Shleifer & Vishny （1998）的书名——《攫取之手：政府病及其治疗》。后一种观点包含了学习效应（非货币外部性，non-pecuniary externality）和由规模经济导致的市场规模外部性（market-size externalities），例如 Azariadis & Drazen （1990）强调的对于私人投资有正向激励作用的人力资本门槛效应，Hausmann & Rodrik （2002）所强调的成本结构知识学习，Rosenstein-Rodan （1943）和 Murphy, Shleifer & Vishny （1989）提到的大推动作用等。实际上，对发展中国家来说，政府做得太多会抑制私人投资，政府做得太少也会抑制私人投资。

[②] 传统的进口替代战略在很多国家都得到了很好的应用，东亚式的为鼓励出口所采取的种种政府干预措施也是如此，中国和毛里求斯的政策具有明显的"双轨制"特征，智利1983年的改革主要是依靠实际汇率贬值，印度的经济改革符合标准的渐进式，中国香港保持了长期自由化。这些国家和地区为推动经济增长所采取的具体政策在形式上千差万别，很难总结出一般性来。

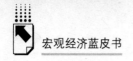
说是制度非趋同的，发展中国家不能简单套用发达国家现有的制度安排。[①]

如何给发展中国家开出好的药方，是发展经济学家们孜孜不倦追求的目标。既然制度是多样化的，推动经济增长的政策也是多样化的，那么，发展中国家应当进行哪些政策改革以实现经济增长呢？Hausmann，Rodrik & Velasco（2008）给出了诊断一个国家经济增长缓慢病因的药方及其步骤：首先摆脱贫穷的主要方式是促进投资[②]，而投资太少一定是因为私人回报率过低，影响投资回报率的两个因素是收益率和成本（见附录2）。因此，提高收益率和降低投资成本是政策作用的两个方向。影响收益率的主要因素是过高的微观风险（腐败、犯罪）或者宏观风险（财政金融风险）、过少的研发或者发现新技术的机会、过高的技术外溢或者政策协调失败、税率过高或者税收结构不合理，或者基础设施太差（交通、通信及物流成本太高）。影响投资成本的主要因素来自金融系统——恶劣的国内或者国际金融环境，前者可能来自金融垄断导致的竞争不足，后者可能来自过高的国家风险，以至对 FDI 吸引力太差。政策的制定者可以采用排除法，逐步确定不发达的原因并采取相应的措施。[③] 例如，从表面上看，近年来表现很糟糕的萨尔瓦多和巴西的投资率都很低，但是萨尔瓦多是一个资本丰腴的国家，每年要素收入净流入占 GDP 的 10%，利率很低，银行流动性充裕，同时萨尔瓦多政治稳定，宏观环境良好，税率很低，种种因素都排除以后，萨尔瓦多的问题只可能来自私人没有投资非贸易品的动机。造成这个情况的原因是，经济体过于自由放任，造成信息外溢过多和协调失败，限制了探索国内市场先行者的收益，政府应当采用适当的政策来消除外部性，推动私人企业家投资。巴西的资本需求很旺盛，但是国内储蓄过少，导致利率过高，所以问题来自金融方面——增加国内储蓄，改善金融中介，改善外部融资环境以降低资本成本，应当成为政策的首选。

---

① 导致制度出现非趋同的原因是：第一，社会偏好的巨大差异。欧洲人更偏好稳定，美国人更喜欢冒险，所以美国的劳动市场结构更富有弹性。第二，制度的不同部分在融合的过程中会产生延迟和路径依赖。第三，推动经济增长的制度本来就是多样化的。诺斯（1994）提到：由于非正式制度安排和契约履行，一个经济体嫁接了来自其他经济体的正式规则，会产生不同于嫁接者的表现。把西欧国家的正式经济和政治规则嫁接到第三世界和东欧国家，并不能保证这些国家有好的经济表现。

② Acemoglu，Aghion & Zilibotti（2006）也认为，对于那些远离世界技术前沿的国家来说，投资对于经济发展的意义远比创新要重要得多。

③ Hausmann，Rodrik & Velasco（2008）在一个新古典的增长模型中给出的答案，附录2就是按照该模型的参数给出的，感兴趣的读者可以直接参考其模型。

四 反思增长政策

（一）政策具有的分配效果远远胜过增长效果

尽管实证研究者们发现，一定的政策指数和经济增长是密切关联的，但是这些政策指数本身很难解释。例如税率与经济增长的实证研究表明，税率和税收改革既没有增长效应，也没有水平效应。对于国家政策而言，1960～2000年，世界各国进行了大量的政策改革实践，但是1960年与1999年的各国人均收入的相关性依然达到0.87，这些政策的增长效果微乎其微，使用政策预测经济增长的效果也非常差。① 从一个跨期的角度看，相对稳定的经济政策和多变的增长率形成了鲜明的对比。Easterly（2005）发现，针对不同的数据（是否包含解释变量极端情况）、不同的解释变量组合，采用不同的计量方法（工具变量法，面板数据估计、动态面板数据估计、事件法）所得到的回归结果显著性差别很大：采用全部数据的结果是，人均收入水平与贸易（进出口/GDP）、货币化（M2/GDP）和预算平衡正相关，与通货膨胀、货币升值、外汇黑市溢价负相关。采用解释变量的温和数据时，回归效果发生很大变化：所有的解释变量在5%的水平上不再显著，货币化、本币升值的相关性发生了方向性逆转。一旦控制制度变量，政策的作用就变得非常不明显。但是各国多样化的现实，凸显了政策和制度的分配功能，如果我们把政策看做未来制度的边界，政策的分配功能是不言而喻的。Freeman（2000）发现发达国家劳动市场的巨大差异具有较强的分配差别和较弱的效率差别。

（二）从功能的角度比从形式上考虑政策改革更合适

正如宏观经济学习惯于区分名义变量和实际变量以表示生产率，Acemoglu

---

① 在1980年以前，国家政策大多强调政府干预和进口替代，这些干预政策的效果要好于后来所强调的自由贸易和价格机制。实际上，当华盛顿共识被广泛推广以后，1980～2000年，发展中国家的经济增长，比之前的1960～1980年还要差，说明政策完全可能起到了相反的作用。Easterly认为，如果国家政策是有效的，那么就不会出现各国国内那么大的民族、种族、性别、宗教和区域差距，而且在减少这些差距上，政策的作用也是很差的。

等在一系列论文中（包括手册论文）区分理论权力和实际权力来推导制度对经济增长的长期决定作用一样，Rodrik 在分析推动经济增长的政策多样化时也强调，应当区别对待政策的形式和政策的功能。值得注意的是，这也符合Easterly（2005，2008）所提倡的自下而上的制度观。评判一种政策是否能够促进经济增长，要看它在特定的条件下能否实现政策制定者所设计的功能。一步到位的改革，往往达不到设计者的目的。我们不能追求重新设计制度，只能在现有制度的基础上，采用边际的或者增量改革的方式，通过帕累托改进（尽量少用卡尔多改进），寻求"次优制度"（Rodrik，2008），成功的可能性会更高，核心领域的改革尤其如此。① 政策改革应当是量力而行的，超前的政策未必是适合当前国情的，也就不会有什么实际效果。一旦政策制定者和政策执行者都有其独立的利益，政策执行问题会更加复杂。很多设计初衷很好的政策（医疗卫生体制改革、水污染治理、教育改革），最终都流于破产，主要是没有考虑到政策执行者的利益。如果制定者意识到这一层关系，并且将其加入新政策的制定中去，更注意用激励相容措施来调动政策执行者的动力，应该会起到比较好的效果。

（三）宏观经济政策应当是内生的，但必须以市场化为取向

作为一种公共产品，经济政策的制定和执行是复杂的。同一个领域的改革，采用不同的投票机制、不同的投票时机，相同的投票主体可能会得出截然相反的政策。作为集体决策的产物，宏观经济政策的类型与本国的历史实践是分不开的。一个典型的国家可能在 Rodrik 的增长诊断中发现所有的问题都或多或少的存在，这样政策选择领域就不再具有唯一性，或者即使政策领域具有唯一性，其具体形式也是多样的。这就提醒我们，正如 Rodrik（2005）在制度多样性和Easterly（2008a）在自下而上的制度改革观中所提到的，本国的决策者在本国问题上最具有发言权，只有他们才能真正体会到本国当前经济发展的约束和下一步政策改进的最小阻力点所在。从这个意义上讲，宏观经济政策应该是内生的，这

---

① Rodrik（2008）认为，相对于发达国家而言，发展中国家面临着更多的约束，所以追求完美的制度安排是不现实的。相反，在本国历史和现实的基础上，通过帕累托改进，追求次优制度（Second-Best Institutions）的可行性更高，效果也更好。

在民主决策国家当然没有异议，在转型国家也应当遵循。内生性的政策赋予了决策者更多的自决权，也就意味着决策者必须承担更多的风险。如果政策是一种公共产品，由公共决策来制定，那么其目标首先应当是让各方满意，尤其是让生产者、劳动者满意，至少不能影响生产者的士气。研究结果发现，在东亚经济迅速腾飞的过程中，劳动力参与率都有较大水平的提升。① 从任何一种经济增长理论中都可以发现，劳动力参与率的上升一定会提高人均收入水平，不论是水平效应还是增长效应。

政策应该是因时因地而异的，但是必须朝着正确的方向努力。所谓不同的政策搭配，相同的经济学原理（Many Recipes，One Economics）即是如此。私人产权保护和契约履行是任何一个成功的市场经济体的必要条件。虽然一步到位的制度改革不现实，远离产权保护和契约履行的经济能够保证长期增长也不可能。利用市场价格机制来分配资源，可能是人类最伟大的发明之一，这个机制的好处是人们所有的利益关系都可以从价格中反映出来。虽然市场制度会有很多问题，例如众所周知的市场失灵，人与人之间的关系被异化成物与物之间的关系，以及由此带来的种种社会问题。但是这个机制是有效率的，人们可以通过价格来处理自己几乎所有的活动，从而节省资源。政策改革以市场化为导向，就可以充分利用人类已有的所有关于市场制度的全部知识，免除了白手起家、一切从头开始的巨大初始启动成本。市场国家在彼此沟通时的制度学习成本，要远远低于在不同制度之间沟通时的学习成本。由于世界上的大多数国家都是市场经济体制的，任何一个国家，尤其是落后国家的政策改革，都应该以减少本国生产要素在不同国度和地区流动时的学习成本为目标。虽然会有风险，但这是一条捷径。

（四）开放是重要的，尤其要注重国际贸易

在所有的政策研究中，国际贸易政策被给予了特别关注，而几乎所有的实证

---

① 作者不同意 Krugman 关于"东亚无奇迹"的观点，并不是因为传统的全要生产率无法衡量东亚（包括现在的中国）的技术进步，而是因为东亚经济增长使得地球将近一半的人口配备资本，使他们参与到现代世界分工中来，这本身就是人类发展史上的奇迹。Krugman 从发达国家的角度分析发展中国家经济发展机制的出发点本身就是错误的，发展中国家有发展中国家的经济学。

研究都发现，国际贸易促进了参与国的经济增长和长期福利的改进。[①] 新增长理论对规模收益递增的强调，对国际贸易具有很强的启示意义，这些政策启示也常常能够得到各种跨国和时间序列研究结论的支持。国际贸易不但能够通过调剂余缺，直接提高本国国民的消费福利，更能够通过知识和技术传播来提高生产率。Easterly（2005）的回归分析也发现，无论是否包含极端数据，采用何种计量方法，国际贸易都是与经济增长正相关的。[②] Feyrer（2009）模型的直接估测发现，贸易的收入弹性接近0.5，预测的贸易增长率差别能解释1960～1995年人均收入增长率差别的17%。Alvarez & Lucas（2007）的动态一般均衡模型校准结果表明，一个占世界GDP 1%的小国家，从完全封闭向自由贸易的转换过程中可以带来41%的收益。使用同样的数据和方法，Rodríguez-Clare（2007）包含知识扩散

[①] 国际金融一体化是世界经济发展的主要趋势之一，但是金融开放对于发展中国家的作用并不明显，这个问题还在激烈的讨论之中。Hoxha, Kalemli-Ozcan & Vollrath（2009）认为，金融一体化对于福利的效果是微弱的，在两种情况下可能具有较大收益：第一，封闭国家的情形比新古典模型的预期更差；第二，金融一体化对全要素生产率具有正向作用，生产率进步的金融一体化大致相当于增加15%的持久消费。Prasad, Rajan & Subramanian（2007）发现没有任何证据表明外部资本的流入会推动本国经济增长，主要是由于不发达国家金融市场的落后和资本流入引起的汇率上升。正如Buera, Kaboski & Shin（2009）所言，金融落后本身就是经济不发达的组成部分。Mendoza, Quadrini & Ríos-Rull（2007）发现，如果不能带来金融深化，金融一体化会给金融市场不完善的发展中国家带来相反的作用。Obstfeld（2009）总结道，在宏观水平上，很难发现确切的证据证明金融开放有助于改善新兴经济体的表现。Kose, Prasad & Terrones（2008）的结果表明，金融开放对于生产率的推动作用是通过FDI发生的。McGrattan & Prescott（2007）的企业模型则显示，FDI能够使企业从外国企业的技术资本（一种类似于秘方的知识）中获得巨大外溢，而FDI本身就是国际贸易的重要推动力量。金融开放和金融一体化之所以不能推动发展中国家经济增长，一个重要的原因是金融资本的短期逐利倾向。如果短期资本流入很少，说明发展中国家资本并不贫乏，因而起不到任何作用。如果流入很大，往往会造成流入国金融动荡，乃至整个宏观经济形势的不稳定，甚至形成金融危机和经济危机。相比直接投资（FDI）这些"坐寇"而言，金融资本的表现更像是"流寇"：不是以创造财富为特征，而是以掠夺和套利为目的。

[②] 尽管Easterly（2005）的事件法研究结果显示，各个国家（13个，在政策改革后至少取得了13年的正增长）在开放后，投资和经济增长的表现，与经济模型所预测的资本深化和经济增长结果大相径庭，但是事件法本身就存在很大问题（事件的定义过于随意，缺乏控制变量，国际经济环境的改变）。更重要的是，正如Rodrik所提到的，各个国家面临的约束是不同的，在开放后所取得的结果也不尽相同。Easterly（2005）所得到的结论与各个国家面临的经济环境有关，并不是模型预测的问题。

Kehoe & Ruhl（2007）还发现，尽管进出口价格冲击对人均收入有一定的影响，但是贸易条件的冲击对生产率却没有重要影响。

的国际贸易模型显示，知识外溢带来的收益（206%～240%）比仅仅直接衡量国际贸易（13%～24%）对经济增长的作用要大得多，同时在知识和国际贸易对经济增长的作用之间呈现出一定的替代性。Lucas（2009）的校准实验在一个五个参数的结构模型中模拟了开放型赶超国家的增长动态，发现对于落后的经济体而言，一旦具备承接国际技术转移的基本门槛（用非农就业人口来表示），就能够实现经济的起飞，距离世界技术前沿越远，经济增长越快。该模型对拟合现实的效果非常好，一个重要的政策启示是，在其他条件不变的情况下，经济体的开放程度用 Sachs & Warner 的分类越高，初始起飞的速度就越快。在 Lucas 模型中，技术前沿对赶超者通过国际贸易途径产生的技术和知识外溢起到了重要作用。[1] 一个国家参与国际贸易的可贸易品，主要来自制造业，所以保持中国制造业的竞争力就显得尤为重要。[2] 作为一个赶超者，积极参与国际贸易和国际分工，吸收国外的先进技术和知识，不但可以扩大市场，实现规模经济，还能够通过对市场经济的制度性学习，为更先进的市场经济制度和未来的经济改革作准备。在金融危机所带来的贸易摩擦和宏观经济政策发生内向性转变、力图通过扩大内需来实现长期增长的情况下，这一点显得尤其难能可贵。

---

[1] 历史上，人口流动和直接援助也曾经对增长收敛起到了重要的作用。随着 20 世纪国家间贫富差距的扩大，富裕世界对穷国的人口流入采取了严格限制，从而限制了人口流动对于经济增长的收敛作用。富国对穷国的直接援助从总量上看是很小的，并且主要集中在少数几个地区。Easterly 等（2008b）发现，尽管非援助占到了非洲国家 GDP 的 10% 左右（1995 年曾经一度接近 20%），但是这些政策的效果是很不能令人满意的：不但没有促进非洲国家的经济增长，反而通过援助阻碍技术进步的在位者，使得广大民众更加贫穷。

[2] 对于中国这样一个人口大国来说，制造业的意义更加重大。由于人口原因和农业对土地的依赖过强等产业技术特征，中国的农业不具备国际比较优势。世界也很难需要 12 亿服务业人口，所以工业一定是中国的立国之本。对于中国还未转移的数量巨大、人力资本水平低的农村劳动力来说，在保持工业技术升级的同时，维持低端制造业发展也是非常重要的。制造业的同质性要求全球定价，所以保持制造业，尤其是低端制造业的一个重要途径是控制成本，在通过提高劳动力成本来增加工人收入的同时，更要严格控制非劳动成本的上升。

B.8

参考文献

[1] Acemoglu, Daron, 1998: "Why Do New Technologies Complement Skills? Directed Technical Change and Wage Inequality", *Quarterly Journal of Economics*, 113: 1055 −1090.

[2] Acemoglu, Daron, 2002: "Directed Technical Change", *Review of Economic Studies*, 69: 781 −810.

[3] Acemoglu, Daron, Philippe Aghion and Fabrizio Zilibotti. 2006: "Distance to Frontier, Selection, and Economic Growth", *Journal of the European Economic Association*, March, 4: 37 −74.

[4] Aghion, Philippe and Peter Howitt, 1992: "A Model of Growth through Creative Destruction", *Econometrica*, March, 60 (2): 323 −351.

[5] Alvarez, Fernando, and Robert E. Lucas, Jr. 2007: "General Equilibrium Analysis of the Eaton-Kortum Model of International Trade", *Journal of Monetary Economics*, 54 (6): 1726 −1768.

[6] Blanchard, Olivier J. and Jordi Gali, 2007: "The Macroeconomic E? ects of Oil Shocks: Why are the 2000s So Different from the 1970s?" NBER Working Paper, No. 13368.

[7] Buera, Francisco J. , Joseph Kaboski, and Yongseok Shin, 2009: Finance and Development: A Tale of Two Sectors, NBER Working Paper, No. 14914.

[8] Caselli, Francesco, and James Feyrer, 2007: "The Marginal Product of Capital", *Quarterly Journal of Economics*, 05, 122 (2): 535 −568.

[9] Clarida and Prendergast, 1999, Recent G3 Current Account Imbalances: How Important are Structural Factors? National Bureau of Economic Research Working Paper 6935.

[10] Comin, Diego, 2004: "R&D: A Small Contribution to Productivity Growth",

Journal of Economic Growth, December.

[11] Easterly, William, 2008a: Institutions: Top Down or Bottom Up? American Economic Review Papers & Proceedings, 98: 2, 95 −99.

[12] Easterly, William, 2008b: Can the West Save Africa? NBER Working Paper, No. 14363.

[13] Feyrer, James, 2009: Trade and Income Exploiting Time Series in Geography, NBER Working Paper, No. 14910.

[14] Grossman, Gene M. and Elhanan Helpman, *Innovation and Growth in the Global Economy*, Cambridge, MA: MIT Press, 1991.

[15] Hausmann, Richard, Dani Rodrik and Andrès Velasco (2008): *Growth Diagnostics*, in Narcis Serra and Joseph Stiglitz eds. *The Washington Consensus Reconsidered: Towards a New Global Governance*, Oxford University Press, USA, 324 −355.

[16] Hausmann, Richard, Lant Pritchett and Dani Rodrik. 2005: " Growth Accelerations", *Journal of Economic Growth* 10 (4): 303 −329.

[17] Hoxha, Indrit, Sebnem Kalemli-Ozcan, and Dietrich Vollrath, 2009: How Big are the Gains from International Financial Integration? NBER Working Paper, No. 14636.

[18] Kaldor, Nicholas, 1961: " Capital Accumulation and Economic Growth," in F. A. Lutz and D. C. Hague, eds. , *The Theory of Capital*, St. Martins Press, 177 − 222.

[19] Kehoe, Timothy J. and Kim J. Ruhl, 2007: Are Shocks to the Terms of Trade Shocks to Productivity? NBER Working Paper, No. 13111.

[20] Kose M. Ayhan, Eswar S. Prasad, and Marco E. Terrones, 2008: Does Openness to International Financial Flows Raise Productivity Growth? NBER Working Paper, No. 14558.

[21] Lucas, Robert E. , Jr, 2009: " Trade and the Diffusion of the Industrial Revolution", *American Economic Journal: Macroeconomics*, 1 : 1 −25.

[22] McGrattan, Ellen and Edward C. Prescott, 2007: Openness, Technology Capital, and Development, NBER Working Paper, No. 13515.

[23] Mendoza, Enrique G., Vincenzo Quadrini, and José-Victor Ríos-Rull, 2007: On the Welfare Implications of Financial Globalization without Financial Development, NBER Working Paper, No. 13412.

[24] Obstfeld, Maurice, 2009: International Finance and Growth in Developing Countries: What Have We Learned? NBER Working Paper, No. 14691.

[25] Phillips, Kerk L. & Wrase, Jeff, 2006: "Is Schumpeterian 'Creative Destruction' a Plausible Source of Endogenous Real Business Cycle Shocks?", *Journal of Economic Dynamics and Control* 30 (11): 1885 −1913, November.

[26] Prasad, Eswar S., Raghuram G. Rajan, and Arvind Subramanian, 2007: Foreign Capital and Economic Growth, NBER Working Paper, No. 13619.

[27] Rodríguez-Clare, Andrés, 2007: Trade, Diffusion and the Gains from Openness, NBER Working Paper, No. 13662.

[28] Rodrik, Dani, 2008: "Second-Best Institutions, *American Economic Review*, Papers and Proceedings", Vol. 98 (2): 100 −104.

[29] Romer, Paul M., 1990: "Endogenous Technological Change", *Journal of Political Economy*, October, 98 (5): 71 −102.

[30] Sachs, Jeffrey D., and Andrew M. Warner. 1995: "Economic Reform and the Process of Global Integration", Brookings Papers on Economic Activity (1): 1 −95.

[31] Schmitt-Grohe, S., 2000: Endogenous Business Cycles and the Dynamics of Output, Hours, and Consumption", *American Economic Review* 90, December, 1136 −1159.

[32] United. Nations. Development. Programme, *Human Development Report*, Oxford University Press, 1999.

[33] World. Bank, "The World Bank Public Information Center Annual Report FY95", World Bank, Washington, D. C., 1995.

[34] 边雅静、沈利生:《人力资本对我国东西部经济增长影响的实证分析》,《数量经济技术经济研究》2004 年第 12 期。

[35] 陈昌兵:《城市化与投资率和消费率间的关系研究》,《经济学动态》2010 年第 9 期。

［36］陈智君、胡春田：《中国应该以经常项目逆差为目标吗——以人口结构变迁为视角》，《当代经济科学》2009 年第 4 期。

［37］樊纲、魏强、刘鹏：《中国经济的内外均衡与财税改革》，《经济研究》2009 年第 8 期。

［38］胡代光、高鸿业主编《现代西方经济学辞典》，中国社会科学出版社，1996。

［39］胡红安、常艳：《西方产业结构理论的形成发展及其研究方法》，《生产力研究》2007，第 21 页。

［40］来有为等：《我国生产性服务业的发展状况及其存在的主要问题》，国研网，2010 年 4 月 16 日。

［41］联合国环境规划署：《21 世纪议程》，中国环境科学出版社，1994。

［42］林毅夫、蔡昉、李周：《中国的奇迹：发展战略与经济改革（增订版)》，格致出版社，2008。

［43］刘月季：《产业结构理论综述》，《河南教育学院学报（哲学社会科学版）》1997 年第 3 期。

［44］吕敏：《我国生产性服务业优化发展的税收政策选择》，《税务研究》2010 年第 9 期。

［45］吕政、刘勇、王钦：《中国生产性服务业发展的战略选择——基于产业互动的研究视角》，《中国工业经济》2006 年第 8 期。

［46］钱纳里、鲁宾逊和塞尔奎因：《工业化与经济增长的比较研究》，上海三联书店、上海人民出版社，1995。

［47］《全国新增 1000 亿斤粮食生产能力规划（2009～2020 年)》，中国网，www. china. com. cn，2009 - 11 - 04。

［48］王诚：《从零散事实到典型化事实再到规律发现——兼论经济研究的层次划分》，《经济研究》2007 年第 3 期。

［49］叶文虎、仝川：《联合国可持续发展指标体系述评》，《中国人口资源与环境》1997 年第 9 期。

［50］渝琳、周靖祥：《FDI 作用于资本金融项目与经常项目波动的实证研究：1982～2006》，《金融研究》2007 年第 12 期。

［51］张国会：《炫，北京生产性服务业》，《数据》2010 年第 5 期。

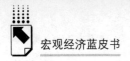
［52］ 郑凤田：《低粮价战略挑战我国粮食安全》，凤凰网。

［53］ 中国科学院可持续发展战略研究组：《中国可持续发展战略报告——探索中国特色的低碳道路》，科学出版社，2009。

［54］ 周渭兵：《未来五十年我国社会抚养比预测及其研究》，《统计研究》2004年第 11 期。

［55］ 周震虹、王晓国、谌立平：《西方产业结构理论及其在我国的发展》，《湖南师范大学学报（社会科学版)》2004 年第 4 期。

专家数据解析　权威资讯发布

社会科学文献出版社　皮书系列

皮书是非常珍贵实用的资讯，对社会各阶层、各行业的人士都能提供有益的帮助，适合各级党政部门决策人员、科研机构研究人员、企事业单位领导、管理工作者、媒体记者、国外驻华商社和使领事馆工作人员，以及关注中国和世界经济、社会形势的各界人士阅读使用。

权威　前沿　原创

"皮书系列"是社会科学文献出版社十多年来连续推出的大型系列图书,由一系列权威研究报告组成,在每年的岁末年初对每一年度有关中国与世界的经济、社会、文化、法治、国际形势、行业等各个领域以及各区域的现状和发展态势进行分析和预测,年出版百余种。

"皮书系列"的作者以中国社会科学院的专家为主,多为国内一流研究机构的一流专家,他们的看法和观点体现和反映了对中国与世界的现实和未来最高水平的解读与分析,具有不容置疑的权威性。

咨询电话: 010-59367028　　QQ:1265056568
邮　　箱: duzhe@ssap.cn　邮编: 100029
邮购地址: 北京市西城区北三环中路
　　　　　甲29号院3号楼华龙大厦13层
　　　　　社会科学文献出版社　读者服务中心
银行户名: 社会科学文献出版社发行部
开户银行: 工商银行北京东四南支行
账　　号: 0200001009066109151
网　　址: www.ssap.com.cn
　　　　　www.pishu.cn

中国皮书网全新改版，增值服务大众

规划皮书行业标准，引领皮书出版潮流
发布皮书重要资讯，打造皮书服务平台

中国皮书网开通于2005年，作为皮书出版资讯的主要发布平台，在发布皮书相关资讯，推广皮书研究成果，以及促进皮书读者与编写者之间互动交流等方面发挥了重要的作用。2008年10月，中国出版工作者协会、中国出版科学研究所组织的"2008年全国出版业网站评选"中，中国皮书网荣获"最具商业价值网站奖"。

2010年，在皮书品牌化运作十年之后，随着"皮书系列"的品牌价值不断提升、社会影响力不断扩大，社会科学文献出版社精益求精，对原有中国皮书网进行了全新改版，力求为众多的皮书用户提供更加优质的服务。新改版的中国皮书网在皮书内容资讯、出版资讯等信息的发布方面更加系统全面，在皮书数据库的登录方面更加便捷，同时，引入众多皮书编写单位参与该网站的内容更新维护，为广大用户提供更多增值服务。

www.pishu.cn

中国皮书网提供： · 皮书最新出版动态　　· 专家最新观点数据
· 媒体影响力报道　　· 在线购书服务
· 皮书数据库界面快速登录　　· 电子期刊免费下载

图书在版编目（CIP）数据

中国经济增长报告. 2010~2011，面向"十二五"的经济增长/张平，刘霞辉主编. —北京：社会科学文献出版社，2011.3
（宏观经济蓝皮书）
ISBN 978-7-5097-2127-8

Ⅰ.①中… Ⅱ.①张… ②刘… Ⅲ.①经济增长－研究报告－中国－2010~2011 Ⅳ.①F124.1

中国版本图书馆 CIP 数据核字（2011）第 022321 号

宏观经济蓝皮书

中国经济增长报告（2010~2011）
——面向"十二五"的经济增长

主　编/张　平　刘霞辉
副主编/袁富华　张自然

出版人/谢寿光
总编辑/邹东涛
出版者/社会科学文献出版社
地　　址/北京市西城区北三环中路甲 29 号院 3 号楼华龙大厦
邮政编码/100029
网　　址/http://www.ssap.com.cn
网站支持/（010）59367077
责任部门/财经与管理图书事业部（010）59367226
电子信箱/caijingbu@ssap.cn
项目经理/恽　薇
责任编辑/高　雁
责任校对/郭红生　郭艳萍
责任印制/蔡　静
品牌推广/蔡继辉

总经销/社会科学文献出版社发行部
　　　　（010）59367081　59367089
经　　销/各地书店
读者服务/读者服务中心（010）59367028
排　　版/北京中文天地文化艺术有限公司
印　　刷/北京季蜂印刷有限公司

开　　本/787mm×1092mm　1/16
印　　张/17.75　字数/300 千字
版　　次/2011 年 3 月第 1 版　印次/2011 年 3 月第 1 次印刷

书　　号/ISBN 978-7-5097-2127-8
定　　价/49.00 元

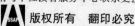

盘点年度资讯 预测时代前程

从"盘阅读"到全程在线阅读
皮书数据库完美升级

·产品更多样

从纸书到电子书,再到全程在线网络阅读,皮书系列产品更加多样化。2010年开始,皮书系列随书附赠产品将从原先的电子光盘改为更具价值的皮书数据库阅读卡。纸书的购买者凭借附赠的阅读卡将获得皮书数据库高价值的免费阅读服务。

·内容更丰富

皮书数据库以皮书系列为基础,整合国内外其他相关资讯构建而成,内容包括建社以来的700余部皮书、20000多篇文章,并且每年以120种皮书、4000篇文章的数量增加,可以为读者提供更加广泛的资讯服务。皮书数据库开创便捷的检索系统,可以实现精确查找与模糊匹配,为读者提供更加准确的资讯服务。

·流程更简便

登录皮书数据库网站www.i-ssdb.cn,注册、登录、充值后,即可实现下载阅读,购买本书赠送您100元充值卡。请按以下方法进行充值。

充值卡使用步骤:

第一步
· 刮开下面密码涂层
· 登录 www.i-ssdb.cn
  点击"注册"进行用户注册

社会科学文献出版社
SOCIAL SCIENCES ACADEMIC PRESS (CHINA) 皮书系列

卡号:54693382576111
密码:

(本卡为图书内容的一部分,不购书刮卡,视为盗书)

第二步
登录后点击"会员中心"进入会员中心。

SSDE

社科文献资源库
SOCIAL SCIENCE DATABASE

第三步
· 点击"在线充值"的"充值卡充值",
· 输入正确的"卡号"和"密码",即可使用。

如果您还有疑问,可以点击网站的"使用帮助"或电话垂询010-59367071。